机构股东关系投资与外部董事金融关联的战略治理效应研究

余耀东　著

南闹大學出版社

天　津

图书在版编目(CIP)数据

机构股东关系投资与外部董事金融关联的战略治理效
应研究 / 余耀东著. —天津：南开大学出版社，
2023.8
ISBN 978-7-310-06454-0

Ⅰ.①机… Ⅱ.①余… Ⅲ.①公司－金融投资－研究
Ⅳ.①F276.6

中国国家版本馆 CIP 数据核字(2023)第 142793 号

机构股东关系投资与外部董事金融关联的战略治理效应研究
JIGOU GUDONG GUANXI TOUZI YU WAIBU DONGSHI
JINRONG GUANLIAN DE ZHANLÜE ZHILI XIAOYING YANJIU

南开大学出版社出版发行
出版人：刘文华
地址：天津市南开区卫津路 94 号　　邮政编码：300071
营销部电话：(022)23508339　营销部传真：(022)23508542
https://nkup.nankai.edu.cn

天津创先河普业印刷有限公司印刷　全国各地新华书店经销
2023 年 8 月第 1 版　　2023 年 8 月第 1 次印刷
240×170 毫米　16 开本　15.75 印张　2 插页　228 千字
定价：85.00 元

如遇图书印装质量问题,请与本社营销部联系调换,电话:(022)23508339

【基金项目】本书系天津市哲学社会科学规划项目"天津市新型政企、法企、金企关系'亲清指数'的构建、评价与应用研究"（TJYJ21-015）的阶段性研究成果。

前　言

自 20 世纪 90 年代以来，伴随着机构投资者的崛起和壮大，我国资本市场开始出现两种现象：一方面，机构股东开始寻求与公司经理层建立合作关系，积极从事关系投资；另一方面，上市公司开始密切与金融机构的联系，积极建立金融关联。关系投资是指与公司具有承诺和互惠关系并积极介入公司治理的机构股东的一种长期、稳定、集中投资行为，监督约束与互惠合作是关系投资的核心内涵。金融关联是指公司通过聘请曾经或当前具有金融机构任职背景的高管作为公司外部董事，进而与金融机构建立密切联系的一种战略行为，资源获取与信息传递是金融关联的核心内涵。

本书从公司治理与战略管理学科交叉的视角出发，基于委托代理理论和资源依赖理论的观点，将公司战略治理的内涵理解为：从公司治理层面缓解公司战略过程中的代理冲突与资源约束，进而保证公司战略得以科学决策和有效执行的一系列战略管理与控制机制。本书紧密围绕关系投资和金融关联的核心内涵，分别对机构股东关系投资和外部董事金融关联的战略治理效应进行理论和实证研究。一是基于关系投资的核心内涵，分别依据委托代理理论和社会交换理论，理论研究机构股东关系投资缓解公司战略过程中代理冲突的监督约束机制和互惠合作机制，并借助上市公司多元化并购战略情境，实证研究机构股东关系投资缓解公司并购战略过程中代理冲突的监督效应和互惠效应。二是基于金融关联的核心内涵，分别依据资源依赖理论和信号传递理论，理论研究外部董事金融关联缓解公司战略过程中资源约束的资源供给机制和信息传递机制，并借助上市公司多元化并购战略情境，实证研究外部董事金融关联缓解公司并购战略过程中资源约束的资源效应和信息效应。

　　不同于以往公司治理领域关于代理冲突问题以及战略管理领域关于资源约束问题的研究，本书从公司治理与战略管理学科交叉的视角，将研究内容聚焦于公司战略过程中代理冲突和资源约束的缓解问题，分别运用委托代理理论和社会交换理论以及资源依赖理论和信号传递理论进行机制分析，并辅以多元化并购战略情境进行实证分析，体现多理论视角下公司治理与战略管理的融合，以及战略过程与战略内容的融合。

目 录

第一章　导论

第一节　研究背景与问题

一、实践背景

（一）公司股东机构化与关系投资的兴起

自 20 世纪 80 年代末以来，全球资本市场最显著的发展特点就是机构投资者（institutional investors）的迅猛增长，无论在发达国家还是发展中国家，各类机构投资者管理的金融资产规模呈现出爆炸性的增长势头。经济合作与发展组织（OECD）2011 年的统计报告发现，在 21 世纪的头十年，世界范围内各类机构投资者管理的金融资产规模达到了 53 万亿美元，共同基金、保险公司、养老基金是管理金融资产规模最多的机构投资者主体，分别达到了 19.6 万亿美元、17 万亿美元和 15 万亿美元；从主要国家机构投资者对资本市场金融资产的持有情况看，美国、英国、澳大利亚等国家机构投资者在上市公司中的持股比例均超过了 50%（Kirkpatrick 等，2011）。公司股权机构化的趋势使美国和英国等发达国家高度分散化的股权结构发生了很大变化，促成"管理人资本主义"向"投资人资本主义"的转化（Useem，1996）。

从 20 世纪 80 年代起，随着机构投资者的发展壮大，美英等西方国家的机构投资者逐渐放弃了"华尔街规则"（Wall Street rules），开始在其持股公司的治理结构问题上扮演积极角色，并掀起了一轮空前的股东积极主义浪潮①。20 世纪 90 年代初期以后，美英等西方国家的机构投资者把注意力从改善公司治理结构延伸到影响公司业绩的细节方面，对于那些经营业绩欠佳的公司，机构投资者开始行使他们的股东权力影响甚至改组董事会，同时机构投资者的投资策略从原有的高流动性转变为长期稳定持股，他们开始更为关注公司的长期收益。

进入 20 世纪 90 年代中后期，机构投资者积极主义衍生出一种新的表现形式——机构投资者关系投资，并逐渐成为机构投资者积极主义的核心。机构投资者关系投资模式追求长期投资价值的最大化，主张机构投资者与目标公司建立长期稳定的投资关系并对管理层进行持续监督。从投资者参与公司治理运动的发展历史来看，机构投资者关系投资经历了以下演化过程：个人投资者积极主义（20世纪 40 年代出现）—机构投资者积极主义（20 世纪 80 年代出现）—机构投资者关系投资（20 世纪 90 年代出现）。并且，在过去的二十多年里，关系投资模式在世界范围内快速蔓延。如 Jacoby（2007）发现美国养老金巨头加州公共雇员退休系统（CalPERS）对日本公司的介入经历了由基于市场的积极主义向公司层面的关系投资的转变，从而促进了不同国家的公司治理模式趋同。

自 20 世纪 90 年代末以来，以养老金为代表的机构投资者逐步放弃在 80 年代兼并收购浪潮中与公司经理人员对立的立场，将关系投资看成是敌意收购等外部市场治理机制的有效替代和补充，以及对集中投资进行风险管理进而实现长期投资价值最大化的一种有效投资策略。公司经理人员也克服了对机构投资者的厌恶和抵制情绪，开始认识到有长期"耐心"资本的支持，可以减少敌意收购的威

---

① 机构投资者积极主义兴起的标志性事件是 1985 年 Texaco 事件。1985 年 1 月，当时掌管着加州公共雇员退休基金（CalPERS）与加州教师退休基金（CalSTRS）的加州财长 Jesse Unruh 获悉，Texaco 公司管理层为保住位子，从 Bass Brothers 手中回购了公司近 10% 的股份，并支付了 1.37 亿美元的溢价。这对公司其他股东显然是不公平的。Jesse Unruh 反对 Texaco 公司经理层这种损害股东利益而追求自身利益的代理行为，领导和发起了声势浩大的股东积极主义运动，并于 1985 年创建了机构投资者委员会（Council of Institutional Investor, CII），倡导机构投资者积极行使股东权力。这次以追求股东平等、股东参与决策和进行必要的规则修改为宗旨的运动标志着新一轮机构股东积极主义的开始。在此之后，以 CalPERS 为代表的机构投资者逐渐放弃了消极的"华尔街规则"，开始积极介入持股公司的事务，监督高管，改善公司治理结构。"机构投资者积极主义"一词也在这一事件之后逐渐流行起来。

胁，从而有利于管理层自身利益和公司长期价值的最大化。于是，机构投资者和公司经理层开始形成合作关系，关系投资自此应运而生并快速发展。

在西方国家兴起关系投资的时代背景下，我国借鉴西方成熟资本市场发展机构投资者的成功举措，开始大力发展机构投资者。2004 年 2 月，国务院颁布《关于推进资本市场发展改革和稳定发展的若干意见》，其中指出："要继续大力发展证券投资基金，支持保险资金以多种方式直接投资资本市场，逐步提高社会保障基金、企业补充养老基金、商业保险资金等投资资本市场的资金比例。要培养一批诚信、守法、专业的机构投资者，使机构投资者成为资本市场的主导力量。"在随后几年里，全国社保基金、保险公司、合格境外机构投资者（QFII）、证券公司等各类型机构投资者入市的相关政策法规陆续出台，这为我国资本市场培养多类型的机构投资主体奠定了基础。2015 年 8 月，国务院正式颁布实施《基本养老保险基金投资管理办法》，准许基本养老保险基金入市，这标志着数以万亿元计的基本养老保险基金有望成为中国资本市场上的新力量。

从近年来我国资本市场中机构投资者的发展情况来看，机构投资者已经是我国股票市场的主要投资者，并有向关系投资方向发展的趋势。首先，从投资策略角度看，关系投资者的换手率较低，推崇长期价值投资理念。我国上海和深圳证券交易所 1995—2012 年的换手率数据（如表 1.1）显示，自 2008 年金融危机之后，上市和深市的换手率持续走低，表明我国投资者（主要为机构投资者）开始逐渐降低交易频率，延长持股期限。

表 1.1　1995—2012 年上海和深圳证券交易所的换手率

年份	上交所主板（%）	深交所主板（%）	中小板（%）	创业板（%）
1995	528.72	254.52		
1996	913.43	1350.4		
1997	701.81	817.43		
1998	453.63	406.56		
1999	471.46	424.52		
2000	492.87	509.10		
2001	269.33	227.89		

续表

年份	上交所（%）	深交所主板（%）	中小板（%）	创业板（%）
2002	214.00	198.79		
2003	250.75	214.18		
2004	288.71	288.29	617.75	
2005	274.37	316.43	699.70	
2006	541.12	609.38	997.70	
2007	927.19	987.42	1048.83	
2008	392.52	469.11	625.36	
2009	504.37	773.48	1084.83	777.39
2010	198.47	557.44	775.06	1762.22
2011	124.80	340.49	412.95	739.95
2012	101.60	297.00	/	/

注：由于深圳中小板和创业板分别成立于 2004 年和 2009 年，所以不存在相应的之前年份的数据；换手率=年度股票成交量价值总额÷年初和年末流通股市场价值的均值。

资料来源：中国证券期货年鉴（2012）

其次，从公司治理角度看，关系投资者介入上市公司治理的积极性较高，推崇股东能动主义。我国监管层在超常规发展机构投资者的同时，也一直在鼓励机构投资者积极参与上市公司治理，期望其在改善上市公司治理中发挥重要作用。2004 年发布的《国务院关于推进资本市场改革开放和稳定发展的若干意见》中指出，要通过机构投资者的介入改善中国股票市场的投资结构，依靠市场力量进一步推动上市公司的发展。2006 年证监会公布的《中国上市公司治理准则》更是明确规定："机构投资者应在公司董事选任、经营者激励与监督、重大事项决策等方面发挥作用。"近几年我国资本市场上也确实发生过曾躁动一时的机构股东介入公司治理的典型事件，如在 2011 年重庆啤酒乙肝疫苗研发失败事件以及 2013 年上海家化控制权争夺事件中，以基金公司为代表的机构投资者一度提议要求罢免公司董事长，而 2012 年 5 月由耶鲁大学基金会联合鹏华基金联名推选的候选人冯继勇高票当选格力电器新一届董事，更被视为我国资本市场机构投资者积极介入上市公司治理的一个标志性事件。

（二）企业融资约束普遍性与金融关联的兴起

金融危机过后，我国经济总体上依然处于快速增长的阶段（虽然现阶段处于经济下行并面临着产业结构调整的压力），企业投资和融资的需求旺盛，而我国资本市场尚受到严格管制，资源配置功能仍有待完善，还不能充分满足快速成长企业的融资需求，企业普遍面临融资约束。世界银行投资环境调查显示，75%的中国企业家认为融资约束是企业发展的主要障碍（Claessens 和 Tzioumis，2006）。长期以来，四大国有银行主导着我国的金融体系，过多的政治干预和国有银行与国有企业天然的体制纽带使得银行的信贷决策带有明显的政治产权色彩，超过80%的信贷资源流入大型国有企业，使得广大中小企业和民营企业的信贷行为被严重压抑，最终造成企业融资难问题长期得不到有效解决（程海波等，2005）。中小企业和民营企业在信贷融资上普遍受到银行的信贷歧视，"融资难""融资贵"等融资约束问题成为企业发展中面临的首要资源约束（罗党论和甄丽明，2008）。

我国大力发展证券投资基金等专业金融机构投资者的举措，一方面可以繁荣和稳定资本市场，为企业通过上市公开发行等正式途径来缓解融资约束创造良好的市场环境，另一方面也为企业通过与金融机构建立私密联系等非正式途径来缓解融资约束提供了契机。与金融机构建立密切联系作为我国企业破解融资约束困境的一种主动行为，逐渐为越来越多的企业所采用。根据2011年中国企业家调查系统的调查报告，20.4%的受调查企业与各类金融机构建立了关联，超过 50%的企业家认为金融关联有助于获得更多信贷支持、增强财务灵活性，这说明企业建立金融关联的动机与融资约束密切相关。并且相比国有企业，民营企业建立金融关联的动机更强烈，意味着民营企业受到更严重的融资约束。

聘请具有金融机构任职背景的人士担任公司外部董事，是企业建立金融关联的一个重要方式，也是企业获取关键战略资源（尤其是企业战略发展急需的资金）的一种重要非正式机制。这种金融关联方式在中国企业（尤其是融资约束较高的企业）中已经非常普遍。截至2012年末，有44.2%的 A 股民营上市公司存在金融关联现象，即至少聘请一位有银行、证券、信托或基金等金融机构高管工作背景的金融专家担任公司董事。邓建平和曾勇（2011a）发现这一比例更高，达到了47.8%，而银行关联和券商关联又是两种最主要的金融关联形式，在总金融关联中的占比为91.3%。陈爱华和邓建平（2015）对2007—2013年民营企业高管是否拥有银行、券商、信托、基金、保险等工作背景进行数据统计时发现，银行关联和券商关联的比例分别高达20.08%和23.64%。金融关联为企业战略扩张带来了关键资源，尤其是项目投资资金，进而有效缓解了企业战略过程中面临的融资约束（Booth 和 Deli，1999；Kroszner 和 Strahan，2001；Güner 等，2008；García-Meca 等，2015；邓建平和曾勇，2011a，2011b）。

二、理论背景

（一）公司战略过程中的代理冲突

公司战略过程中的代理冲突问题最早源自 Fama 和 Jensen（1983）对委托代理理论的论述。在两位先驱者的经典论述中，首先，公司契约签订主体被分为两类：获得无风险固定收益的契约主体，以及获得剩余价值同时承担剩余价值风险的契约主体，即剩余价值索取者或剩余价值风险承担者。其中，剩余价值是指公司实际收益与契约规定收益之间的差额（即净现金流），主要为公司股东（一般为外部普通股股东，如机构投资者）所有。而剩余价值往往是不确定的，剩余价值的这种不确定性被称为剩余价值风险。其次，公司战略过程被分为四个阶段：（1）创议（initiation）：提出资源利用和契约结构的有关建议和方案；（2）审批（ratification）：在备选方案中做出选择；（3）执行（implementation）：执行所选择的方案；（4）监督（monitoring）：评估战略决策者和执行者的绩效以及实行奖惩措施。其中，战略的创议和执行阶段往往由同一个或少数代理人来实施，这两个阶段合称为战略管理（strategic management）；审批和监督阶段往往由剩余价值索取者来实施，这两个阶段合称为战略控制（strategic control）。

在大型公司组织中，剩余价值索取者即股东拥有对公司的内部控制权，但股东一般仅保留董事任免、审计师选择、兼并收购和新股发行的控制权，而将其他类型的战略管理和控制权力授予董事会，董事会将大部分战略管理权和一定程度的战略控制权再授予高管层（TMT）（Dalton 等，1998；Eisenberg 等，1998；郑红亮，1998），由此导致战略管理和剩余价值风险承担的分离。战略管理和剩余价值风险承担的分离必然导致公司战略过程中出现两类基本的代理冲突问题：道德风险和逆向选择（Rutherford 等，2007）。道德风险是指战略决策和执行的代理方（高管层，包括执行董事）偏离委托方（股东，尤指外部股东）的效用目标，在公司战略的决策和执行过程中表现出损害股东剩余价值的机会主义行为（Levinthal，1988；La Porta 等，2000）；逆向选择是指战略决策和执行的委托方不能有效甄别和筛选代理方的信息，导致对经理层的评价及奖惩失真，从而损害股东剩余价值（Eisenhardt，1989；Sheifer 和 Vishny，1997）。

委托代理双方效用目标差异和信息不对称是公司战略过程中代理冲突问题产生的根源。有效的战略控制机制能够客观评价高管层的战略管理过程，并以此为基础制订合理的绩效评价体系和奖惩措施，从而防止战略管理过程中的道德风险和逆向选择问题（La Porta 等，2002；Levinthal，1988；Rutherford 等，2007）。而主要由外部股东代表（包括外部董事和独立董事）组成的董事会在公司治理中居于核心地位（李维安，2009），因此董事会机制对战略控制的有效性就显得至关重要。在公司战略授权中，董事会保留筛选和监督战略决策、任免高级经理和制订经理薪酬的权力（Core 等，1999；Demsetz 和 Villalonga，2001），这些控制机制确保了董事会对经理层战略管理权力的控制能力。董事会对战略管理的有效控制能够防止高管层机会主义行为对股东利益的侵害，降低高管层在战略管理中偏离股东效用最大化目标的程度，进而保证公司战略的科学决策和有效执行。

（二）公司战略过程中的资源约束

资源是"企业在实施其战略时可资利用的所有力量"（Barney，1991）。资源基础观认为企业内部资源对利润获取或者长期竞争优势的维持有重要意义，对创造市场优势有决定性作用；企业内部的组织能力、资源和知识的积累是解释企业获取超额收益的主要原因（Wernerfelt，1984）。资源依赖理论认为企业组织是一个动态开放的系统，大量关系企业生存和发展的稀缺、有价值的资源都需要企业从外部环境获取，企业的生存和发展取决于其从外部环境获取关键战略资源的能力（Pfeffer和Salancik，2003）。因此，企业资源的获取有两个基本途径：一是通过已有资源的统筹使用从内部积累；二是通过购买或接受投资从外部获取（宋春霞，2015）。而企业资源的自我积累是一个缓慢的过程，外部购买又显得价格昂贵，于是，企业不可避免地面临着资源约束的困扰。李新春（2010）、吕福新（2003）对家族企业的研究发现，资金、人才和技术等资源的短缺以及公司治理的缺陷等造成的资源约束始终困扰着家族企业的成长。

依据资源依赖理论的观点，公司战略过程中的资源约束主要取决于两种因素：一个是公司战略决策和执行主体自身的资源禀赋（Barney，1991；Barney和Wright，2001；周建等，2014），另一个是公司战略决策和执行主体从外部环境获取的关键资源（Pfeffer，1972；Daily，1995；Hillman和Dalziel，2003）。在公司型企业组织中，公司存在两类最重要的战略决策和执行主体——董事会和高管层（Westphal，1999），其战略资源禀赋决定着公司战略的质量（Hillman等，2000；周建等，2014）。其中，董事会（尤其是作为董事会成员的外部董事）是建立公司与外部环境联系的重要渠道，其资源联系角色是公司获得成功的重要因素（Daily，1995）。外部董事凭借与外部环境的联系，在公司战略管理过程中承担重要职责（Hillman和Dalziel，2003），具体包括：为高管层提供建议、咨询；提供合法性和维护公司形象；构建外部组织与公司信息交流的渠道；优先获取外部支持（Daily和Dalton，1994）。

外部环境提供资源以支持组织运营的能力（即资源丰裕度）会对公司战略过程产生影响（Dess和Beard，1984）。而董事能够为高管层的战略决策与执行提供有价值的外部资源（Daily，1995），因而董事的资源供给职能对于缓解公司战略过程中的资源约束作用得到了广泛讨论。Pfeffer（1972）认为董事的资源供给职能可以降低公司对战略决策环境的依赖，进而缓解公司战略过程中的资源约束，这一观点得到后续研究的广泛认可（Johnson 等，1996；Zahra 和 Pearce，1989；Hillman 和 Dalziel，2003；Dalziel 等，2011）。

三、研究问题

（一）机构股东关系投资与公司战略过程中的代理冲突缓解问题

基于世界范围内公司股东机构化和关系投资兴起，以及我国大力发展机构投资者同时鼓励机构股东积极介入上市公司治理的实践背景，本研究提出第一个科学研究问题，即作为外部股东的关系投资机构是否以及如何缓解公司战略过程中的代理冲突。

股东对高管的监督约束以及股东和高管之间的互惠合作被界定为关系投资的核心内涵（Chidambaran 和 Kose，1998；李有彬，2006）。根据关系投资的这一概念内涵，从事关系投资的机构股东是否能够通过监督约束和互惠合作机制来约束公司战略过程中的管理层代理行为，便成为本书的一个核心议题。

（二）外部董事金融关联与公司战略过程中的资源约束缓解问题

基于我国企业普遍存在资源约束（主要表现为融资约束），以及企业热衷于聘请金融机构高管担任公司董事进而建立金融关联的实践背景，本研究提出第二个科学研究问题，即作为外部董事的金融关联董事是否以及如何缓解公司战略过程中的资源约束。

公司建立金融关联的主要目的在于获取战略扩张所需的资金和财务专长等关键战略资源（Dittmann 等，2010），以及借此向外界传递反映公司内在品质的有效信号（Certo，2003）。依据金融关联的这两种主要功能，作为具有金融机构任职背景的一类特殊外部董事，金融关联董事是否能够通过资源供给和信息传递机制来缓解公司战略过程中的资源约束，便成为本书的另一个核心议题。

第二节　核心概念的界定

一、关系投资

关系投资（relational investment）有时也被称为关系型投资（relationship investment），该词最早出现在 20 世纪 60 年代初期，当时主要是指那些积极维护和行使股东权力的个人投资者的长期投资行为。在机构投资者股东积极主义开始盛行的 20 世纪 90 年代，来自法学和经济学领域的学者对关系投资给出了不同的理解（美国芝加哥大学法和经济学院在 1993 年还专门举办了一期 "关系投资" 研讨会），但并未对关系投资的内涵达成明确共识。

Pound（1992）认为关系投资是主要投资者在能确定有权发挥作用时所形成的特征，关系投资者是有依据、有节制的监督者。Gordon 和 Pound（1993）在对美国股权市场积极投资的实证研究中区别了积极的关系投资者的一系列指标：是敌意投资还是友好投资；投资者角色是主动的监督者还是被动的监督者；投资者是否寻求董事席位。Blair（1995）认为关系投资是一种状态，这种状态比保持超脱和被动状态更负责地从事对公司经营高管的监督，关系投资者将投资长期地交给公司经营。

关系投资也被一些学者描述为一种 "富有煽动性的新的投资思想"，在公司和股东之间建立任何具有承诺性质的关系（Dobrzynski，1993），或者投资者与被投资公司之间构建长期顾问关系（Vise，1993）；投资者对投资组合公司做出大额长期财务承诺，以此换取他们在公司运营中的话语权（Dickson，1993）；投资者承诺并持有公司的一定比例股票，并承诺不会将股票卖给竞价收购者，但容易被激怒去改变差的公司管理层或差的公司决策（Ayres 和 Cramton，1994）。Carrasco 和 Thomas（1996）指出：关系投资者买入并持有大量股票，但非控制性的金融投资，并承诺长期持有股票；将资金长期投入到公司，同时分担公司风险；不会寻求控制被投资的公司，却会监督公司。

Gordon（1997）认为关系投资者具有三个相互影响的特征：大量的股票所有权、长期持有股票的承诺，以及和管理层就公司业务政策的决策进行商讨。Koppes和 Reilly（1995）也认为，关系投资者是持有大量股票并与管理层就业务政策的决策达成长期承诺和互惠的投资者。Jeffrey 和 Gordon（1994）认为关系投资取决于三个要素之间的相互关系：大量持股、长期持股承诺、在公司经营决策上与管理层互惠介入；指出当代关系投资的基本情况是大型单个投资者的股权投资，这类投资者在公司中具有大量经济投入，在董事会中派驻代表，准备好在紧急时刻介入并替换高级管理层或者为公司经营设置新的方向。

Chidambaran 和 Kose（1998）指出管理层在大股东监督中积极与股东合作是所谓关系投资的中心内涵，即关系投资内涵包括两个方面：投资者监督与管理者合作。李有彬（2006）专门对关系投资进行过研究，认为关系投资融合了公司治理理论和投资策略理论，是投资者参与公司治理和长期投资相互融合的产物，既是一种公司治理模式，又是一种投资策略，其本质主要和三个概念密切相关：公司治理（监督与合作）、长期投资和机构投资者（持有大量股票）。王信（1999）认为关系投资就是进行长期投资，并监督企业的经营管理，在企业治理结构中发挥积极作用，以获得长远的回报，同时指出创业基金的关系投资主要表现为：在企业董事会中拥有较大的发言权，充当企业的财务顾问，挑选管理人员并参与人事管理，帮助企业引进资金及合作伙伴，监督企业的日常生产经营等。

在经验研究方面，仅 Bhagat 等（2004）对关系投资进行过操作性界定。他们认为关系投资的概念界定过于宽松，未能明确说明持股多少或持股多长时间算是明显的关系投资者，于是他们在实证研究中将关系投资者量化为拥有至少 10% 股权、持股时间至少在 4 年以上的外部股东。

综合国内外学者关于关系投资内涵的讨论，我们可以从公司治理和投资策略两个角度理解关系投资的本质（李有彬，2006）。从公司治理角度看，关系投资是投资者进行监督并谋求经理人合作的一种机制和模式，与其他治理机制（控制权市场、董事会、产品市场、经理人市场等）存在互补或替代关系，关系投资借助密切监督和长期合作等治理机制可以实现价值保护和价值创造功能；从投资策略角度看，关系投资奉行长期价值投资理念，不认同市场有效性假说，是针对非有效市场的一种积极投资策略，关系投资者通过监督来影响股票价格，进而具有价值发现和价值创造的功能。简单来说，从投资策略角度看，关系投资属于长期投资行为；从公司治理角度看，关系投资属于积极主义行为。表 1.2 分别从投资属性和治理属性的角度简要归纳了已有研究关于关系投资内涵的阐释。

表1.2　关系投资的内涵

文献	投资属性	治理属性	主要观点
Bhagat 等（2004）	持股比例至少 10%，持股期限至少 4 年（长期、集中持股）	监督公司绩效（既有监督能力又有监督动机）	在敌意接管活动畸高的 20 世纪 80 年代后期，关系投资者的存在与较高的股票市场回报正相关；能够减少公司并购重组
Chidambaran 和 Kose（1998）	长期持股、持股数量足够多	股东监督与经理合作（积极监督但不寻求公司控制权）	关系投资能够解决代理问题及搭便车问题；通过设计有效的薪酬契约激励可以诱导经理在股东监督过程中的合作行为
Ayres 和 Cramton（1994）	（隐性）承诺大量买入并持有公司股票；不会向敌意收购者出售股票	阻止敌意接管威胁；加强内部管控；替代外部控制权市场	关系投资者能够加强对管理层的内部约束，减少代理成本；能够提高管理层激励，降低道德风险；能够将管理层与变幻莫测的资本市场隔离起来，保护管理层
Gordon（1994）	长期大量投资者，而非短期交易者或套利者	通过"董事会构成"途径施加影响，进而提高董事会的质量、独立性和责任，而不是介入管理决策	关系投资者应追求能够提高其对董事会构成影响力的策略，以及董事会监督高管的能力；增加其对董事选举的影响力
Stone（1994）	大额和长期的股权投资，介于纯套利和独资经营之间	监督和介入的弱方式：仅监督公司治理结构；强方式：在战略计划层面监督和介入商业决策	关系投资两大优势：有能力激励监督管理层勤勉地追求股东价值；相互信任和长期关系承诺降低了投资者的信息成本和公司的资本成本

续表

文献	投资属性	治理属性	主要观点
Torrance（2009）	投资特征具有"关系临近性"	利用拥有目标公司信息和关系资源的专业的投资经理作为利益代表去影响公司政策	关系投资需要大量的时间、成本和信任构建关系，机构投资者更多是获取公司信息而不是进行关系投资
李有彬（2006）	长期投资、集中投资；一种投资风险控制机制	监督与合作；一种公司治理模式	从公司治理角度看，关系投资是机构投资者进行监督的一种机制和模式，能降低代理成本和减少搭便车问题；从投资策略角度看，关系投资是管理投资风险的一种机制和积极投资策略，能克服相对分散投资策略中的集中风险、指数化投资策略的信息滞后风险以及市场流动性风险
王信（1999）	创业基金的关系投资	相机治理；监督；加入企业董事会，参与重大决策；参与经营管理	创业基金关系型投资主要表现在对企业实行相机治理；对企业绩效有一定的影响

资料来源：本研究整理

总之，关于关系投资的内涵，学者们至少在以下三个方面逐渐取得了共识：一是进行长期大量股权投资的机构投资者是关系投资的行为主体；二是这类机构投资者与被投资公司形成一种长期承诺和互惠合作的关系；三是这类机构投资者奉行股东积极主义，积极介入被投资公司的公司治理和管理决策。如表 1.3 所示，通过对关系投资要素的总结，本书认为长期持股的机构大股东对公司治理和管理决策进行积极的和互惠式的介入（即监督与合作）是关系投资的本质内涵。因而，本书将关系投资界定为：与公司具有承诺和互惠关系并积极介入公司治理的机构投资者的一种长期、稳定、集中投资行为。具有这种特征的机构投资者被称为关系投资机构投资者，简称关系投资机构或关系投资者。在第四、五章变量设计部分，结合我国机构投资者持股规模和持股期限的实际情况，参考仅有的 Bhagat 等（2004）对关系投资者的操作性界定，本书在实证环节的数据收集过程中将关系投资者的标准操作化为，公司前十大流通股东中单独或合计持股比例不少于

10%、持股时间不少于 2 年的机构投资者。

表 1.3 关系投资的要素

行为主体	个人投资者（×）		机构投资者（√）	
持股期限	短期交易套利（×）	短视的财务投资者（×）	长期投资承诺（√）	稳定的战略投资者（√）
持股规模	分散持股（×）		集中持股（√）	
进入方式	敌意接管（×）		友好协商（√）	
监督方式	积极主动式监督（√）		被动反应式监督（×）	
积极主义导向	公司治理积极主义（√）		公司治理消极主义（×）	
与管理层关系	冲突对抗（×）		互惠合作（√）	
董事会治理介入	往往派驻外部董事，公司内部治理机制（√）		不派驻董事，控制权市场等外部治理机制（×）	

注：√（×）表示通常能够（不能够）成为关系投资要素的特征。

资料来源：本研究整理

　　另外，本书中的机构是对金融机构投资者的简称。目前，我国机构投资者发展迅速，种类繁多，导致在研究内容和侧重点不同的研究中，机构投资者有着不同的定义和范畴。有些研究特指基金类金融机构投资者，有些研究包括所有种类的金融机构投资者。机构投资者的概念存在狭义和广义之分，其中狭义上的机构投资者特指金融类机构投资者，包括基金、社保基金、保险公司、券商、阳光私募、券商集合理财、财务公司、QFII、信托公司、企业年金、基金管理公司和银行，广义上的机构投资者除金融机构外还包括非金融类机构投资者，如一般法人和非金融类上市公司（WIND 数据库）。本书的机构投资者是指狭义的金融机构投资者，主要包括证券投资基金（基金公司）、社保基金、保险公司、证券公司（券商）、银行和合格境外机构投资者（QFII）。

二、金融关联

　　Baysinger 和 Butler（1985）按照职业隶属关系将董事分为十三小类，其中第八类为银行、证券交易商或保险经纪人等具有金融机构工作背景的董事。Rosenstein 和 Wyatt（1997）则把董事按照其职业背景分为财务型董事、公司型董事和中立型董事，其中财务型董事是指任职于银行或非银行金融机构的官员，认为董事的作用因职业差异而不同。通过对公司董事等高管金融背景的考察，近年来国内外学者发现很多公司都聘请过具有银行、证券、信托、保险、基金等金融机构工作背景的人员担任公司的高管，从而与金融机构（尤其是银行）形成金融关联（Kroszner 和 Strahan，2001；Booth 和 Deli，1999；Güner 等，2008）。金融关联（financial connection）亦称金融关系或金融联系，在多数国内学者的研究中，如祝继高等（2012，2015a，2015b）、邓建平和曾勇（2011a，2011b）、邓建平和陈爱华（2015）、曲进和高升好（2015）、何贤杰等（2014a，2014b）、刘浩等（2012），专指企业通过聘请曾经或者当前具有金融机构任职背景的高管加入公司的董事会或者经理层来密切与金融机构的联系，从而利用关联关系获取部分协同价值的特殊战略行为。因此，金融关联本质上是公司维系与金融机构关系的一种渠道，是公司拥有的一种重要的关系资源。

作为一个新兴研究领域，学术界对金融关联的内涵尚无统一的认识，已有相关文献给出的界定也局限于操作层面。如表 1.4 所示，基于金融关联的操作性界定，总的来看，依据关联形式，金融关联主要分为两类，即人事关联和持股关联；依据关联对象，金融关联也主要分为两类，即银行关联和非银行金融机构关联。

表 1.4　金融关联的操作性界定

	类型	操作性界定	代表文献
金融关联形式	人事型金融关联	公司高管是否曾经或现在在金融机构任职或任职人数或占高管总人数的比例	Kroszner 和 Strahan（2001）；Güner 等（2008）；Pucheta-Martínez 和 García-Meca（2014）；García-Meca 等（2015）；邓建平和曾勇（2011a，2011b）；邓建平和陈爱华（2015）
	持股型金融关联	公司是否持股金融机构或在金融机构中的持股比例；公司持有金融机构的股权是否超过2%且是否为前十大股东；银行是否持股公司及持股比例	Lu 等（2012）；陈栋和陈运森（2012）；王善平和李志军（2011）；翟胜宝等（2014a，2014b）；曲进和高升好（2015）

	类型	操作性界定	代表文献
金融关联对象	银行类金融关联	公司高管是否具有曾经或现在在银行任职的背景； 具有银行任职背景的高管人数及其比例等	Booth 和 Deli（1999）；Kroszner 和 Strahan（2001）；Byrd 和 Mizruchi（2005）；Güner 等（2008）；Dittmann 等（2010）；祝继高等（2015a，2015b）；余明桂和潘红波（2009）；邓建平和曾勇（2011a，2011b）；杜颖洁和杜兴强（2013）；王宗润等（2016）
		公司是否持有银行股份或持股比例	Lu 等（2012）；陈栋和陈运森（2012）；王善平和李志军（2011）；翟胜宝等（2014）；曾海舰和林灵（2015）
		公司是否获得长期贷款关系； 公司长期借款和其他长期负债之和/总资产； 公司是否获得银行授信； 截至上期期末公司和同一银行有 3 次以上的非抵押贷款关系	罗党论和唐清泉（2007）；何韧（2010）；罗正英等（2011）；张晓玫等（2013）
		银行和公司交往的时间长度； 公司建立银行关系的银行数量； 公司经营年限； 公司接受银行服务的数量； 银行平均贷款合同数	Peterson 和 Rajan（1994）；Berger 和 Udell（1995）；Degryse 和 Cayseele（2000）；何韧和王伟诚（2009）；何韧（2010）；罗正英等（2011）；何韧等（2012）
	非银行类金融关联	金融机构（证券公司、保险公司、基金公司）是否向公司董事会或审计委员会派驻董事代表及其比例	Pucheta-Martínez 和 García-Meca（2014）；García-Meca 等（2015）
		公司是否有非银行金融机构（券商、信托、基金、保险公司）工作背景的高管或其比例	Stearns 和 Mizruchi（1993）；Güner 等（2008）；邓建平和曾勇（2011a）；罗付岩等（2016）；汪波等（2012）；徐慧（2015）；王旭（2014）
		公司在当年或曾经是否聘请具有证券背景的独立董事	何贤杰等（2014a，2014b）；孙艳梅等（2013）

资料来源：本研究整理

　　金融关联最初特指公司同银行类金融机构的人事关联，即公司董事会或管理层的成员正在或曾经在商业银行担任重要职位。利用公司高管是否曾经或现在在商业银行中任职或任职人数或占高管总人数的比例（Booth 和 Deli，1999；Kroszner 和 Strahan，2001；Byrd 和 Mizruchi，2005），来刻画金融关联，后来相关研究对金融关联的理解也多是沿袭这一思路（Dittmann 等，2010；Sisli-Ciamarra，2012；Slomka-Golebiowska，2014；祝继高等，2012，2015a，2015b；刘浩等，2012；苏灵等，2011）。在后来的一些研究中，投资银行及非银行金融机构也被纳入金融关联的研究范围。Güner 等（2008）将公司外部董事中的银行家分为商业银行家和投资银行家，进而对商业银行关联和投资银行关联进行了区分，发现二者对公司决策具有不同的影响。越来越多的研究者则开始将金融关联的对象拓展到除银行之外的其他金融机构。例如邓建平和曾勇（2011a）、邓建平和陈爱华（2015）将公司是否引入具有银行、证券公司、期货、保险、基金和信托等金融机构工作背景的高管及其比例作为金融关联的判断标准；而何贤杰等（2014a，2014b）则专门考察了一种特殊的金融关联，即公司聘请具有券商工作背景的独立董事所形成的非银行类金融关联。

除上述基于金融机构任职背景的人事聘任而结成的金融关联外，部分学者也注意到了基于持股的金融关联。公司通过参股银行而建立起直接股权关联关系（陈栋和陈运森，2012），这类金融关联在新兴市场中越来越普遍（La Porta 等，2003；Khanna 和 Yafeh，2007）。在国内，陈栋和陈运森（2012）率先研究了持股型金融关联，他们以公司参股银行且达到一定比例对银行经营具有潜在显著影响来判断公司是否具有银行股权关联。最近几年，陆续有学者开始将公司参股金融机构视为金融关联的一种形式（Lu 等，2012；张敏，2013；曲进和高升好，2015）。

由于我国金融行业准入门槛的限制，企业通过持股金融机构建立金融关联较为困难（祝继高等，2015a），因此本书不考虑上述持股类金融关联，而主要考察基于董事的金融关联。采用大多数国内学者认可的定义（如祝继高等，2012，2015a，2015b；邓建平和曾勇，2011a，2011b），本书将金融关联界定为，公司通过聘请曾经或者当前具有银行、券商、信托、保险、基金等金融机构任职背景的高管作为公司董事，进而与金融机构建立密切联系的一种战略行为。具有上述背景特征的董事被称为金融关联董事。因为这类董事往往是外部董事（即除董事职务外不在公司担任其他职务），所以本书所称的金融关联董事不包括内部董事，如无特殊说明，特指具有金融关联特征的外部董事。

三、战略治理

综合委托-代理理论和资源依赖理论的观点，公司战略过程中的代理冲突和资源约束问题将会影响公司战略的管理效率和质量，因此为保证公司战略管理的科学性与有效性，公司不仅需要从管理层面而且需要从治理层面，考量如何缓解公司战略过程中的代理冲突和资源约束问题。本书认为这些问题的解决之道即是公司治理与战略管理的交互领域——公司战略治理（corporate strategic governance）的研究内容。基于此，本书将公司战略治理理解为，从公司治理层面缓解公司战略过程中的代理冲突与资源约束，进而保证公司战略得以科学决策和有效执行的一系列正式或非正式、内部或外部的战略管理与控制机制。依据本书的理解，公司战略治理有效性的评判标准乃是公司战略过程中的代理冲突以及资源约束是否得到缓解，战略治理有效性的实现机制自然就包含两个维度，即代理冲突缓解导向的战略治理机制（如监督控制机制）和资源约束缓解导向的战略治理机制（如资源供给机制），战略治理的目标在于保证公司战略的科学决策和有效执行，最终确保公司战略绩效的实现和提升。

战略治理效应指公司治理主体（股东或董事）介入公司战略治理的机制与效果。本书旨在研究作为外部股东的关系投资机构与作为外部董事的金融关联董事的战略治理效应，即关系投资机构与金融关联董事分别介入公司战略治理的机制和效果。首先，关系投资在治理层面主要有两层含义，一是股东对高管的监督或控制，二是高管与股东之间的互惠或合作。本书从关系投资的核心内涵出发，分别以委托-代理理论和社会交换理论作为理论分析工具，认为关系投资机构股东介入公司战略治理的机制分别是监督机制和互惠机制，进而将其缓解公司战略过程中代理冲突的战略治理效应归结为监督效应和互惠效应。其次，金融关联在治理层面也主要有两层含义，一是公司借以从外界获取资源，二是公司借以向外界传递信息。本书从金融关联的核心内涵出发，分别以资源依赖理论和信号传递理论作为理论分析工具，认为金融关联外部董事介入公司战略治理的机制分别是资源供给机制和信息传递机制，进而将其缓解公司战略过程中资源约束的战略治理效应归结为资源效应和信息效应。

第三节 研究内容与创新

一、研究内容

如图 1.1 所示，本书研究内容主要包括两个部分：一是机构股东关系投资的战略治理效应，即机构股东关系投资缓解公司战略过程中代理冲突的机制及其有效性；二是外部董事金融关联的战略治理效应，即外部董事金融关联缓解公司战略过程中资源约束的机制及其有效性。

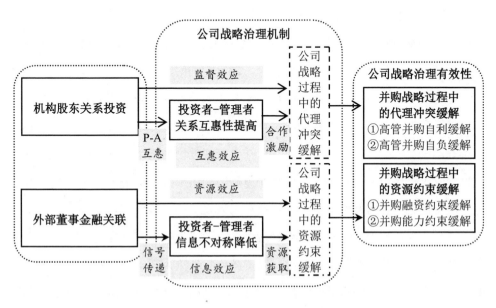

图 1.1 本书研究内容框架

全书共设计为八章内容，其中第四至第七章是对以上研究内容框架的具体展开，构成了本书主体。现将各章主要内容介绍如下：

第一章为导论。本章内容主要包括研究背景和研究问题的提出、关键概念的界定以及对研究内容和创新之处的介绍。

第二章为制度背景。本章分析我国机构投资者的发展现状及其治理效应研究现状，以及我国外部董事制度的发展现状及其治理效应研究现状。

第三章为文献回顾。本章内容是对与本书三个核心概念相关的已有文献进行回顾和整理。首先，回顾和整理与公司战略治理相关的已有文献，对战略治理概念进行深入阐释，归纳总结外部股东和外部董事介入公司战略治理的相关研究。其次，回顾和整理与机构股东关系投资相关的已有文献，简要论述异质性机构投资者的关系投资偏好，并从监督和资源供给的视角归纳总结机构股东关系投资的公司治理效应相关研究。最后，回顾和整理与外部董事金融关联相关的已有文献，简要回顾金融关联的影响因素和经济后果，并从监督和资源供给的视角归纳总结外部董事金融关联的公司治理效应相关研究。

第四章为监督视角下机构股东关系投资的战略治理效应。首先，阐述本章的理论基础——委托-代理理论。其次，以委托-代理理论为基础，分析公司战略治理中机构股东关系投资的监督约束机制。最后，利用中国上市公司多元化并购战略情境，实证分析公司并购战略中机构股东关系投资的监督效应。

第五章为互惠视角下机构股东关系投资的战略治理效应。首先，阐述本章的理论基础——社会交换理论。其次，以社会交换理论为基础，分析公司战略治理中机构股东关系投资的互惠合作机制。最后，利用中国上市公司多元化并购战略情境，实证分析公司并购战略中机构股东关系投资的互惠效应。

第六章为资源视角下外部董事金融关联的战略治理效应。首先，阐述本章的理论基础——资源依赖理论。其次，以资源依赖理论为基础，分析公司战略治理中外部董事金融关联的资源供给机制。最后，利用中国上市公司多元化并购战略情境，实证分析公司并购战略中外部董事金融关联的资源效应。

第七章为信息视角下外部董事金融关联的战略治理效应。首先，阐述本章的理论基础——信号传递理论。随后，以信号传递理论为基础，分析公司战略治理中外部董事金融关联的信息传递机制。最后，利用中国上市公司多元化并购战略情境，实证分析公司并购战略中外部董事金融关联的信息效应。

第八章为研究结论、启示与展望。本章是对全文理论分析和实证研究的归纳与总结，主要包括理论和实证研究结论的整理和归纳、本书研究的理论与实践启示以及对研究不足的评述和未来研究的展望。

以上各章之间具有内在的逻辑关联，篇章结构的安排如图 1.2 所示。

二、研究方法

本书运用的研究方法包括两类，即规范分析方法和实证分析方法。

（一）规范分析方法

规范分析主要回答"应该是什么"的问题，着重解决价值判断问题，概念界定、现状陈述、命题和假设的提出与论证等内容都属于规范分析的范畴。规范分析方法主要运用于本书以下研究内容中：一是公司战略治理内涵的解读。本研究选题涉及公司治理和战略管理的交叉领域，基于学科交叉的视角解读公司战略治理的概念内涵，因此非常有必要利用已有文献和理论来阐明这一概念的内涵。利用公司治理领域的委托-代理理论和战略管理领域的资源依赖理论，本书对公司战略治理的概念内涵进行了界定和解读。二是公司战略治理中机构股东关系投资和外部董事金融关联的作用机制理论分析。规范分析需要准确把握基础理论的核心观点，并将之应用于研究对象。本书运用委托-代理理论和社会交换理论分析机构股东关系投资的战略治理效应，运用资源依赖理论和信号传递理论分析外部董事金融关联的战略治理效应，均体现了规范分析方法的充分运用。

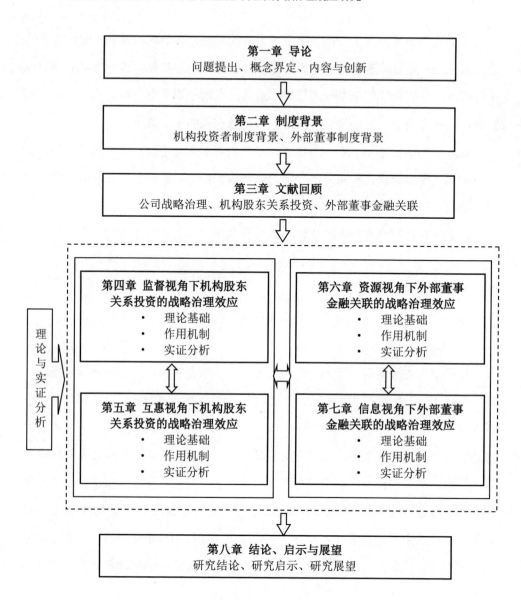

图 1.2 本书篇章结构安排

（二）实证分析方法

实证分析的主要目的是检验规范分析结论或所提出的假设和命题的合理性，通常需要借助大样本数据和科学合理的统计方法来实现。本书采用的实证分析方法主要包括普通最小二乘回归分析（ordinary least squares，OLS）。根据多个自变量的最优组合建立线性回归方程来预测因变量的回归分析被称为线性多元回归分析。线性多元回归分析的基本模型为：

$$Y = \beta_0 + \beta_1 x_1 + \beta_2 x_2 + ... + \beta_n x_n + \varepsilon \tag{1.1}$$

其中，β_0 为回归常数项，β_1，β_2，…，β_n 为回归系数，Y 是被解释变量或因变量，x_1，x_2，…，x_n 是可以精确测量并控制的一般变量，也称为解释变量或自变量，ε 是随机误差项。

本书实证分析采用的统计分析软件为 SPSS20.0。实证分析路径如图 1.3 所示。本研究大致分为规范研究和实证研究两个阶段，研究技术路线如图 1.4 所示。

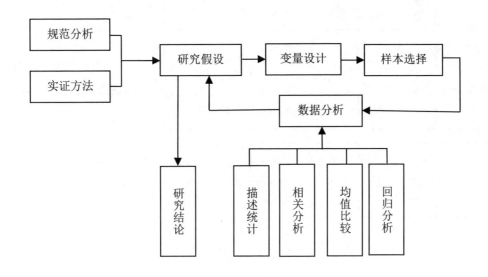

图 1.3　实证分析路径

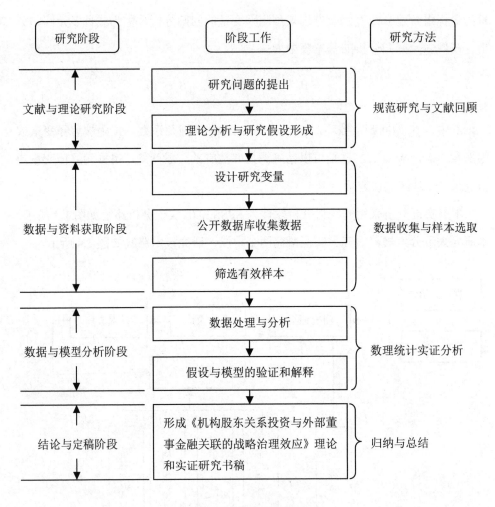

图 1.4　研究技术路线

三、创新之处

（一）从监督和互惠的整合视角研究机构投资者的治理效应

在 20 世纪 90 年代美国学界掀起的关系投资讨论热潮中，研究者主要从法学和经济学的视角讨论关系投资的内涵，这些讨论不仅没有达成比较一致的共识，而且严重缺乏实证研究的经验支持。本书则将经济学中的委托-代理理论和社会学中的社会交换理论结合起来，论证以委托人监督和代理人-委托人互惠为主要内容的关系投资内涵，尝试从监督效应和互惠效应的整合视角对机构股东关系投资缓解公司战略过程中高管自利性和自负性代理冲突的机制和效果进行实证研究。相比以往纯粹基于法学和经济学视角的公司治理研究，本书则尝试从社会学视角解读、论证和检验机构投资者介入公司治理的互惠机制，这在研究视角上具有一定创新性。

（二）从资源和信息的整合视角研究外部关联董事的治理效应

现有关于金融关联主题的研究主要存在三点不足：一是主要关注企业与银行的关联，对企业与非银行类金融机构的关联则缺乏应有的关注；二是主要关注金融关联的资源供给效应，对其信息传递效应则缺乏必要的关注；三是对金融关联的资源供给效应的讨论仅局限于获取信贷资源、缓解融资约束方面，对在其他方面表现出的资源供给作用鲜有提及。本书则尝试从资源效应和信息效应的整合视角，对外部董事金融关联缓解公司战略过程中融资约束和管理能力约束的机制和效果进行实证研究。这些研究克服了现有研究的部分不足之处，在研究视角和研究方法上都具有一定创新性。

第二章 制度背景

第一节 我国机构投资者制度背景及其治理效应

一、我国机构投资者的制度背景

基于西方成熟资本市场发展机构投资者的成功举措，我国大力发展机构投资者的思路逐渐明晰。2004 年 2 月，国务院颁布的《关于推进资本市场发展改革和稳定发展的若干意见》指出："要继续大力发展证券投资基金，支持保险资金以多种方式直接投资资本市场，逐步提高社会保障基金、企业补充养老基金、商业保险资金等投资资本市场的资金比例。要培养一批诚信、守法、专业的机构投资者，使机构投资者成为资本市场的主导力量。"在随后几年里，全国社保基金、保险机构投资者、合格境外机构投资者（QFII）、证券公司等各类型机构投资者入市的相关政策法规陆续出台，这为我国资本市场培养多类型的机构投资主体奠定了基础。随着股权分置改革完成和股票全流通时代的到来，我国机构投资者逐步取代散户而成为资本市场的主导力量。统计结果显示，在股改前的 2005 年，我国机构投资者总体仅持有上市公司股票 357.53 亿股，占流通 A 股的比例和市值分别仅为 15.7%和 8.7%，而到了 2010 年，其持有上市公司股票数额已达 13009.65 亿股，占流通 A 股的比例和市值也分别达到 69.4%和 65.6%（吴先聪，2013）。

近年来，在监管部门超常规发展机构投资者的政策引导下，我国证券市场的机构投资者队伍迅速发展壮大起来，而且向着多元化方向发展，已经形成以证券投资基金为主体，包括证券公司、保险公司、信托公司、社保基金、企业年金等境内机构投资者和合格境外机构投资者（QFII）在内的专业化机构投资者。伴随着我国资本市场的不断发展和逐步完善，不同类别的机构投资者先后经历了从萌芽、探索到成熟的发展阶段，下面简要介绍近年来在资本市场中地位愈发重要的境内和境外机构投资者即证券投资基金和 QFII 的发展历程。

（一）证券投资基金

以来，证券投资基金一直是我国资本市场最重要的一类机构投资者。我国证券投资基金的发展可以分三个阶段：早期探索（20 世纪 80 年代末—90 年代末）、试点发展（20 世纪 90 年代末—21 世纪 05 年前后）和快速发展（21 世纪 05 年前后至今）阶段。

1. 早期探索阶段

1991 年 10 月，国内首家两只投资基金——武汉证券投资基金和深圳南山风险投资基金被正式批准成立；1993 年 8 月，淄博乡镇企业基金在上海证券交易所挂牌交易，成为第一只上市交易的投资基金；1993 年底，建业、金龙、宝鼎三只教育基金在上海证券交易所上市交易。截至 1997 年 11 月，全国共有封闭式投资基金 72 只，募集资金 66 亿元。早期阶段的投资基金具有组织形式单一、规模小、投资范围宽泛、资产质量不高等特点。因其发展不规范，基本投资方向不是上市证券，而是大量投向房地产和产业部门。早期阶段的证券投资基金实际上是一种直接投资基金，并非一般意义上的证券投资基金（贝政新和冯恂，2005）。

2. 试点发展阶段

1997 年 11 月，证监会颁布《证券投资基金管理暂行办法》，从而结束了处在萌芽阶段的中国基金业的散乱状态，中国基金业的发展自此进入规范化的试点发展阶段。1998 年 3 月，南方基金管理公司和国泰基金管理公司分别发起设立两只规模均为 20 亿元的封闭式基金——基金开元和基金金泰，由此拉开了中国证券投资基金试点的序幕。此后两年，证券市场迎来了封闭式基金发展的黄金年代，近 20 只新的封闭式基金开始发行。2000 年 10 月，中国证监会发布《开放式证券投资基金试点办法》。2001 年 9 月，我国第一只开放式基金——华安创新诞生，我国基金业发展实现了从封闭式基金到开放式基金的历史性跨越。此后，开放式基金逐渐取代封闭式基金成为中国基金市场发展的新方向，为我国基金业的产品创新开辟了新的天地。

3. 快速发展阶段

2004 年 6 月，我国开始正式实施《证券投资基金法》。《基金法》奠定了我国基金业规范发展的重要法律基础，标志着我国基金业进入了一个新的发展阶段。该阶段，我国基金监管法律体系日益完善，中国证监会相继出台《证券投资基金管理公司管理办法》《证券投资基金运作管理办法》等多部法规。基金市场产品创新活动日趋活跃，基金创新品种日益丰富，如国内首只上市开放式基金（LOP）、交易型开放式指数基金（ETF）、生命周期基金、结构化基金、QDII 基金、社会责任基金等，层出不穷的基金产品创新极大地推动了我国基金业的发展。如表 2.1 所示，截至 2010 年，我国基金管理公司为 63 家，管理着 670 只开放式基金和 34 只封闭式基金，基金资产净值达 2.5 万亿元。

表 2.1　我国证券投资基金发展现状

年份	基金管理公司（家）	开放式基金（只）	封闭式基金（只）	基金公司合计（只）	资产净值规模（亿元）
2000	10	0	33	33	870
2001	15	3	48	51	821
2002	21	17	54	71	1186
2003	33	56	54	110	1699
2004	44	107	54	161	3246
2005	52	164	54	218	4695
2006	57	255	53	308	8571
2007	58	311	35	346	32765
2008	60	407	32	439	19381
2009	60	526	31	557	26761
2010	63	670	34	704	25185

资料来源：根据中国证监会和证券业协会披露的资料整理

（二）QFII

在经济全球化背景下，通过引入境外机构投资者逐步实现对外开放是新兴资本市场发展的必然趋势。引进境外机构投资者的实践在中国已经走过了十多年的发展历程，这一过程经过了探索（1996 年至 2000 年）、发展（2001 年至 2004 年）、深化（2005 年至 2008 年）和审慎（2009 年至今）等多个历史阶段。

2006 年 12 月，中国证监会基金监管部在《QFII 法律制度研究》报告中指出，我国引入合格境外机构投资者（qualified foreign institutional investors，QFII）将有助于"改善上市公司治理结构，提升上市公司质量"。自 2003 年 5 月瑞士银行和野村证券株式会社的 QFII 资格首次获批以来，截至 2013 年 3 月，国家外汇管理局累计批复 197 家 QFII 共计 417.45 亿美元的投资额度（李蕾和韩立岩，2013）。据证监会 QFII 名录披露，截至 2014 年 3 月，已有 261 家境外机构获得 QFII 资格。2011 年 12 月，证监会、央行、外管局联合发布《基金管理公司、证券公司人民币合格境外机构投资者境内证券投资试点办法》，允许符合条件的基金公司、证券公司的香港子公司作为试点机构，开展人民币合格境外机构投资者（RQFII）投资境内资本市场的业务。据证监会 RQFII 名录披露，截至 2014 年 3 月，取得 RQFII 资格的金融机构已达 54 家。

2005 年 12 月，中国商务部、证监会等五部委联合制定《外国投资者对上市公司战略投资管理办法》（以下简称《办法》），为境外投资者提供除 QFII 制度和 B 股市场之外直接投资中国上市公司股权的渠道。《办法》的目标十分明确，即上市公司引进境外战略投资者，"维护证券市场秩序，引进境外先进管理经验、技术和资金，改善上市公司治理结构"。《办法》表明中国监管部门鼓励外资对国内上市公司进行长期投资、参与上市公司实际运营。2013 年 9 月，商务部发布《办法》的征求意见稿，该意见稿坚持鼓励境外机构投资者长期入股中国上市公司、积极参与上市公司治理的政策。

近年来，在监管层的政策鼓励下，中国上市公司通过出让部分股权纷纷引进境外机构投资者，在中国资本市场上掀起了一股战略引资的热潮，通过引入境外机构投资者进行企业改制也成了中国上市公司的一种常用手段。在中国企业通过引入境外机构投资者进行企业改制的历史进程中，中国银行业所遵循的"财务重组——战略引资——公开上市——完善制度"的改革路径最为引人关注，引进境外机构投资者是中国银行业股份制改造过程中承上启下的关键一环。2006 年初，中国银监会颁布《中资商业银行行政许可事项实施办法》，强制规定"发起人股东中应当包括合格的境外战略投资者"，要求组建股份制银行必须引进境外战略投资者①。如表 2.2 所示，截至 2010 年，共有 89 家境外机构投资入股中、建、工、交 4 家大型商业银行、24 家中小银行和 3 家农村合作金融机构，入股金额达 384.2 亿美元。据朱盈盈（2011）的统计，截至 2010 年，先后有 34 家中资银行总共引入 39 家境外战略投资者。

表 2.2　中资银行引进境外机构投资者情况一览表

年份	中资银行引进境外机构投资者情况
2006	2006 年底中资银行共引进境外机构投资者 29 家，投资总额达 190 亿美元；其中商业银行 18 家，占 62.1%，投资银行 3 家，占 10.4%，其他金融机构 8 家，占 27.6%；7 家非银行金融机构也成功引进境外机构投资者
2007	截至 2007 年底，我国共有 25 家中资商业银行引入 33 家境外机构投资者，投资总额 212.5 亿美元
2008	截至 2008 年底，工商银行、中国银行、建设银行和交通银行 4 家实施股改的大型商业银行先后引进 9 家境外机构投资者，24 家中小商业银行引进 33 家境外机构投资者，3 家农村合作金融机构引进 3 家境外机构投资者，共引进资本 327.8 亿美元
2009	除了民生银行在香港募集 304 亿港币股本以外，2009 年没有一家中资银行成功引入境外战略投资者
2010	截至 2010 年，共有 89 家境外机构投资入股中国银行、建设银行、工商银行、交通银行 4 家大型商业银行、24 家中小银行和 3 家农村合作金融机构，入股金额达 384.2 亿美元

资料来源：根据中国银监会年报（2006—2010）披露的资料整理

二、我国机构投资者的治理效应

从公司治理角度看，参与公司治理甚至行使股东积极主义是关系投资者区别于普通投资者的一个重要特征。我国监管层在超常规发展机构投资者的同时，也

---

① 2006 年 12 月，银监会对该规定进行了修改，变为"发起人股东中应当包括合格的战略投资者"，删除了"境外"二字，这一修改同样适用于银监会在 2013 年 10 月新发布的《中资商业银行行政许可事项实施办法》。

一直在鼓励机构投资者积极参与上市公司治理，期望其在改善上市公司治理中发挥重要作用。2002 年 7 月，中国证监会颁布《关于上市公司增发新股有关条件的通知》，规定增发新股的股份数量超过公司股份总数 20%的，其增发提案还须获得出席股东大会的流通股（社会公众股）股东所持表决权的半数以上通过。这个通知使得机构投资者参与公司治理有了具体的法律依据，并可能在公司重大事项决策方面发挥作用。2004 年的《国务院关于推进资本市场改革开放和稳定发展的若干意见》指出，要通过机构投资者的介入改善中国股票市场的投资结构，依靠市场力量进一步推动上市公司的发展。2006 年证监会公布的《中国上市公司治理准则》更是明确规定："机构投资者应在公司董事选任、经营者激励与监督、重大事项决策等方面发挥作用。"

基于我国超常规发展机构投资者的制度背景，国内学者对我国机构投资者参与上市公司治理及其公司治理效应进行了大量研究。李维安和李滨（2008）利用中国公司治理指数（CCGI^{NK}）对我国机构投资者介入公司治理效果进行了系统的理论与实证研究，实证研究发现机构投资者在提升上市公司治理水平方面发挥了重要作用，降低了上市公司的代理成本，机构投资者持股比例与公司绩效和市场价值呈显著正相关。其他国内学者则通过盈余管理（薄仙慧和吴联生，2009；程书强，2006；高雷和张杰，2008；李善民等，2011；袁知柱等，2014；范海峰和胡玉明，2013；李增福等，2013；梅洁和张明泽，2016）、信息披露（高敬忠等，2011；牛建波等，2013）、公司绩效或公司价值（刘星和吴先聪，2011；唐松莲和袁春生，2010；袁蓉丽等，2010；吴先聪，2012；唐跃军和宋渊洋，2010；石美娟和童卫华，2009）等视角实证研究了机构投资者的公司治理效应。大多数研究发现，总的来说，我国机构投资者在一定程度上参与并改善了上市公司治理效应。

实践中，我国资本市场也出现了机构投资者发挥外部监督、积极介入上市公司治理和决策的典型事件。2002 年以证券投资基金为首的机构投资者集体反对中兴通讯发行 H 股，2003 年 48 家机构流通股东反对招商银行的可转债融资计划等事件，充分显示了机构投资者"用手投票"对于制衡大股东行为、维护投资者利益的作用；2011 年 11 月，鹏华基金、国海富兰克林基金等多家机构投资者联名起草了一份提案，提请大商股份召开股东大会，希望董事会能够以业绩（净利润）为基础给予管理层更多的现金激励，这一事件表明机构投资者意图通过变更管理层薪酬等方式影响经理层激励约束机制；2012 年 5 月 25 日，耶鲁大学基金会联合鹏华基金联名推选的候选人冯继勇高票当选格力电器新一届董事①，2011 年的重庆啤酒舆情风波、2013 年的上海家化事件中，机构投资者甚至一度要求罢免董事长，上述三起事件充分反映了实力壮大的机构投资者力图通过提名董事、提议罢免董事等方式影响董事会治理。

从国内机构投资者介入公司治理的实践来看，目前机构投资者在上市公司治理中主要还是扮演被动介入的角色，类似于基金提名格力电器董事人选这样主动参与公司治理的案例还较为少见，这与单个机构投资者持有上市公司的股权比例普遍较低不无关系。我国《证券投资基金运作管理办法》第三十一条规定，一只基金持有一家上市公司的股票不得超过该基金净值的 10%，同一基金管理人管理的全部基金持有一家公司发行的证券，比例不得超过该证券的 10%。"双十规定"客观上限制了证券投资基金在上市公司的持股比例，挫伤其介入公司治理的积极性。在当前上市公司股权相对集中的情况下，较低的持股比例以及持股的分散增加了机构投资者介入公司治理的成本。由于对上市公司控股股东和管理层实施有效制约的难度较大，机构投资者甚至转而与这些内部控制人合谋。

国内学者通过对我国股权分置改革中股改对价的研究，发现机构投资者持股比例与对价之间呈负相关关系（辛宇和徐莉萍，2007；吴超鹏等，2006），说明机构投资者往往会在股权分置改革中与非流通股股东进行"合谋"或达成妥协，从而未能在股改中起到保护中小流通股股东利益的作用，有时甚至会对其利益造成损害。机构投资者参与上市公司内幕交易被认为是与大股东合谋的主要形式，傅勇和谭松涛（2008）通过对股权分置改革中内幕交易的考察，证实了机构投资者

---

① 这是机构投资者首次提名董事进入上市公司决策层，因而被认为是我国机构投资者参与公司治理方面具有里程碑式意义的事件。

与非流通股东利用内幕交易进行了合谋，机构投资者通过内幕交易获得了额外收益；而雷倩华等（2011）以上市公司资产注入事件对机构投资者参与内幕交易的考察，则进一步发现机构投资者与公司内部人合谋的直接证据。可转债融资也被认为是诱发机构投资者与上市公司内部控制人合谋的一种手段，张高擎和廉鹏（2009）通过对湖南华菱管线股份有限公司可转债融资的考察，揭示了机构投资者利用股价操纵进行套利侵占，并在股改方案投票中与大股东合谋；在震惊一时的国美电器控制权之争事件中，职业经理人陈晓也是借助可转债融资引进机构投资者贝恩资本，并与之合谋同大股东黄光裕展开控制权争夺。另外，有学者认为，在高管更替事件上，机构投资者扮演的是上市公司管理层"合谋者"的角色，机构持股比例越高，公司高管因绩差被撤职的可能性越小，而且即使高管被更换后，公司也更倾向于从内部聘任继任者。以上中国学者的研究结论似乎也得到了国外学术界的研究印证（Wei 和 Varela，2003；Firth 等，2010；Zeng 等，2011），他们对中国资本市场中机构投资者介入公司治理的作用的评价倾向于负面和消极，主要的观点是中国市场所特有的国企背景和政治关系严重限制了机构投资者在公司治理中的积极作用，甚至导致机构投资者参与利益输送、侵害中小股东利益。

　　学术研究和治理实践均表明机构投资者参与上市公司的治理和决策是"一枚硬币的两面"：他们既有可能通过"用手投票"的方式以积极监督者的姿态介入上市公司治理，提高公司治理水平，也有可能以内幕交易等方式与上市公司大股东和管理层合谋，损害上市公司或其他利益相关者的利益。Pound（1988）针对机构投资者监督上市公司治理和决策的有效性提出了三种假说：有效监督假说、利益冲突假说和战略联盟假说。有效监督假说认为机构股东从消极到积极的战略转换可以强化企业内部监督机制，公司绩效与机构投资者持有的股权比例之间有正相关关系；利益冲突假说认为机构投资者和公司之间存在着其他有盈利性的业务关系，因此他们被迫投票支持公司高管；战略同盟假说则认为机构投资者和公司高管发现他们之间进行合作对双方来说是有利的，这种合作降低了机构投资者监督高管所产生的对公司价值的正效应。我国机构投资者的公司治理效应究竟属于"硬币"的哪一面，更适合于 Pound 的哪一种假说？目前，学界和业界对此依然存在不小的争议。

第二节 我国外部董事制度背景及其治理效应

一、我国外部董事的制度背景

外部董事是指非本公司员工的外部人员担任的董事。外部董事不得在公司担任除董事和董事会专门委员会有关职务外的其他职务，与其担任董事的公司不得存在任何可能影响其公正履行董事职责的关系。例如，本人及其直系亲属近两年内未曾在公司或公司的全资、控股子公司任职，未曾从事与公司有关的商业活动，不持有公司所投资企业的股权，不在与公司同行业的企业或与公司有业务关系的单位兼职等。我国外部董事制度是自 2005 年开始在国有独资公司实施的，其制度依据是国资委分别在 2004 年和 2009 年发布的两份文件：《关于国有独资公司董事会建设的指导意见（试行）》和《董事会试点中央企业专职外部董事管理办法（试行）》。第一批进行外部董事制度试点的国有独资公司包括上海宝钢、中国医药、中国铁通、诚通控股、神华集团、中国国旅和中国高新投资集团公司，而上海宝钢是第一家引入外部董事、建立规范董事会的国有独资企业。

我国上市公司建立外部董事制度的原因，与处于新兴加转轨经济环境下我国现阶段上市公司普遍存在的内部人控制（包括大股东控制和管理层控制）问题密不可分。一方面，上市公司存在着因国有股"一股独大"而导致的大股东控制问题。我国上市公司大多是由国有企业改制而来，上市公司控制权过高地集中于国有股股东，国有控股股东完全掌握公司事务决策权，同时董事会和监事会等监督机制形同虚设，大股东侵犯中小股东利益的事情时有发生。另一方面，我国国有企业在改革过程中出现了严重的内部人控制现象以及由此导致的管理层控制问题。国有上市公司的管理层控制往往与行政控制相结合，产生复杂的委托代理问题。国有上市公司的以上两种内部人控制常常是同源控制，国有大股东（政府）与管理层既相互牵制又相互合作，双方进行复杂的重复博弈，当大股东与管理层经过多次博弈而决定合谋时，则会共同侵蚀中小股东利益。这些客观情况要求改善董事会结构、提高董事会独立性，以此约束国有大股东和管理者的行为，引进外部董事就成为我国上市公司董事会制度改革的现实选择。

外部董事包括外部独立董事和外部关联董事。外部独立董事是指除董事关系外与公司没有任何其他关系的外部董事，是真正意义上的独立董事；外部关联董事是指那些除了董事关系外与公司还有其他联系的外部董事，他们往往是管理当局的亲戚、公司的顾问或供应商、为公司提供法律服务的外部律师、退休的公司经理、投资银行家等（Gilson，1990；Shivdasani，1993；李明辉，2001），有时又被称为灰色董事或准内部董事。但在大多数文献中，外部董事一般指外部独立董事（简称独立董事或独董），通常指董事会成员中除执行董事、公司雇员、退休的前任高管、CEO 或董事长的亲属以及公司法律顾问等之外的成员（潘敏和李义鹏，2008）。独立董事是外部董事的一种，不仅独立于公司，还要独立于股东，即不能在公司担任除董事外的其他职务，同时还不能与其所受聘的公司及其主要股东存在可能妨碍其进行独立客观判断的关系。我国上市公司独立董事制度的制度依据是证监会 2001 年颁布的《关于在上市公司建立独立董事制度的指导意见》。与外部董事制度相同，独立董事制度的根本目的也在于提高上市公司的治理水平，促进公司价值实现和股东利益最大化。

独立董事制度最早应用于美国的投资公司。1940 年，美国证券交易委员会通过的《投资公司法》规定独立董事必须占投资公司董事会的 40%以上。该制度最初目的主要在于解决股权分散国家中股东和经理人之间的代理问题，随着全球公司治理运动的深入开展，其逐渐被移植到包括亚洲地区股权集中国家在内的世界各国。1988 年，香港联交所要求 H 股公司设立独立董事，由此开创我国上市公司引入独立董事的先河。自 1993 年 7 月青岛啤酒股份有限公司在赴香港联交所上市时首次引入两名独立董事以来，独立董事制度在我国境内已经发展逾 30 年，如表

2.3 所示，其间大致经历了引入（1993—2000 年）、确立（2001—2006 年）和完善（2007 年至今）三个阶段。

二、我国外部董事的治理效应

我国实施外部董事制度的目的在于发挥外部董事的治理职能，借以提高上市公司的治理水平。如表 2.3 所示，多数机构和学者从制度的合规性和有效性方面来评价我国外部董事的治理效果。在引入阶段，由于独立董事制度尚处于探索时期，还未被正式确立，该阶段只有极少数上市公司设立外部独立董事，还谈不上合规性与否，因而该阶段外部独立董事治理的有效性也处于很低的水平，其治理效果没有得到充分证明，实践中问题重重。在确立阶段，自 2001 年开始，设立外部独立董事的上市公司数量大大增加，合规性要求普遍得到满足，至少在结构要求方面（主要指独立董事比例）已经达到了相关标准，但外部独立董事的治理效果仍处于较低水平（南开大学公司治理评价课题组，2007）。在完善阶段，来自研究机构和管理学者的调查结果显示，大部分外部独立董事能较好地履行职责（厦门大学管理学院课题组，2009）；外部独立董事在履行合规性职责方面表现突出，但在履行效益性职责方面差强人意，履职效果依然受到一些负面因素的影响（杨有红和黄志雄，2015）。总体来看，我国外部董事制度的合规性要好于有效性。在合规性方面，自 2001 年独立董事制度正式确立、完成强制性制度变迁之后，绝大多数上市公司的外部独立董事比例达到了不少于三分之一的硬性要求，部分公司甚至超出了这一比例，表明上市公司独立董事制度的扩散基础从"规制"向"认知"变迁（武立东和土凯，2013）。在有效性方面，尽管不少研究质疑我国移植独立董事制度的实际治理效果，但越来越多的调查数据开始观察到外部独立董事的积极作用（杨有红和黄志雄，2015），外部独立董事的治理效果开始从合规提升到有效。

表 2.3　我国上市公司独立董事制度的强制性变迁进程

阶段	时间	重要事件	合规性	有效性
引入阶段	1993 年 7 月	青岛啤酒首次引进两名独立董事，开辟中国境内上市公司设立独立董事制度的先河	从 1995 年开始，大部分新上市公司和极少数已上市的公司开始试聘独立董事；截至 2000 年，已有 56 家 A 股上市公司设立了独立董事，占上市公司总数 4.92%，独立董事人数达到 104 人，占全部上市公司董事人数约 0.99%；独立董事占所属上市公司董事人数比例达到 25.3%（施星辉，2001）	由于该阶段我国独立董事制度尚处在探索期，在实践中存在诸多需要解决的问题，如独立董事任职资格模糊、选择不规范、不能真正独立、缺乏激励与约束机制等；没有证据充分证明独立董事对改善公司治理结构、提高公司经营水平产生明显有益的影响，治理效果还不能得出一致性的结论
	1997 年 12 月	中国证监会发布《上市公司章程指引》，首次提出公司根据需要可以设立独立董事		
	1999 年 3 月	原国家经贸委和证监会联合发布《关于进一步促进境外上市公司规范运作和深化改革的意见》，明确要求境外上市公司要逐步建立、健全独立董事制度		
	2000 年 9 月	深圳证券交易所发布《创业板股票上市规则（送审稿）》，指出上市公司董事会必须包括两名以上独立董事；独立董事应当由公司股东大会选举产生，不得由董事会指定		
	2000 年 11 月	上海证券交易所发布《上海证券交易所上市公司治理指引（草案）》，提出上市公司应至少拥有两名独立董事，且独立董事至少应占董事总人数的 20%		
确立阶段	2001 年 8 月	证监会颁布《关于在上市公司建立独立董事制度的指导意见》，明确提出要在上市公司建立独立董事制度，并对上市公司设立独立董事的人数做出硬性规定：各境内上市公司应当按照指导意见的要求修改公司章程，聘任适当人员担任独立董事，其中至少包括一名会计专业人士；在 2002 年 6 月 30 日前，董事会成员中应当至少包括 2 名独立董事；在 2003 年 6 月 30 日前，上市公司董事会成员中应当至少包括三分之一的独立董事。这标志着独立董事制度在中国上市公司的强制性制度变迁，我国正式确立独立董事制度	自 2001 年开始，设立独立董事的上市公司数量大大增加：独立董事达到 1/3 比例的上市公司在 2001—2005 年分别为 4.31%、20.02%、72.32%、82.86% 和 90.01%（王跃堂等，2006；周繁，2010），而 2003—2006 年超过 1/3 比例的上市公司分例从	独立董事制度指数是表现较好的董事会治理分指数，董事会独立性也是稳定性保持最好的分指数，年度和公司之间的变化相对较小；自 2001 年正式确立以来，独立董事制度已经取得了一定的成绩，至少在结构要求方面（主要指独立董事比

确立阶段	2002 年 1 月	证监会正式颁布《上市公司治理准则》，明确指出上市公司应按照有关规定建立独立董事制度；独立董事应独立于所受聘的公司及其主要股东；独立董事不得在上市公司担任除独立董事外的其他任何职务。这标志着独立董事制度正式强制性植入我国上市公司法人治理结构	别为 3.2%、4.5%、4.3% 和 5.6%（武立东和王凯，2013）	例）已经达到了相关标准，但独立董事的治理效果仍处于较低水平（南开大学公司治理评价课题组，2007）
	2006 年 1 月	新《公司法》规定，上市公司董事会需要设立独立董事一职，标志着我国正式在法律层面上确立独立董事制度的法律地位		
完善阶段	2007 年 3 月	证监会向上市公司下发《关于开展加强上市公司治理专项活动有关问题的通知》，要求上市公司按照证监会的相关通知要求提交自查报告，自查报告内容包括有关独立董事建设的情况	独立董事比例达到 1/3 的上市公司比例为 58.08%，超过 1/3 的上市公司比例为 36.48%，不足 1/3 的上市公司只占 5.44%；绝大部分独立董事均能较好地履行职责（厦门大学管理学院"公司财务管理若干基础问题研究"课题组（2009）对自查报告的分析）	独立董事存在一定的积极作用；在履行合规性职责方面表现突出，在履行效益性职责方面差强人意；履职效果受企业重视程度和沟通程度影响较大，参与董事会的时间安排以及所需资料不能得到有效保障，投反对票或弃权票的比例低（杨有红和黄志雄，2015）
	2013 年 10 月	中共中央组织部发布了《关于进一步规范党政领导干部在企业兼职（任职）问题的意见》，对"党政领导干部"到企业兼职（任职）从能否兼职、兼职期限、兼职数量、兼职报酬和兼职年龄界限等方面做出了严格限定，掀起了官员独立董事的扎堆辞职潮		

资料来源：根据高楠（2012）博士论文及文献资料整理

　　董事个体或董事会往往被认为具有二元化的治理角色——监督和资源供给（Hillman 和 Dalziel，2003），因而也可以从监督和资源供给两个维度来评价外部董事的公司治理效应。外部董事的监督角色是正式制度赋予的首要治理职能，而其资源供给角色则是外部董事人力和社会资本赋予的一种从属性治理职能，且往往属于非正式治理机制的一部分，如政治、行业或金融关联类外部董事往往被视为企业通过非正式治理机制从政府公共部门、行业内其他组织或金融机构获取外部资源的一种组织间安排。相比监督角色，有研究认为外部董事更多地表现出资源供给角色。如 Adams 和 Ferreira（2007）认为外部董事将大部分时间花费在咨询而非监督上，与此观点一致，有国内学者研究认为我国外部董事的监督职能具有局限性，外部董事职能主要表现为咨询和建议（沈艺峰等，2016；刘浩等，2012）。Coles 等（2008）认为外部董事的监督和咨询职能受到公司复杂性程度的影响：复杂型公司（规模大、负债率高、多元化）对咨询职能的需求较大，研发投入强度较高的公司对监督职能的需求较小；外部董事的增加有助于董事会监督与咨询职能的发挥，所以复杂型公司应该拥有大型董事会和更多的外部董事，简单型公司则应相反。谢志明和易玄（2014）实证发现我国外部董事资源支持与监督的二元化职能受到企业产权性质的影响：民营企业、中央直属企业和地方政府控制的国有企业的行政背景独立董事资源支持职能较为明显，但监督职能有限；国资委控制的国有企业行政背景独立董事的资源效应并不明显，但其监督职能显著。因此，根据二元化董事职能观，在外部董事的选聘上，应该强调候选人具备相应的专业背景（包括工程技术、财经和法律等方面）和丰富的大企业管理经验，以保证外部董事具备获取决策相关信息和发挥咨询职能的能力，同时还要强调外部董事符合独立性要求，以降低其监督成本（万伟和曾勇，2013）。

关于我国外部董事监督和资源供给（建议或咨询）职能的有效性，国内学者对此进行过较为丰富的实证研究，但目前并没有取得一致的结论。（1）在外部董事监督效应方面：王跃堂等（2006）实证发现我国外部独立董事比例与公司绩效呈显著正相关，外部独立董事声誉（平均每名独立董事任职公司数）能够显著促进公司绩效；魏刚等（2007）实证发现有政府背景和银行背景的外部独立董事比例越高，公司经营业绩越好。而其他类似研究却发现了相反的结论：外部独立董事比例对公司绩效具有显著的负向影响（李常青和赖建清，2004），外部独立董事并不存在通过独立意见传递监督声誉的动机，其行为并没有体现出有效的监督职

能（唐雪松等，2010）。郑志刚和吕秀华（2009）发现独立董事制度与部分治理机
制（大股东监督和管理层薪酬激励）相互加强，而与部分治理机制（投资者权力
法律保护和股权制衡）相互替代，即独立董事的监督效应是通过与其他治理机制
的交互影响而间接发挥作用的。（2）在外部董事资源供给效应方面：胡元木（2012）
通过检验技术型外部独立董事对于 R&D 产出效率的影响，发现技术独立董事能
够改善公司 R&D 的产出效率，当上市公司同时设置技术执行董事和技术独立董
事时 R&D 产出效率更高，进而反映出技术型外部独立董事能够对公司的 R&D 投
资发挥咨询作用。杨青等（2011）研究发现国有控股企业董事会的治理职能主要
表现为薪酬监控（监督）作用，即通过改善高管层的激励来促进公司绩效提升，
董事会的战略咨询作用不显著，而私营控股企业的董事会在薪酬监控和战略咨询
两个方面都发挥了一定的治理作用。刘诚等（2012）通过对外部独立董事与 CEO
社会关系的研究，发现与 CEO 存在社会关系的独立董事并没有增强董事会的建议
（咨询）功能。

第三章 文献回顾

第一节 公司战略治理相关文献回顾

战略管理学者（Ansoff，1965；Andrews，1971）依据公司战略的阶段性特征，将公司战略过程分为决策和执行两个阶段，而公司治理学者（Fama 和 Jensen，1983）依据公司战略的委托-代理特征，将公司战略过程分为管理和控制两个阶段。在战略管理与公司治理关于公司战略过程的交互研究中，存在两类经典问题，即公司战略过程（决策和执行或管理和控制）中的代理冲突问题与资源约束问题。这两类问题的解决之道，即如何从公司治理层面缓解公司战略过程中的代理冲突和资源约束进而保证公司战略得以科学决策和有效执行，正是所谓的公司战略治理的研究内容。据此，本书将公司战略治理理解为"从公司治理层面缓解公司战略过程中的代理冲突与资源约束进而保证公司战略得以科学决策和有效执行的一系列正式或非正式、内部或外部的战略管理与控制机制"。由此定义出发，本书认为股东和董事尤其是外部股东和外部董事是公司战略治理的首要行为主体。因此，本章文献回顾主要聚焦于公司战略治理概念的阐释以及股东（外部股东）和董事（外部董事）与公司战略治理的关系。

一、公司战略治理的内涵

（一）公司战略治理概念的源起

公司治理作为一种制度安排规定了整个企业运作的基本框架和运行机制，战略管理是在这个既定的平台和框架内驾驭企业制定目标并迈向目标（朱廷柏和王德健，2004）。战略管理的目标在于实现企业基业长青，而公司治理的目标在于通过建立正式的治理结构与机制，引领企业向正确方向发展。那么在战略和治理双重视角下，企业的价值机制应当表现为战略决策和执行主体运用公司治理制度架构，确保企业实现基业长青的目标，即构建有效的微观组织机制，以实现可持续竞争优势。而保证微观组织机制有效性的核心，就是具有代理人和委托人双重身份的董事会，要在战略决策制度框架中发挥适当的战略角色。这样，在公司治理研究领域，逐渐形成一个聚焦董事会与企业战略关系的热点问题。周建和陈晓燕（2010）将该问题归结为基于董事会-战略关系的战略治理问题，这是国内关于战略治理的最早论述，认为战略治理的核心问题就是董事会如何定位其在企业战略过程中的角色。显然，从思想渊源上看，战略治理属于战略管理和公司治理的交叉领域。

但早期学者们普遍认为，公司行为是高管行为的反映（Hambrick 和 Mason，1984）。高管层特别是 CEO 在确定公司战略方向、制定战略规划和指导战略实施方面负有主要的责任（Gioia 和 Chittipeddi，1991；Carlsson，2002）。公司高管的战略行动能力应该在战略管理研究中占据中心位置（Barkema 和 Shvyrkov，2007）。这就是说，在追求优于竞争对手的绩效的战略过程中，公司高管团队发挥着主导作用，公司战略决策的制定和执行权力集中于高管层。在早期的研究中，与高管层相比，董事会通常被或明示或隐含地认为仅仅对公司战略方向产生较小的影响。进入 21 世纪以后，学者们开始关注董事会的战略角色，并且把董事会视为公司战略决策的主体。其实，董事会和高管层都具有对公司战略进行决策的权力，两者具有各自的战略职能，对公司重大决策过程均负有直接的责任（Pearce 和 Zahra，1992；Westphal，1999）。

国外学者在对董事会的战略角色及决策机制的研究中衍生出了一个新的概念——战略治理（strategic governance）。Kriger 和 Rich（1987）在分析跨国公司设立国外子公司董事会的原因和方式时最早提出了"战略治理"一词，借此强调子公司董事会在跨国公司战略过程中扮演的角色，但这两位学者并没有深入阐释战略治理问题。Schmidt 和 Brauer（2006）、Ratnatunga 和 Alam（2011）认为公司战略治理典型地涉及董事会如何确保公司战略得到有效执行的问题。董事会指导公司战略实施的效能主要体现为公司资源配置决策是否与公司战略相一致，这种既含有结构因素又包括行为因素的战略决策过程就是所谓的战略治理（Schmidt 和 Brauer，2006）。其后的战略治理研究延续并拓展了公司战略治理的上述内涵，战略治理的主体也不再仅限于董事会和高管层，而是扩展到股东甚至所有利益相关者层面，战略治理被表述为"战略性公司治理"（strategic corporate governance）。比如，Kumar（2008）认为要对公司治理战略化，或者说从战略高度来对待公司治理问题，使治理体现战略意图；Wajeeh 和 Muneeza（2012）指出战略性公司治理必须由全体利益相关者发起，并且由他们来参与和赋予权力。

以往研究大多是从董事会或高管层的战略决策行为或过程的角度来理解战略治理，也有研究是从公司治理主体在战略决策过程中的互动关系来理解战略治理，如 Carlsson（2002）认为战略治理就是要利用股东、董事会和管理层之间的关系来创造价值；周建等（2013）构建了基于董事会和管理层之间竞争和合作关系的公司战略治理模型。周建等（2013）将董事会和高管层之间互动关系和决策权优化配置的战略决策机制视为公司战略治理的核心，认为公司战略治理是指"战略治理主体通过构建有效的公司治理架构来优化配置公司的战略决策和执行权力，进而创造公司价值的一种微观组织机制"。

（二）公司战略治理内涵的拓展

委托-代理理论认为委托-代理双方具有不同的效用目标：拥有剩余价值索取权的股东期望公司制订和实施的战略能够促进剩余价值的最大化，而拥有战略管理权的高管层则期望公司战略的决策和执行能够最大化其个人效用；高管层拥有公司战略决策和实施信息的先天优势，从而形成了股东和高管层在公司战略过程中的信息不对称（Rutherford 等，2007；朱军和顾为东，2011）。由于委托-代理双方之间的效用目标差异和信息不对称，高管层存在滥用股东赋予的战略管理权力追求自身利益的动机和行为，由此引发代理冲突和代理成本（Williamson，1975；

汤吉军，2009；吴德军，2009）。

　　资源依赖理论认为资源是企业战略行为的出发点，企业需要与环境中的各种因素进行互动，以便从其所依赖的环境中获得资源借以维持企业的生存与发展（Pfeffer 和 Salancik，1978）。在公司战略过程中，由于作为战略决策和执行主体的董事会（尤指董事会成员中的执行董事）和高管层自身资源禀赋短缺（Barney，1991；Barney 和 Wright，2001）或者公司内外部环境提供的资源丰裕度不足（Dess 和 Beard，1984；Pfeffer 和 Salancik，1978），公司可能遭受战略资源匮乏，从而面临资源约束的窘境。在资源富裕的环境中，相对充分和可获取的外部资源的存在能够帮助公司缓解资源约束（Dess 和 Beard，1984；Pfeffer 和 Salancik，1978），董事会和高管层将会比较容易地获得所需资源进而追求和执行高水平的战略行为（Cao 等，2009）。因此，当董事会和高管层不能获得足够多的战略资源支撑时，公司就需要管理对外部资源的依赖，从而能够有效缓解资源约束。

　　本书从公司治理与战略管理学科交叉的视角出发，综合委托-代理理论和资源依赖理论的观点，将公司战略治理的内涵理解为：从公司治理层面缓解公司战略过程中的代理冲突与资源约束，进而保证公司战略得以科学决策和有效执行的一系列正式或非正式、内部或外部的战略管理与控制机制。如图 3.1 所示，依据本书的定义，公司战略治理有效性的评判标准乃是公司战略过程中的代理冲突或资源约束是否得到缓解，公司战略治理有效性的实现机制自然就包含两个维度，即代理冲突缓解导向的战略治理机制（如外部股东对公司战略的监督或控制机制）和资源约束缓解导向的战略治理机制（如外部董事对公司战略的资源供给机制），公司战略治理的目标在于保证公司战略的科学决策和有效执行，以及公司战略绩效的最终实现和提升。此外，需要说明的是，在治理层面上，广泛意义上的公司战略治理主体涉及组织内外的所有利益相关者，受研究内容所限，本书仅考虑两类核心的战略治理主体，即股东和董事，尤指外部股东和外部董事。

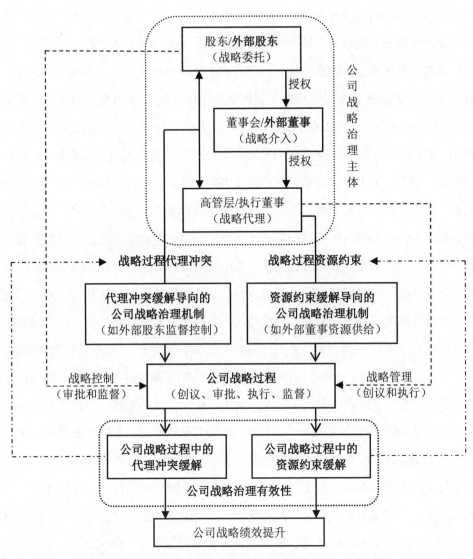

图 3.1　公司战略治理的内涵

公司战略治理概念是对战略管理和公司治理相关概念的有效融合，因此在理解公司战略治理的内涵之前，需要明确战略管理与公司治理的内涵。首先，在战略管理领域，公司战略相关研究包括战略内容和战略过程两个维度：内容维度的研究关注"已经决定的战略是什么"，过程维度的研究则关注"战略是如何制定与执行的"（Huff 和 Reger，1987）。具体来说，战略内容研究以关系绩效产出的特定战略和经济结构为研究对象，也探讨产业中公司以及在同样环境中不同公司战略决策单位的相似处和差异性；而战略过程研究主要以引导和支持战略的行为为研究重点，包括对计划方法和决策制定的规范性和描述性分析、生成和执行战略时所使用方法的有效性，以及个人、群体和组织结构对战略制定和执行的影响（Huff 和 Reger，1987；Chakravarthy 和 Doz，1992；Lechner 和 Müller-Stewens，2000；韵江，2011）。战略内容的具体研究对象比较广泛而明确，包括兼并、收购与撤资，进入、退出与移动壁垒，产品或市场差异化，横向或纵向一体化，战略变革，等等。战略过程的概念范畴一直以来比较模糊并引发许多争议。在战略管理领域，Ansoff（1965）和 Andrews（1971）提出的经典阶段性过程模型将战略过程分为决策（制定）和执行（实施）两个阶段。以后的学者在研究整体的战略过程时都面临两种策略选择：要么用战略的某些关键环节（如规划、计划、制定等）对整体战略过程直接进行替代式界定，要么对战略过程整体进行再次或新的诠释性研究（如程序集合观、认知行为观、复杂系统观等）。而在公司治理领域，如前文所述，Fama 和 Jensen（1983）在阐述委托代理问题时，将公司战略过程分为创议、审批、执行和监督四个阶段。其中，创议和执行阶段往往由公司战略的代理方（以 CEO 为代表的高管）来承担，被称为战略管理；审批和监督往往由公司战略的委托方（股东或作为股东代表的董事）来承担，被称为战略控制。

其次，治理的核心思想在于，通过协调具有不同利益目标的决策参与者之间的利益冲突，实现全体决策者的共同目标。治理的这一核心思想在公司决策中的应用便产生了公司治理的概念。根据经济合作与发展组织（OECD）的定义，公司治理是用于明确包括股东、董事会和管理层在内的各利益相关者在企业决策中的权力与责任分配、应遵循的程序和规则等事项的一系列制度体系，以及有助于企业目标确定与实现的一系列企业架构或结构。李维安（2005）将公司治理定义为：所有者、债权人等利益相关者用来控制和要求经营者对受托资源履行相关责任时，进行的一系列制度安排，包括在决策、激励、监督约束方面的制度和原则，通过一套包括正式或非正式的、内部和外部的制度或机制来协调公司与所有利益相关者之间的权责利关系，以促进公司科学决策，维护利益相关者权益。因而，公司治理的本质是保证公司决策科学有效的一系列制度安排，这种制度安排可以保证投资者的投资收益（Shleifer 和 Vishny，1997）或者利益相关者的利益（Tirole，2001）。

因此，通过整合战略管理和公司治理的学科观点，公司战略治理的本质是一系列制度安排或治理机制，这些制度或机制将确保，在战略内容（如兼并收购）的管理过程中[包括决策和执行（Ansoff，1965；Andrews，1971）或创议和执行（Fama 和 Jensen，1983）]，从治理层面提升公司战略的决策科学性和执行有效性，进而维护和实现以股东为首的利益相关者的利益（Shleifer 和 Vishny，1997；Tirole，2001；李维安，2005）。通过整合委托代理和资源依赖的理论观点，公司战略治理的目标实现机制包括公司战略过程中的代理冲突缓解机制（如外部股东和外部董事的监督与控制）（Jensen 和 Meckling，1976；Fama 和 Jensen，1983；Jensen，1993；Yermack，1996）以及资源约束缓解机制（如外部董事的资源供给）（Pfeffer，1972；Johnson 等，1996；Zahra 和 Pearce，1989）。

相较以往研究，本书从以下两个方面对公司战略治理的内涵进行了借鉴和拓展。其一，本书借鉴了周建等（2013）对战略治理的界定，同时对其定义边界进行了合理扩展。周建等（2013）将公司战略治理界定为"战略治理主体通过构建有效的公司治理架构来优化配置公司的战略决策和执行权力，进而创造公司价值的一种微观组织机制"。该定义将董事会和高管层视为公司战略治理的主体，而本书认为战略治理主体不能局限于董事会和高管层，至少还要包括股东甚至公司所有利益相关者。在公司治理基本架构中，所有者是决定董事会的授权或者董事会潜在职能的最终力量（Sur 等，2013），股东或所有者掌握着公司战略决策的终极控制权，将会通过各种方式直接或间接影响企业的公司治理和战略决策。因此，我们将战略治理的主体扩展到股东层面，认为战略治理的核心研究问题不再局限于董事会/高管层与企业战略之间的关系，而应拓展到股东与企业战略之间的关系。

其二，本书借鉴了 Fama 和 Jensen（1983）提出的战略控制和战略管理的公司战略过程划分思想，同时又有着不同之处。首先，战略治理与战略控制的区别在于目标实现机制方面：战略控制强调用于缓解代理冲突的监督与控制机制，如外部股东或外部董事对公司战略过程的监督与控制；而战略治理除此之外还要强调用于缓解资源约束的资源供给机制，如董事对公司战略资源的提供。可以认为战略控制是战略治理的一个子集，或者说 Fama 和 Jensen（1983）提出的战略控制是狭义上的战略治理，而本书提出的战略治理则是广义上的。其次，战略治理与战略管理的区别源自公司治理和战略管理的区别，其中主要表现在行为主体的层次不同：战略管理的参与方主要涉及高管层以及公司内部的决策支持系统（管理层次）；而战略治理的参与方要更加广泛，涉及公司内外所有利益相关者（治理层次），其中股东和董事是两类最重要的战略治理行为主体。

二、外部股东与公司战略治理

依据委托-代理理论，股东是公司治理的主体之一，在公司治理体系中扮演着公司战略委托方的角色。股东包括内部股东和外部股东（Connelly 等，2010）：内部股东是指持有公司股票的高管、董事会成员以及非管理层员工；外部股东是指大股东（个体、机构、家族、公司和国有大股东）、机构投资者和私募股权等外部投资者。通常内部股东被视为公司的管理者，持股份额较少，且多数是薪酬体系的一部分，带有股权激励性质。因而相比内部股东，外部股东更多是一般意义上的股东即所有者。本研究的股东专指外部股东，而机构投资者股东是一类典型的外部股东，他们是本研究重点关注的一个对象。

在公司治理机制中存在着两类最基本的治理机制，即监督和激励。不同于内部股东基于激励的"对齐"（alignment）机制（Connelly 等，2010），外部股东发挥公司治理角色的途径被称为基于监督的"控制"（control）机制（Dalton 等，2003；Connelly 等，2010；Hillman 和 Dalziel，2003；Boyd，1990；Johnson 等，1996；Mace，1971；Pearce 和 Zahra，1992；Zahra 和 Pearce，1989）。因而，外部股东

作为发挥监督与控制作用进而降低代理成本的治理主体，代理冲突缓解导向的战略控制机制是其介入公司战略治理的主要机制。

Connelly 等（2010）将公司外部股东分成大股东、代理所有者（即机构股东）和私募股权所有者。其中，大股东包括个体大股东、机构大股东、家族大股东、公司大股东和国有股权；代理所有者依据不同的分类方法，具有多种类别，包括压力敏感型/压力不确定型/压力抵制型（Brickley 等，1988）、专注型/短期型/准指数型（Bushee，1998）以及交易型/关系型（Tihanyi 等，2003）等；私募股权投资者则指企业创立初期的天使投资者、风险资本以及后来通过杠杆收购进入的私募股权公司。这些外部股东持股有助于激励他们更加认真地监督管理者，其介入公司战略治理的机制被 Dalton 等（2003）称为"控制"机制。相关文献从委托-代理理论出发，探究了外部股东的公司治理角色及其在缓解公司战略过程中的代理冲突或降低公司战略过程中的代理成本方面的作用，部分具有代表性的研究如表3.1 所示。

表 3.1　外部股东的公司治理角色相关研究

外部股东类别	研究结论或问题	代表性文献
大股东	关于个体大股东的实证研究聚焦于内部股东，通常忽视了外部个体大股东或者将外部个体股东与机构投资者混合起来	Holderness，2003；Shleifer 和 Vishny，1997；Mehran，1995
	家族大股东较少能够创造价值，因为这类股东寻求保护其社会-情感类投入	Anderson 和 Reeb，2003；Gomez-Mejia 等，2003
	公司类大股东对目标公司具有负效应	Bogert，1996；Rosenstein 和 Rush，1990
	实证研究强调了与政府股东相关的问题，包括预算软约束、创新减少、腐败和限制竞争	Tihanyi 和 Hegarty，2007；Megginson 和 Netter，2001；Shirley 和 Walsh，2001
	多个大股东会产生权力依赖	Maury 和 Pajuste，2005
代理投资者（机构投资者）	能够克服其他股东所面临的治理障碍，但是也带来双重代理关系	Arthurs 等，2008；Grinstein 和 Michaely，2005

外部股东类别	研究结论或问题	代表性文献
代理投资者 （机构投资者）	压力敏感型机构投资者不是好的公司治理和战略决策监督者	Edwards 和 Hubbard，2000
	压力不确定型机构投资者不具有系统的公司治理角色	Brickley 等，1988
	压力抵制型机构投资者对多种公司治理和战略决策后果都具有较强的影响力	Tihanyi 等，2003； David 等，2001
	短期和长期机构投资者具有不同的、有时甚至相互冲突的利益目标	Connelly 等，2010； David 等，2010
私募股权投资者	风险资本家可能是消极的治理参与者，或者积极的建议提供者，或者伸手支援者；他们也可能以辛迪加的形式一起行动	Elango 等，1995； Lockett 和 Wright，2001
	面临的制度环境不同，天使基金和风险资本对初创企业的影响也会不同	Bruton 等，2009

资料来源：根据 Connelly 等（2010）的研究整理

（一）外部股东介入公司战略治理的策略

"华尔街规则"建议如果外部投资者不满意管理者的战略决策可以出售其股份。但是，近年来外部股东越来越倾向于使用比退出威胁更加精明的策略，这些策略包括：寻求重组公司业务活动或股权结构；在现有股权结构下行动，但是寻求通过各种形式的积极主义影响管理层行为；采取消极的买入并持有策略。基于其兴趣、组织特征和权力，不同的外部股东会采取不同的控制策略（Ryan 和 Schneider，2002）。

1. 重组

重组策略包括剥离/出售、杠杆收购（LBOs）。其中，外部股东发起的杠杆收购可以降低代理成本，通过促进经营效率提升公司价值，进而改进公司治理和战略质量（Renneboog 等，2007）。管理者在杠杆收购后采取的行动可以实现上述收益，包括从业绩表现不好的单元撤资、重新匹配劳动力、减少管理层津贴等。Nikoskelainen 和 Wright（2007）发现当杠杆收购由外部人而非管理者发起时，重组活动带来的收益最大。使用杠杆收购的私募股权公司借助财务、治理和运营工程对公司进行重组（Jensen，1989）：私募股权公司用来获取控制权的财务杠杆会激励管理者更加认真地配置资本资源；私募股权公司会直接介入目标公司董事会参与治理；私募股权公司也会借助其行业和经营知识从事有利于目标公司价值创造的活动（Kaplan 和 Strömberg，2009）。

外部股东的重组策略往往促进公司绩效的提升。Thompson 和 Wright（1995）认为重组策略会带来三个相互关联的领域发生改变。首先，管理者会努力削减成本；尤其是，杠杆收购为管理者的成本最小化努力行为提供了额外激励（Green，1992）。其次，重组允许公司撤出在无利可图的业务上的投资（Johnson，1996）。最后，重组有助于公司对变化着的市场环境的适应（Wiersema 和 Bowen，2008）。

2. 积极主义

积极主义是指股东积极行使股东权力参与公司治理，以期改善公司治理状况和公司业绩，进而提高股东投资回报的一种主动行为方式。当股东对公司管理层的战略决策不满时通常选择三种行动策略：退出，即抛售所持股票（用脚投票）；呼吁，即通过正式或非正式的渠道对管理者施压以达到改善公司经营状况的目标（用手投票）；忠诚，即继续持有股票但保持沉默（Hirschman，1971）。股东积极主义的本质就是股东信奉并践行呼吁策略。外部股东积极主义则是指以养老基金、证券投资基金和对冲基金等为代表的外部投资者作为资本市场投资主体和上市公司股东，不是被动投资公司股票，而是积极行使股东权力，通过征集代理投票权、提出股东议案、私下与管理层协商以及联合行动等多种形式参与公司治理和战略决策，以期改善公司治理状况、提高战略决策有效性，进而提升公司价值，借以提高股东投资回报的一系列行为（Black，1992，1998；Smith，1996；Karpoff，1996；Gillan 和 Starks，1998，2000，2007）。

近年来，所有权趋于集中、来自多种源头的商业信息涌现以及投资公司和金融机构的专业知识增加，进而导致外部股东积极主义的兴起（Connelly 等，2010）。从事积极主义的外部股东一般是大型的、压力抵制型的机构投资者，投资期限长、拥有公司相当大比例的股份（Ryan 和 Schneider，2002）。外部股东积极主义策略包括：同管理层会面、幕后讨价还价、发起股东提案、参与"拒绝投票"（just vote no）运动、获取董事席位以及发动代理权斗争等。其中，同管理层的会面和幕后讨价还价是外部股东介入公司战略治理的一种不太冒进的方式；股东提案是一种相对廉价的积极主义策略，因为发动提案的股东不用付出游说个别管理者或其他股东的成本（Sundaramurthy 和 Lyon，1998）；"拒绝投票"运动是指积极主义股东说服其他股东撤出对董事会成员的投票权，该运动往往发生于平面媒体或互联网上，其有效性依赖于董事的声誉（Del Guercio 等，2008）；获取董事会席位进而增加对公司的直接影响力，是一些关系型投资者通常采取的影响策略；代理权斗争往往与失败的收购企图或者管理者拒绝一份收购报价有关，当董事会的战略决策不能充分反映积极主义股东的诉求时，它可以被用来解除董事席位（Connelly 等，2010）。

3. 买入-持有

当看到公司的战略或业绩存在问题时，许多外部股东不愿介入，相反他们偏好于向管理层展示忠诚。例如，许多共同基金和养老基金运用的指数投资方式就忽视单个公司的行为，他们将投资组合集中于不同行业的公司中。当一个指数投资者采取买入并持有投资策略时，不一定就放弃了治理角色，因为所有者可以对公司竞争力产生重要且长期的影响。比如，Hoskisson 等（2002）发现指数型投资者有助于创新，Bushee（1998，2001）也证实了这一结果。

指数型投资者影响公司战略治理的一个途径是其提供的耐心资本（Connelly 等，2010）。当公司被短期所有者持有时，公司就被要求更多关注短期的、季度性的盈余。当公司在考虑 R&D 投资或其他会使短期盈余跌落而对长期潜在收益有利的战略性竞争活动时，公司的选择余地就会受限。采取买入并持有投资策略的外部股东对公司的战略性竞争活动具有较高的容忍度和理解力，事实上，他们甚至可以为公司战略性竞争活动提供一些必要的资源。

（二）外部股东介入公司战略治理的效果

1. 创新战略

被考察最多的股东与公司战略之间的关系当属股东对公司创新战略的影响。Baysinger 等（1991）首先发现了股权集中度与公司 R&D 支出之间的正相关关系。后来研究发现作为外部股东的专业投资基金偏好外部创新，而养老金偏好内部创新（Hoskisson 等，2002）。在外部股东影响公司创新战略的途径方面，David 等（2001）发现外部股东通过积极主义的中介作用进而影响公司 R&D 战略。该领域研究发现的一个重要区别是，压力抵制型机构投资者与公司创新呈正相关，而压力敏感型机构投资者与公司创新呈负相关（Kochhar 和 David，1996）。Bushee（1998）更加明确地描述了上述区别，发现短期（transient）投资者为满足其短期盈利目标更有可能迫使公司削减 R&D 支出。温军和冯根福（2012）基于中国制度背景的研究发现，机构投资者与企业创新战略的关系受到企业性质的影响，民营企业中机构投资者持股促进了企业的创新活动，国有企业中机构投资者持股与企业创新呈显著的负相关关系。

2. 多元化战略

外部股权结构与公司多元化战略之间的关系也受到了大量关注。Amihud 和 Lev（1981）发现缺乏大型且强势的外部股东，将导致较高的非相关产品多元化，这一研究后来被金融经济学家广为引用。而战略管理研究者则对此提出了质疑（Boyd 等，2005）。例如，Lane 等（1998）发现股权集中度与产品多元化没有相关性。Ramaswamy 等（2002）发现压力敏感型机构投资者与非相关产品多元化有关，而压力抵制型机构投资者与之负相关。外部股东也会影响国际多元化（Tihanyi 和 Ellstrand，1998）。与产品多元化相比，所有种类的机构所有者一般都支持国际多元化（George 等，2005），但是有着不同的原因（Tihanyi 等，2003）。Tihanyi 等（2003）发现，当拥有外部董事席位时，专业投资基金有助于国际多元化；当拥有内部董事席位时，养老基金有助于国际多元化。这一研究结果表明，某一特殊类别的董事可能代表着某些股东而非其他股东的利益。

3. 并购战略

不少研究也考察了外部股东对公司并购战略的影响。例如，早期研究发现，为了创建更加有效的组织，机构投资者支持兼并重组活动（Bethel 和 Liebeskind，1993）。外部股东也会影响公司收购战略，外部大股东和某些机构投资者持股有助于高风险收购活动的发生（Wright 等，1996，2002）。Useem（1996）认为机构投资者组成了美国股市最大的投资者群体，通常被认为是并购活动中的关键投资者。Stulz 等（1990）、Ambrose 和 Megginson（1992）、Chen 等（2007）以及 Ferreira 等（2010）的研究认为机构投资者对公司决策尤其是美国公司的并购决策具有显著影响。Cremers 和 Nair（2005）发现机构投资者尤其是养老金在支持增值型并购和规避减值型并购中起到了重要作用。

三、外部董事与公司战略治理

（一）外部董事与战略控制

董事在公司战略治理体系中扮演着双重角色，相对于股东而言是公司战略的代理方，相对于经理而言又是公司战略的委托方，因而董事是公司战略治理机制的核心（李维安，2009）。董事包括内部董事和外部董事（Daily 和 Dalton，1994；Johnson 等，1996；Yermack，2004）。相对于内部董事，外部董事通常是股东尤其是中小股东在公司董事会中的利益代表，发挥着提高董事会独立性进而有效监督和控制管理者的角色，因而董事会在公司战略治理机制中核心作用的有效性取决于外部董事战略监督的有效性。一直以来，对外部董事的讨论离不开在董事会框架内与内部董事的比较，因而在委托-代理理论视角下，基于代理冲突缓解导向的外部董事战略控制研究，融合于董事会战略控制以及内外部董事战略角色比较的相关研究内容中。

1. 董事会控制：战略控制 vs.财务控制

基于绩效的控制策略强调对代理人绩效的监督、评估和奖惩（Eisenhardt，1985），而管理绩效评价既可以建立在对决策过程的质量进行判断的基础上（行为控制），也可以建立在对决策过程的结果进行度量的基础上（结果控制）（Eisenhardt，1985；Ouchi，1980；Thompson，1967）。因此，公司中存在两种控制系统，即强调对战略过程或行为进行控制的战略控制，以及强调对战略结果进行控制的财务控制（Gupta，1987；Hitt 等，1990；Goold 和 Quinn，1993；Baysinger 和 Hoskisson，1990；Beekun 等，1998；Hendry 和 Kiel，2004）。代理理论认为董事会具有雇佣、解雇和奖惩高管的法定权力，能够保护被投入的资本，因而是公司治理的一个重要构成部分（Williamson，1984）和控制机制（Stiles 和 Taylor，2001）。

通过关注董事会对战略控制和财务控制的应用，传统行为视角几乎一致认为董事会不会介入公司战略过程（Finkelstein 和 Hambrick，1996），认为董事会是通过监督财务结果以及依据公司绩效解雇或惩罚高管来实施财务控制（Kosnik，1987；Warner 等，1988；Weisbach，1988），并认为战略控制通常由管理层而非董事会来实施（Zajac，1990；Hoskisson 等，1994）。传统的消极观点将董事会的战略角色看成是：解雇绩效表现差的 CEO，以及选聘新的替代者，而新的替代者能够为战略机会带来崭新的视角，决定企业新的战略方向（Westphal 和 Fredrickson，2001）。然而，大量研究表明董事会也能够通过下列机制影响公司战略：塑造使命、愿景和价值观，构建战略活动的边界以及扫描环境中的趋势和机遇（McNulty 和 Pettigrew，1999；Stiles 和 Taylor，2001）。Hendry 和 Kiel（2004）认为上述董事会对公司战略的影响机制可被看成是战略控制，并认为强调战略控制的董事会在公司战略中偏爱行为控制，而强调财务控制的董事会在公司战略中偏爱结果控制。

Baysinger 和 Hoskisson（1990）、Beekun 等（1998）以及 Hendry 和 Kiel（2004）将组织控制理论和代理理论整合起来，以此讨论作为公司内部控制机制的董事会对战略控制和财务控制的偏好，进而界定董事会的战略角色（如图 3.2 所示）。图 3.2 中的战略控制是指董事会在战略执行前对其进行主观评估,在战略执行后对财务绩效进行客观评估（Baysinger 和 Hoskisson，1990）；财务控制是指董事会仅通过设立财务目标来处理同财务目标相关的战略决策，并以财务结果来评价管理层（Hendry 和 Kiel，2004）。

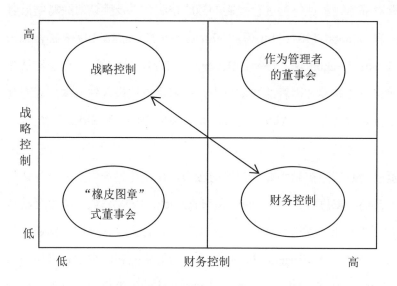

图 3.2　董事会控制：战略控制 vs.财务控制

资料来源：Hendry 和 Kiel（2004）

　　一个公司的董事会根据其对战略控制或财务控制的重视程度，可以被归类为四种战略角色类型中的一种。既不强调战略控制也不强调财务控制的董事会被归类为"橡皮图章"式的董事会，这代表着管理霸权理论的观点（Mace，1971；Vance，1983；Lorsch 和 MacIver，1989）。既强调战略控制又强调财务控制的董事会将深度介入经营活动，从而被归类为事实上的管理团队。采取战略控制的董事会将强调行为控制而非结果控制，反过来，采取财务控制的董事会将强调结果控制而非行为控制。此外，Hendry 和 Kiel（2004）认为战略控制和财务控制受到董事会重视的相对程度取决于公司和董事会情境因素，如环境不确定、董事会权力和信息不对称等，并提出命题，认为董事会控制机制的选择将会影响企业绩效，将战略或财务控制与战略环境匹配起来的董事会与企业财务绩效呈正相关。

2. 战略控制：内部董事 vs.外部董事

公司高管层往往具备公司战略相关的、极具价值的关键信息，为了获取公司战略相关的重要信息，保证战略管理与控制分离的有效性，董事会需要引进高管层中的关键成员担任内部董事，以此形成董事会监督公司战略的信息获取渠道（Fama 和 Jensen，1983；Ocasio，1994；Johnson 等，1993）。然而，由于内部董事来自高管层，他们既是公司战略的管理者又是公司战略的监督者，这种双重角色使得内部董事在监督高管层时容易失去客观性（Boeker，1992；Briscoe 等，2014）。内部董事战略控制失效主要表现在以下方面：其一，在董事会获取公司战略信息方面，高管层为了避免董事会的监督，会通过内部董事向董事会传递虚假的战略风险信息或者隐藏负面绩效信息，从而误导董事会对高管层战略决策的认知（Dalton 和 Dalton，2011；蔡志岳和吴世农，2008）；其二，在董事会监督公司战略方面，高管层会利用内部董事操纵董事会会议，以此降低高管层的战略决策提案被董事会否决的可能性（Westphal，1999；Tuggle 等，2010；张俊生和曾亚敏，2005）；其三，在公司战略风险承担方面，高管层将不可分割、不便交易的自身大部分人力资本投入到公司中，使得他们在战略管理中趋于风险规避，为了保证自身获得稳定的收益，高管层和内部董事往往共同联合推进风险规避的战略决策，使得公司战略风险偏离有效水平，以此消除公司战略绩效的波动性，从而对股东的潜在剩余价值造成损害（Murphy 和 Jensen，1990；Zajac 和 Westphal，1994；Deutsch 等，2011；Lim 和 Mccann，2013；张三保和张志学，2012；陈闯和刘天宇，2012）。此外，内部董事在战略管理中会与高管层形成利益联盟，高管层协助内部董事获得任职或者连任机会，反过来内部董事主动放弃对高管层战略管理过程的监督（Ellstrand 等，2002；Chen 和 Hambrick，2012；李新春等，2008；李培功和肖珉，2012）；高管层还会凭借内部董事影响和控制董事的任免，安排关联董事进入董事会，以此提高高管层对董事会的控制程度，从而强化高管层的战略决策权力（Boyd 和 Hayness，2011；马晨和张俊瑞，2012；李新春等，2008）。

由内部董事主导的董事会在战略管理中对高管层的控制职能被弱化，公司战略过程往往由 CEO 主导，进而较易诱发高管层损害股东利益的机会主义行为（Dalton 和 Dalton，2011）。董事会战略控制机制的有效性关键在于董事会的独立性，只有当董事会具备监督高管层的能力以及独立地对高管层绩效进行客观评价时，才能保证公司战略符合股东价值最大化的原则（Guthrie 等，2012）。相对于内部董事，外部董事以其独立于公司高管层（尤其是 CEO）的客观性，促进董事会更加有效地发挥监督和控制职能，保障公司战略决策符合股东利益（Withers 等，2012）。外部董事被视为股东与高管层之间的仲裁者（Fama 和 Jensen，1983），其独立性使其能够客观评价高管层的战略管理过程和绩效，从而更加有效地代表股东利益，这对于缓和公司战略过程中的代理冲突问题至关重要（Rechner 和 Dalton，1991）。外部董事一般为组织内部控制专家，具备监督高管层所需的专业技能和经验（Duchin 等，2010；Fahlenbrach 等，2010）。因此，相对于内部董事，外部董事凭借其独立性和专业技能能够更加有效地监督高管层（Dewally 和 Peck，2010；Withers 等，2012）。McDonald 等（2008）发现由外部董事主导的董事会可以有效遏制 CEO 对战略决策的控制力，形成对高管层的有效控制，从而保障了战略决策符合股东利益。Zhang（2008）研究发现外部董事主导的提名委员会能够较为客观地评价 CEO 的工作成果，并以此做出任免 CEO 的公司治理决策，从而保障公司战略决策科学化。Byod 等（2011）发现外部董事主导的董事会提高了对 CEO 战略决策绩效的监督水平，相对于内部董事主导的董事会更加具备解雇 CEO 的能力，在公司绩效较差时，外部董事主导的董事会往往能够通过解雇 CEO 的形式执行监督职能。

然而，外部董事往往缺乏与公司战略相关的关键知识和信息，很难在那些基于公司专属知识和信息的战略决策中发挥作用（胡勤勤和沈艺峰，2002），因为介入这些战略决策需要对公司能力有非常清晰的了解（Zhang 和 Rajagopalan，2010）。另外，相较于内部董事，外部董事的时间精力投入、信息获取能力以及从事战略监督的激励往往存在不足（Duchin 等，2010，崔伟和路正飞，2008）。Baysinger 和 Hoskisson（1990）利用代理理论和组织控制理论分析了董事会构成与战略控制、财务控制之间的关系，认为内、外部董事拥有的信息存在差别，进而对决策控制策略的运用也存在差异：内部董事参与战略决策过程，拥有更多的内部信息，往往会以评估决策过程质量的方式与高管层发生互动，和高管层之间的关系比较开放和主观（战略控制重点），会以战略控制为基础评价和奖励高管层；外部董事通常很少能够处于信息优势地位，很少接触企业日常决策过程，缺乏评价和奖励高管层决策过程质量所需的主观信息，与高管层之间的关系更加客观和程式化（财务控制重点），倾向于根据财务结果进行控制。

内部和外部董事在战略控制有效性方面各自既具有长处又存在不足。因此，有效的董事会战略控制机制应建立在内部和外部董事结构与权力有效平衡的基础上，即外部董事凭借其独立性可以弥补内部董事监督缺乏客观性方面的不足，而内部董事作为董事会监督公司战略的信息获取渠道可以弥补外部董事信息获取能力缺乏方面的不足（Duchin 等，2010，Stuart 和 Jeffrey，1997）。内部和外部董事的有效平衡取决于特定战略决策环境下董事会监督和控制的成本与收益（Fama 和 Jensen，1983）：（1）当战略决策环境较为简单、关键信息由少数战略决策主体掌握时，董事会的监督成本往往大于监督收益，此时由内部董事主导董事会更能保证战略决策的有效性（Cassar，2010；Admas 和 Ferreira，2007；李云鹤和李湛，2012，李云鹤等，2011）；（2）当战略决策环境较为复杂、关键信息由多个战略决策主体掌握时，董事会的监督收益往往大于监督成本，此时由外部董事主导董事会更能保证战略决策的有效性（Byod 等，2011；王雷等，2010；马磊和徐向艺，2010）。

（二）外部董事与战略资源供给

资源依赖理论认为董事可以最小化企业对外部环境的依赖或者帮助企业从外部环境获取资源（Pfeffer，1972，1978），发挥着为高管层提供建议和咨询进而充当公司资源供给者的角色，这种资源供给效应有助于缓解公司战略过程中的资源约束。在公司治理和战略管理的交互领域，资源约束缓解导向的战略资源供给相关研究，通过对外部董事战略资源供给机制的考察，为研究公司战略过程中的资源约束缓解问题提供了丰富的文献参考。

1. 理论研究方面

（1）外部董事资源供给职能

Zahra 和 Pearce（1989）提出，除监督或控制角色之外，董事还具有两种角色：战略和服务角色。他们将服务角色的特征描述为"提高企业声誉、同外部环境建立联系以及给予高管建议和咨询"，将战略角色描述为"通过分析或建议备择方案，向 CEO 提出建议或咨询，董事积极介入战略领域"。Johnson 等（1996）则提出一个稍微不同的角色分类：控制、服务和资源依赖。他们对服务角色定义为"董事就行政事务和其他管理问题向 CEO 和高管提出建议，以及更加积极地发动和制定战略"，对资源依赖角色定义为"促进对企业成功至关重要的资源的获取"，以及"提供合法化职能"。Hillman 和 Dalziel（2003）认为上述文献对董事战略、服务或资源依赖角色的分类都属于 Pfeffer 和 Salancik（1978）所描述的董事资源供给范畴，即董事可以为企业提供下列资源：（a）建议和咨询；（b）信息获取渠道；（c）优质战略资源；（d）合法性。通过整合资源依赖和委托代理的理论观点，Hillman 和 Dalziel（2003）提出了董事会和公司绩效关系的综合模型，将董事会职能归结为两类：监督和资源供给。董事会的这两类职能划分被后来的研究者广泛接受。

外部董事的资源供给职能是资源依赖理论（Boyd，1990；Daily 和 Dalton，1994；Gales 和 Kesner，1994；Hillman 等，2000；Pfeffer，1972；Pfeffer 和 Salancik，1978）和利益相关者理论（Hillman 等，2001；Johnson 和 Greening，1999；Luoma 和 Goodstein，1999）采纳的主要观点。外部董事的资源供给行为包括：提供合法性/鼓吹企业的公众形象（Selznick，1949）、提供专业知识（Baysinger 和 Hoskisson，1990）、管理建议与咨询（Lorsch 和 MacIver，1989；Mintzberg，1983）、构建企业与重要利益相关者或其他重要实体之间的联系（Burt，1980；Hillman 等，2001）、帮助获取资源（如资金）（Mizruchi 和 Stearns，1988）以及辅助企业战略或其他重要决策的制定（Judge 和 Zeithaml，1992；Lorsch 和 MacIver，1989）。以上不

同行为之间的理论关联就是它们全都聚焦于外部董事的资源提供者角色，而不是管理层的评价者角色（Hillman 和 Dalziel，2003）。相比监督或控制角色，有研究认为外部董事更多地表现出资源供给角色，如 Adams 和 Ferreira（2007）认为外部董事将大部分时间花费在咨询而非监督上。与此观点一致，国内研究认为我国外部董事的监督职能具有局限性，外部董事职能主要表现为咨询和建议（沈艺峰等，2016；刘浩等，2012）。

（2）外部董事战略资源供给的资源基础：董事资本

董事资本包括人力资本和关系资本。其中，董事人力资本是指董事的知识、技能和经验等（Kor 和 Sundaramurthy，2009；周建等，2010）；董事关系资本是指董事拥有的企业内、外部关系以及由这些关系带来的潜在资源等（Kim，2008；周建等，2010）。最初，资源依赖研究领域的学者讨论过董事的专长、经验、知识、声誉和技术等人力资本（Becker，1964；Coleman，1988），以及董事与外部组织关联进而嵌入社会关联的关系资本（有时也称为社会资本）（White，1961，1963；Jacobs，1965；Nahapiet 和 Ghoshal，1998）。后来，Hillman 和 Dalziel（2003）在综合资源依赖学派关于董事人力和关系资本研究成果的基础上，首次提出董事会资本的概念，借以综合考察董事会监督职能和资源供给职能的资源基础。随后，Haynes 和 Hillman（2010）通过建立董事会资本模型，利用广度（董事背景特征异质性）和深度（董事行业涉入深入性）两个维度将董事会人力资本和社会资本的相关因素分离出来，实现了对董事会资本的综合测度，从而进一步对 Hillman 和 Dalziel（2003）提出的董事会资本概念进行了完善。

资源依赖理论认为，作为一种资源基础，外部董事资本是外部董事战略资源供给的首要前置因素，影响着外部董事的战略资源供给行为。首先，外部董事资本影响战略决策建议和咨询的供给（Baysinger 和 Hoskisson，1990；Carpenter 和 Westphal，2001）；其次，外部董事资本影响公司声誉和合法性的供给（Daily 和 Schwenk，1996；Hambrick 和 D'Aveni，1992）；再次，外部董事资本提供公司与外部组织之间的沟通渠道（Hillman 等，1999）和信息通道（Burt，1980；Useem，

1984；Pfeffer，1991）；最后，外部董事资本有助于从公司外部的重要利益相关方
（如客户、供应商和社区）那里获取关键战略资源（Boeker 和 Goodstein，1991；
D'Aveni，1990；Hillman 等，2001）。

2. 经验研究方面

早期董事资源供给的经验研究主要关注董事会的构成，将其作为外部董事向
企业提供关键战略资源的能力的代理指标（Pfeffer，1972，1973）。早期利用董事
会构成测度外部董事资源供给职能的做法略显简单，后来学者们利用更复杂的方
式，主要考察了外部董事战略资源供给的制度环境和企业动态等权变因素、特殊
类别外部董事的战略资源供给效应，以及外部董事资本的战略资源供给效应。

（1）制度环境

首先，行业管制。Pfeffer 和 Salancik（2003）发现位于受管制行业的企业需
要更多外部董事，尤其是那些具有相关经验的外部董事，这些外部董事不仅保证
了企业在管制行业下的合法性，而且还能围绕管制行业自身特点向高管层提供专
业的建议和咨询服务，同时还会促进企业获取外部战略资源的有效性。Luoma 和
Goodstein（1999）、任兵等（2007）、田高良等（2011）以及郑方（2011）证实了
这一观点，他们发现属于高度管制行业的公司具有较高的利益相关者董事比例，
以此提高公司的合法性，而 Johnson 和 Greening（1999）发现利益相关者董事更
有可能提高公司社会绩效。上述研究表明，在行业管制环境下，公司可以通过与
重要利益相关者建立基于董事的外部关联，进而缓解资源约束并最终提高公司绩
效。其次，环境变化。Pfeffer（1972）认为董事会规模和构成不是随机的或独立
的因素，而是组织对外部环境的理性回应。大量研究发现，当企业外部环境发生
变化时，董事会构成需要做出改变，进而影响其战略资源供给职能（Boeker 和
Goodstein，1991；Lang 和 Lockhart，1990；Hillman 等，2000；Peng，2004；
Hillman 等，2007）。例如，在中国转型制度环境这一背景下，Peng（2004）发现
资源富足的外部董事正向影响企业绩效，而资源贫乏的外部董事却不能，进而表
明当董事会构成不能做出改变以满足新的环境要求和企业资源需求时，企业绩效

将遭受损失。

（2）企业动态

外部董事提供的战略资源需要与企业的战略需求相匹配（Pfeffer，1972），而处于不同生命周期阶段的企业通常具有不同的战略需求，因此多数研究考虑到了企业所处的生命周期阶段对外部董事资源依赖角色的影响（Zahra 和 Pearce，1989；Lynall 等，2003；Gabrielsson 2007；Daily，1996；Daily 和 Dalton，1994，1998）。Zahra 和 Pearce（1989）首先提出企业生命周期阶段影响外部董事资源依赖角色的重要性这一思想，Lynall 等（2003）和 Gabrielsson（2007）认为在企业生命周期的早期阶段外部董事资源依赖角色更加重要。Fiegener 等（2000）和 Finkle（1998）发现对小企业而言外部董事的战略监督职能显得不太重要，因为小企业缺乏关键战略资源，进而表明小企业外部董事的战略资源供给角色更加重要。与此类似，Daily 等（2002）发现，在新创企业，外部董事的战略资源依赖角色要比大型成熟企业更加关键。此外，不少研究认为外部董事的资源提供者角色在企业衰退和破产期间显得尤其重要（Daily，1996；Daily 和 Dalton，1994，1998），因为处于困境中的企业往往遭遇相关资源基础的减损（Cameron 等，1987）。比如，Daily（1995）发现外部董事比例较高的企业更有可能成功从破产中复苏；Arthaud-Day 等（2006）、黄辉和崔飚（2008）发现在财务重述等合法性危机期间，变更董事可以重塑企业合法性以及重新与环境建立联系进而帮助企业走出危机。

（3）董事类别

学者们大都认为董事类别要比董事数目对于董事会的战略资源供给角色更加具有重要意义（Boyd，1990；Lester 等，2008；Hillman 等，2007；Hillman 等，2000；Kroll 等，2007；Jones 等，2008）。Boyd（1990）认为资源富集的外部董事应当是董事会构成的关注焦点，并建议董事连锁（每位董事拥有的在其他董事会任职的数量）是考察外部董事战略资源供给角色的一个有益变量。Hillman 等（2000）根据外部董事为董事会带来的不同资源类型，将外部董事分成商业精英、技术支持专家和外部影响者，以此分析在不同环境下不同类别外部董事的战略资源供给效应。Kroll 等（2007）、Walters 等（2007）以及 Jones 等（2008）利用上述分类方法，发现年轻的 IPO 后的企业以及追求多元化的家族企业受益于特殊类别的外部董事。此外，具有特殊资源背景的外部董事的战略资源供给角色也受到学术研究的广泛关注，比如具有政府任职背景的外部董事在降低企业战略决策环境中不确定性方面的作用（Lester 等，2008；徐业坤等，2013；张雯等，2013），以及具有金融机构任职背景的外部董事在缓解企业融资约束方面的作用（Mizruchi 和 Stearns，1993，1994；Güner 等，2008；García-Meca 等，2015；祝继高等，2015；邓建平和曾勇，2011a，2011b）等。

（4）董事资本

外部董事资本是外部董事有效发挥战略资源供给角色的资源基础，决定着外部董事为公司战略过程提供建议和咨询、信息交流渠道、外部关系资源和合法性的能力（Hillman 和 Dalziel，2003）。Barroso 等（2011）实证研究发现董事会资本可以为公司国际化战略提供资源，董事会资本的提高会强化公司国际化战略的有效程度，进而提升公司国际化绩效水平。Marcel 和 Cowen（2013）通过考察公司发生财务欺诈后的董事更换过程，发现公司发生财务欺诈后，通过用人力和社会资本较高的董事替换较低的董事，公司提高了外部合法性和董事会专业化程度，从侧面证实了董事资本的资源基础角色。Dalziel 等（2011）从研发投资角度验证了董事会资本的战略资源基础角色，发现董事会人力和社会资本（如教育、创业融资经验、技能经验和连锁关系）会影响公司战略决策的有效性，进而影响公司研发支出。周建等（2012）利用中国高科技上市公司的实证研究发现，董事会人力资本（受教育程度、职业背景和异质性）以及社会资本（董事间联系和政治资源）与企业 R&D 支出呈正相关，表明董事会资本构成了企业研发战略的资源基础。

第二节 机构股东关系投资相关文献回顾

一、机构股东的关系投资偏好

根据机构投资者注册和成立的法理依据，其法律类别包括证券投资基金、养老金、证券公司、银行信托、保险公司和基金会等。这些不同类型的机构投资者的行为受到不同的中央或地方法律法规的管制，具有不同的投资目标（Sherman等，1998）和客户服务目标（Monks和Minow，1995）。所有机构投资者都面临着巨大的作为一种强制性同构机制而存在的监管压力，但不同法律类型的机构投资者所面临的管制和规范方面的制度压力并不完全相同（DiMaggio和Powell，1983；Guler，2007；Johnson等，2010），所处的制度和管制环境也不完全相同（Ryan和Schneider，2003；Tihanyi等，2003），因而导致不同制度压力下的机构投资者具有不同的关系投资偏好。机构投资者在固有特征、投资目标和期限、投资理念和偏好等方面存在异质性（Brickley等，1988；Bushee，1998；Hartzell和Starks，2003），因而他们具有不同的持股行为以及不同的公司治理介入偏好。换句话说，由于机构投资者具有异质性的组织特征、投资理念或持股特征，从而具有不同的关系投资偏好和行为，那些具有长期投资偏好的机构投资者更有动机从事关系投资。

学者们普遍认为机构投资者是否选择从事关系投资，主要由其利益、身份、兴趣和顾虑等自身特征决定（Goranova和Ryan，2014；David等，1998；Hoskisson等，2002；Ryan和Schneider，2002；Sikavica和Hillman，2008）。现有研究发现机构投资者从事关系投资行为的能力和意愿受以下因素的影响：投资组合特征和投资期限（Rubach和Sebora，2009；Ryan和Schneider，2002）、同目标公司的商业关系（Black，1998；Romano，2001）以及向目标公司投入资源的权力（Carleton等，1998；Clifford，2008）。如表3.2所示，Ryan和Schneider（2002）开发了一个用来分析各种机构投资者关系投资偏好的应用模型，该模型包含的金融机构特征有助于我们从投资者自身层面，理解各种机构投资者关系投资偏好的影响因素。

表 3.2　异质机构关系投资偏好的影响因素模型

投资者特征	公共养老金			私人养老金			共同基金			保险公司			银行		
	高	中	低	高	中	低	高	中	低	高	中	低	高	中	低
基金规模	√				√						√				√
投资期限	√			√					√			√			√
绩效期望①	√					√		√				√			√
压力敏感性	√			N/A			√					√			
公司持股比例②															
基金组合比例③															
股权投资比例④	√				√		√						√	√	
法律限制	√				√		√					√	√		
固定收益/缴费	√				√		N/A			N/A			N/A		
积极/消极投资	√				√			√			√			√	
内部/外部管理⑤	√				√		N/A				√				
内/外部代理投票权⑥	√				√		N/A								
从事关系投资的可能性	高			一般			一般			低			低		

注：√表示机构投资者在相应投资者特征上的总体情况，N/A 表示不适用；①绩效期望指机构投资者是仅仅关注财务指标，还是同时关注财务指标之外的其他定性指标，如公司社会责任；②公司持股比例指机构投资者在目标公司中的持股份额占公司总股本的比例；③基金组合比例指某只股票在机构投资者所有投资组合中的权重；④股权投资比例指相比债券、国库券和房地产等其他资产，股权资产在机构投资者总资产中的占比；⑤内部/外部管理指机构投资者（尤其是养老金计划）的投资组合是由基金发起人管理，还是将部分或全部投资组合外包给共同基金、保险公司或银行信托进行管理；⑥内部/外部代理投票权指机构投资者在外包其投资组合管理时是否保留代理投票权。

资料来源：根据 Ryan 和 Schneider（2002）的研究整理

（一）养老金

养老金计划包括公共养老金和私人养老金。公共养老金是为公共部门员工的退休收入提供资金而募集的资产池，倾向于追求固定收益；私人养老金是为私人部门员工的退休收入提供资金而募集的资产池，倾向于固定缴纳。养老金具有提供长期退休收入的法律义务（Hoskisson 等，2002），因而它们处于严格的信托（Bushee，2001；Del Guercio，1996；O'Barr 和 Conley，1992）和监管（David 和 Kochhar，1996；Ryan 和 Schneider，2003）环境中。在美国，因为州信托法案和雇员退休收入保障法案（ERISA）的缘故，公共养老金面临着很高的审慎标准（Bushee 等，2004）。另外，公共养老金在其投资组合公司中的持股数量也受到联邦法律的约束，即持有任何一家公司的股票不能超过5%，其目的是确保足够的多元化投资和保护委托人的利益（Bethel 和 Liebeskind，1993）。因其投资组合的多元化，公共养老金通常强调指数投资而不是定期进行买进-卖出倒手股票（Gilson 和 Kraakman，1991），而指数投资往往被视为一种长期投资策略。同时，因为公共养老金经理薪酬设计的特点和养老金领取者的长期投资期限，所以公共养老金经理不会感觉到即时回报的压力，而且强调建立在长期回报基础上的投资收益（Fortune，1993）。以往多数研究者认为公共养老金的上述特点使其成为审慎的长期股权投资者（Brancato，1995；Brown，1998；Monks 和 Minow，1996；Hoskisson 等，2002；Tihanyi 等，2003）。

有研究认为公共养老金会受到误导或政治激励，相比最大化股东财富，可能更加关注自身的公众知名度（Romano，1993；Murphy 和 van Nuys，1994；Woidtke，2002），从而弱化介入公司治理的积极性。然而事实上，以股东积极主义的领导者——加州公共雇员退休系统（CalPERS）为代表的公共养老金被认为是公司治理的积极监管者和推动者。Ryan 和 Schneider（2002）归纳出公共养老金具有以下特征：管理资产规模大、投资期限长、业绩指标多样、压力抵制性、股权投资规模大、投资自由度相对较高以及固定收益偏好等，这些特征促使公共养老金成为最积极的关系投资者。Useem 等（1993）认为在推动公司治理和绩效提高方面，公共养老金经理比其他任何类别的机构投资者都更积极。Del Guercio 和 Hawkins（1999）、Wu（2004）、Barber（2006）以及 Chen 等（2007）均实证发现了公共养老金对目标公司的监管具有积极效应。Callen 和 Fang（2013）发现公共养老金持股与未来股价崩盘呈显著负相关，进而表明养老金是积极的管理层监督者。

近年来，许多公司开始采取固定缴费项目，即承诺每年拿出确定数目的员工工资支付公司的养老金计划，从而极大缓解了私人养老金经理获取短期投资业绩的压力。Monks 和 Minow（1996）认为法规改革和长远股权收益偏好致使大型私人养老金成为理想的长期投资者。Ryan 和 Schneider（2002）认为私人养老金相比公共养老金资产规模和股权投资规模较小、部分地采用固定收益和固定缴费模式，这些特征导致私人养老金积极介入公司治理的意愿不是很高。私人养老金能否成为积极的关系投资者一直存在争议：一方面它们具有长期的投资期限，具备关系投资的条件；但另一方面，它们仅关注单纯的财务业绩目标，公司治理介入水平较低。正是由于这些特征，私人养老金被 Brickley 等（1988）归类为压力不确定型的机构投资者。虽然相比保险公司或银行，私人养老金具有更高的积极主义水平（Burr，1995），但历史证据表明私人养老金是最不积极的机构投资者之一（Useem 等，1993）。不介入公司治理的"黄金准则"（Bird，2001）可能是私人养老金积极进行关系投资的主要障碍。

（二）证券投资基金

证券投资基金（也被称为共同基金、专业投资基金或投资公司等）目前是我国资本市场的主要金融机构投资者，包括开放式和封闭式两种类别。证券投资基金具有"高竞争性、基金数量多、竞争对手强和公开的业绩信息多"的特点（Ryan 和 Schneider，2003），这些其他任何种类的机构投资者所不具备的特点放大了基金经理所肩负的压力。尤其对于开放式基金经理而言，他们不仅面临着股票流动性压力，而且也面临着基金投资者（基民）随时以市场价格赎回和变现的压力。此外，基金经理的业绩评估周期通常是以季度为单位，因而他们面临着短期业绩压力以及随时被迫离职的压力。基金经理在这些压力的驱动下往往没有动力同被投资的公司建立长期关系（Chaganti 等，1993；Sherman 等，1998），而是采取动量交易（Jones 等，1997；Burch 和 Swaminathan，2002）以及短期投资（Brancato，1995）策略。

　　许多研究者将证券投资基金短期持股的主要原因归结为基金公司的内部激励机制，即基金经理的报酬建立在每季度对其投资组合规模和资产净值进行频繁评估的基础上（Baysinger 等，1991）。为获得基于市场化的报酬（Scharfstein 和 Stein，1990），专业投资基金经理需要持续变更表现不佳的股票以确保较高的基金业绩、保住工作职位和吸引新客户（Falkenstein，1996）。专业投资基金较高的年度投资组合换手率（Bushee，1998）以及激励性的报酬机制，表明了他们的短期投资导向，而这种短期投资导向势必降低他们积极从事关系投资的兴趣。Chen 等（2007）的经验研究发现，相比公共养老金对积极影响公司决策的兴趣偏好，证券投资基金更乐于信息搜集和股票知情交易，监督效应较弱。尽管证券投资基金因投资期限短可能缺乏介入公司治理的积极性，但 Ryan 和 Schneider（2002）认为证券投资基金经理对来自投资组合公司的压力缺乏敏感性、受到的法律管制较少、股权投资规模大，而这些特征在一定程度上也能促进其关系投资偏好。

　　（三）保险公司和银行信托

　　保险公司向来强调债券和资产抵押是其长期投资项目，因而在股权投资项目上倾向于短期投资，Eng（1999）证实了保险公司的这种投资偏好，他发现相比养老金计划，保险公司的股权资产周转率相对较高。Ryan 和 Schneider（2002）认为保险公司具有投资期限短、压力敏感、股权投资规模小和管制压力大的特点，因而不是积极的关系投资者。Gillan 和 Starks（2000）、Burch 和 Swaminathan（2002）以及 Almazan 等（2005）也证实保险公司是一类消极的机构投资者。

　　在美国，由于商业银行股权投资一度受到格拉斯-斯蒂格尔法案（the Glass-Steagall Act）的限制，银行信托的股权投资规模相对较小（Kidwell 等，1993）。Eng（1999）发现银行的资产周转率较高，仅次于证券投资基金，这一特征足以表明银行具有短期股权投资的倾向。Brancato（1997）发现尽管相比私人养老金和保险公司，银行更趋向于采用指数化投资策略，但很少有证据表明银行会使用代理投票权。由于银行总体股权投资规模较小，从而决定了它们是一类消极的机构投资者（Ryan 和 Schneider，2002；Brancato，1997）。

此外，保险公司和银行的一个典型特征是，这两类金融机构与被投资的公司之间往往存在着除持股关系之外的其他潜在商业联系（Brickley 等，1988）。这种商业关系与银行和保险公司的信托责任存在利益冲突，会削弱它们对被投资公司管理层的监督效应，不仅如此，还会增加投资者与管理者之间合谋的可能性。因此，在许多研究中，银行和保险公司被认为是压力敏感型或非独立的机构投资者（Brickley 等，1988；Kochar 和 David，1996；Almazan 等，2005；Chen 等，2007；Ruiz-Mallorqui 和 Santana-Martin，2011）。银行和保险公司作为潜在消极的机构投资者（Almazan 等，2005），它们不太可能成为从事积极监督的关系投资者。

二、机构股东关系投资的监督效应

如前所述，关系投资的内涵包括两个维度，即投资策略维度和公司治理维度。从投资策略角度来看，关系投资是机构股东对目标公司进行的长期、集中和稳定的持股行为；从公司治理角度来看，关系投资又是机构股东积极介入目标公司治理的股东积极主义行为。已有研究通过对机构股东持股特征和股东积极主义的考察，在基于代理冲突缓解导向的机构股东关系投资的监督效应方面积累了丰富的经验研究成果。

（一）异质性持股机构股东的监督效应

1. 机构股东持股特征异质性

有关机构投资者领域的多数研究都注意到了机构持股特征方面的异质性，以及由此造成的异质性监督效应。因而学者们对机构投资者进行分类研究，基于机构持股特征的异质性提出了与关系投资既有联系又有区别的若干组概念，如：压力敏感型 vs.压力抵制型投资（Brickley 等，1988；Cornett 等，2007；赵洪江和夏晖，2009；李青原等，2013）、独立 vs.非独立或灰色投资（Chen 等，2007；Ferreira 和 Matos，2008；徐寿福和李志军，2013；邓德强等，2014）、治理敏感型 vs.治理不敏感型投资（Bushee 等，2014）、专注型 vs.短期型或准指数型投资（Bushee，1998，2001）、积极 vs.消极投资（Almazan 等，2005；Gillan 和 Starks，2007）以及稳定型 vs.交易型投资（Tihanyi 等，2003；牛建波等，2013；李争光等，2015）等。表 3.3 对以上机构投资者的异质性持股特征进行了简要描述，经过与关系投资内涵的比较，我们可以看出它们与关系投资的区别与联系。

表 3.3　机构股东持股特征异质性与关系投资

分类标准	机构类别	持股特征	从事关系投资的可能性	代表性文献
机构投资者与目标公司有无潜在商业联系	压力抵制型或独立型	与被投资公司仅存在投资关系，不存在业务联系，如：投资公司、独立投资顾问、公共养老金	监督公司的积极性较高，有可能从事关系投资	Brickley 等（1988）；Chen 等（2007）；Ferreira 和 Matos（2008）；Almazan 等（2005）；Aggarwal 等（2011）；邓德强等，2014
	压力敏感型或非独立（灰色）型	与被投资公司不仅存在投资关系还可能存在商业来往，如：银行信托和保险公司	可能会存在长期稳定和互惠合作的投资关系,也可能从事关系投资	
机构投资者的投资组合周转率和投资多样性	专注型或长线稳定型	投资组合的低周转率和低多元化，在少数公司中长期持有大额股票进行价值投资，通过分红和公司价值的增加来获利	提供长期稳定的投资量和投资关系,注重关系投资,是典型的关系投资者	Bushee(1998，2001)；Tihanyi 等，（2003）；Boone 和 White（2015）；牛建波等（2013）；李争光等，2015
	短期型或短线交易型	高换手率和多样性投资，在大量公司中分散持股、短线交易，通过短期内股票价格波动来获利	采用"买好卖坏"的投资策略，不会从事关系投资	
	准指数型	低换手率和高度的投资多元化，在大量公司中被动长期持有	投资分散，不太可能介入公司治理，进行关系投资的可能性较小	
机构投资者偏好或介入公司治理的程度	积极型或治理敏感型	选择治理机制较完善的公司进行投资，如银行信托，或积极介入公司治理，如养老金和捐赠基金	因对公司治理的强偏好或积极介入从而可能从事关系投资	Almazan 等（2005）；Gillan 和 Starks（2007）；Bushee 等（2014）

分类标准	机构类别	持股特征	从事关系投资的可能性	代表性文献
机构投资者对流动性或投票权的偏好程度	消极型或治理不敏感型	在做投资决策时不考虑公司治理因素，如投资公司和投资顾问，或对介入公司治理不感兴趣，如保险公司	从事关系投资的可能性较小	Brancato（1997）；Anabtawi 和 Stout （2008）；Christoffersen 等（2007）；Hu 和 Black（2006）
	流动性偏好型	确保投资组合的流动性，在投票方面不积极，如银行信托和私人养老金	通常是短期的消极投资者，不太可能进行关系投资	
	投票权偏好型	追求在公司中的股东地位和投票权，不仅积极参与公司融资，也积极参与投票，如 LENS 基金和 CalPERS 等公共养老金	往往是对公司长期稳定持股的大股东，积极介入公司治理，因而是关系投资者的代表	

资料来源：本研究整理

（1）持股独立性

在公司治理领域，机构投资者在持股独立性方面表现出的异质性持股特征及其治理效应，一直被研究者广为关注。Brickley 等（1988）根据机构投资者与被持股公司是否可能存在商业联系，开创性地提出了异质性机构投资者的三种分类方法：压力敏感型（pressure-sensitive）、压力抵制型（pressure-resistant）和压力不确定型（pressure-uncertain）。后来学者们在 Brickley 等（1988）的基础上将机构投资者分成独立或灰色（非独立）机构（Chen 等，2007；Ferreira 和 Matos，2008）以及积极或消极机构（Almazan 等，2005）等。由于机构投资者法律类别的多样性，这些分类方法对同一类别机构投资者的归类可能存在差异，但它们的分类标准都是基于机构投资者持股的独立性特征。压力抵制型或独立的机构投资者，如共同基金、公共养老金、基金会和捐赠基金，与被投资的公司仅存在投资关系而没有重要的业务关联，较少受制于被投资公司的压力，因而更适合监督、制约和控制公司高管；而压力敏感型或灰色的机构投资者，如银行、保险公司和非银行信托，与被投资公司存在既有的或潜在的商业关系，他们为了保护那些商业关系，可能不愿意挑战公司管理层的决策，甚至可能会迫于压力与公司管理层合谋（Brickley 等，1988；Kochhar 和 David，1996；Almazan 等，2005；Chen 等，2007；Ferreira 和 Matos，2008）。有实例证明，机构投资者的监督能力受其持股独立性的影响。例如，据报道，富达投资公司（Fidelity）在欧洲公司的治理问题上表现比较积极，但是在美国却表现得相对沉默，因为它在美国管理着几家企业的养老金账户（Davis 和 Kim，2006）。

（2）持股期限和规模

异质性机构投资者的持股策略存在显著不同，尤其是在持股期限和持股规模方面（Schantterly 和 Johnson，2013）。Bushee（1998，2001）利用刻画机构投资者交易历史的变量来描述其交易策略，主成分分析表明这些变量可以归结为两个因子：周转率或换手率（turnover），即机构投资者持股时间；持股规模（blockholding），即机构投资者所持股份的数量。根据投资组合周转率、投资组合多样性以及动量交易的历史数据，Bushee（1998）将机构投资者分为三类：专注型（dedicated）、准指数型（quasi-indexing）和短期型（transient）。专注型机构投资者通常是从事积极投资的压力抵制型机构，如养老金和投资公司，其特征是长期投资导向，愿意向能够创造长期价值的公司投资。专注型机构投资者更有可能监督和约束高管，以确保高管在管理决策中选择最大化公司价值而非满足短期收益目标的投资决策（Bushee，1998）。短期型机构投资者往往也是进行消极投资的压力敏感型机构，如银行和保险公司，这类机构希望放弃它们的控制权，以便从其投资组合的流动性优势中获利。短期型机构总是表现出对短期收益的强烈偏好（Bushee，2001），其特征是频繁买卖股票、投资组合换手率较高（Dong 和 Ozkan，2008）、投资期限短（Jarboui 和 Olivero，2008）、投资目标指数化（Elyasiani 和 Jia，2010）。短期型机构投资者不直接介入公司管理决策，一旦对公司管理业绩或股票市场业绩不满，他们往往选择采取"华尔街规则"，通过出售股票简单地采取退出策略（Tsai 和 Gu，2007）。因而，那些涉足公司经营的大规模、长期持股的机构投资者方能称为关系投资者，他们为股票市场的短期压力提供对抗性的力量（Chidambaram 和 John，1998；Johnson 等，2010）。

2. 长期集中持股机构股东的监督效应

（1）积极效应

以往研究（Brickley 等，1998；Bushee，1998；Chen 等，2007；Hartzell 和 Starks，2003；Ramalingegowda 和 Yu，2012；Sahut 和 Gharbi，2010；Johnson 等，2010）认为，长期或/和集中持股的机构投资者最有可能成为积极监督管理层的关系投资者。首先，长期持股的关系投资者能够促进公司治理水平的提升，具有积极的监督效应。一方面，关系投资者的长期投资期限具有监督效应。长期机构投资者投资期限的长期性激励其监督管理者保护投资，促使管理者的利益与股东的利益保持一致，这对于阻止管理层短视、鼓励管理层关注长期公司价值尤为有用（Attig 等，2012）。Gaspar 等（2005）发现，长期机构投资者利用关系投资（持有足够多的股票以及持有足够长的时间）有能力正向影响收购和兼并交易的结果。Chen 等（2007）提供了支持长期机构投资者有效监督角色的进一步证据，指出机构投资者权衡交易和监督的成本与收益，只有长期投资者专门从事监督而不是交易。Elyasiani 和 Jia（2010）发现长期机构投资者的存在增加了分析师对公司的报道，进而导致公司透明度增加、交易和融资成本降低。长期持股的关系投资者的监督效应产生了积极的经济后果，如提高公司绩效（Elyasiani 和 Jia，2008，2010；李争光等，2014）、减少债务成本（Elyasiani 等，2010）、提高并购后绩效（Chen 等，2007）以及增强管理层在收购中的谈判地位（Gaspar 等，2005）等。另一方面，关系投资者的长期投资期限还具有信息效应。相比短期机构投资者，长期机构投资者具有收集和处理公司信息的优势：长期投资者持股稳定，有足够多的机会了解被投资的公司，因而可以降低外部人和内部人之间的信息不对称（Elyasiani 和 Jia，2010）；长期机构投资者的存在与较低的不确定性有关，因而向外界传递有关管理层对公司长期前景承诺的质量信息（Attig 等，2012）。Elyasiani 等（2010）

发现机构持股稳定性与信息质量（以债务成本作为代理变量）之间呈正相关，从而证实了机构长期持股的信息效应。

其次，机构投资者的持股规模是决定其影响管理层能力大小（Shleifer 和 Vishny，1986）或公司治理角色（唐松莲和袁春生，2010）的一个重要因素，大规模集中持股的机构投资者也具有积极的监督效应。这类机构享有参与与公司控制权相关的事务（如接管、重组及兼并收购）所必需的权力、资源和激励（Elyasiani 和 Jia，2010；Filatotchev 和 Wright，2010；Kim 等，2009），能够在制定公司政策时参与公司的管理（Holderness 和 Sheehan，1988；Bhagat 等，2004），因而有能力确保管理者和董事以符合股东利益的方式进行经营（Bethel 和 Liebeskind，1993）。此外，大规模集中持股的机构投资者可以接触到"私密的、与价值相关的信息"（Heflin 和 Shaw，2000），同时大宗持股带来的规模经济也可以减少这类机构的信息获取成本。

（2）消极效应

虽然多数研究支持关系投资者具有更加有效的监督作用，但还是有许多学者怀疑关系投资不能改进公司治理（Rock，1994，1991；Roe，1991；Romano，1993）。具有长期投资期限（进而持股更加稳定）的机构投资者倾向于投票支持构筑了防御堑壕的管理层（Pound，1988），长期机构投资者忠诚管理层的倾向损害了其治理角色。关系投资可能会演变成互惠互利的商业关系，在这种情况下，长期机构投资者可能会变成压力敏感型投资者（Brickley 等，1988），进而附和管理层的决策。机构投资者监督的强度也受到机构对股票流动性的敏感性（Admati 和 Pfleiderer，2009）以及直接和间接退出成本的限制，这些顾虑使得机构投资者的退出威胁变得不可信，进而加剧管理者短视（Attig 等，2012）。Rock（1994）将关系投资分为"好的"或"有道德的"关系投资，以及"坏的"或"腐败的"关系投资。前者指关系投资者获得公司大量股权，而后通过耐心的和智慧的咨询服务以及"持续的和特征明显的监督"（Monks，1993；Pound，1994），提高公司管理绩效，同时使其他股东受益。后者指关系投资者折价获得公司大量股权，以此为交换，关系投资者保护现任管理层免于被解雇，或者保护现任管理层的自主权免受威胁，关系投资者从向管理层提供的保护中获利，而其他股东却遭受损失；或者关系投资者不去利用其大量投资保护管理层或提高管理绩效，而是促进自己的业务，即同公司签订对自己有利的契约。关系投资的这些消极影响加剧了委托代理冲突，从而不利于公司治理水平的提升。

（二）积极主义机构股东的监督效应

自 20 世纪 80 年代以来，机构投资者对个人投资者的取代（O'Barr 等，1992）导致公司股权再度集中到少数大型投资者手中（Davis，2008，2009；Hawley 和 Williams，2007；Ryan，2000）。机构股权的崛起推动了对公司经济后果具有更加强劲影响力（Gillan 和 Starks，2007；Thomas 和 Cotter，2007）的公司治理积极主义的发展。放眼世界范围，1985 年是机构积极主义兴起的标志年份（Davis 和 Thompson，1994），在这一年相继成立了机构股东服务理事会（ISS）以及机构投资者理事会（CII）。最初，机构股东公司治理积极主义的主角是公共养老金（Gillan 和 Starks，2007），随后股东积极主义变得更加具有多样性。在 20 世纪 90 年代，工会取代公共养老金成为发起公司治理提议最多的机构（Agrawal，2012；Romano，2001；Thomas 和 Martin，1998）。最终，甚至在传统上受到约束的共同基金也走到了股东积极主义的前台（Brandes 等，2008）。这些积极主义者主要关注基于公司治理的战略决策积极主义和财务政策积极主义，寻求改进治理结构和决策机制以及促使高管对公司股东负起更多责任（Gillan 和 Starks，2000，2007），进而表现出积极介入目标公司治理的股东积极主义行为。

关系投资来源于股东积极主义，并逐渐成为机构股东积极主义的核心（李有彬，2006），甚至有学者将二者等同起来（Gillan 和 Starks，1998）。因此，相比普通的投资者，关系投资者构成了股东积极主义的行为主体。现有文献主要以欧美国家为背景，着重实证研究关系投资者股东积极主义对市场反应、公司绩效和治理机制的影响，进而考察其代理冲突缓和效应（如表 3.4 所示）。

表 3.4　机构股东积极主义代表性研究

文献	股东积极 主义指标	事件期间	市场 反应	公司 绩效	治理 机制
Karpoff 等（1996）	治理提案	1986—1990	√	√	√
Smith（1996）	CalPERS 提案	1987—1993	√		
Strickland 等（1996）	美国提案	1986—1993	√		
Wahal（1996）	养老金提案	1987—1993		√	
Bizjak 和 Marquette（1998）	毒丸提案	1987—1993	√		
Carleton 等（1998）	TIAA-CREF 提案	1992—1996	√		
Del Guercio 和 Hawkins（1999）	养老金提案	1987—1993	√	√	√
Gillan 和 Starks（2000）	治理提案	1987—1994	√		
David 等（2001）	机构积极主义	1987—1993		√	
Song 和 Szewczyk（2003）	CII 关注的名单	1991—1996	√	√	
Chen（2004）	薪酬提案，关注名单	1994—1998			√
Brav 等（2008）	对冲基金积极主义	2001—2006	√	√	√
Del Guercio 等（2008）	"拒绝投票"运动	1990—2003		√	√
Becht 等（2009）	Hermes Fund 积极主义	1998—2004	√	√	
Chowdhury 和 Wang（2009）	机构积极主义	1996—2002			√
Ferri 和 Sandino（2009）	股票期权费用化提议	2003—2004			√
Greenwood 和 Schor（2009）	对冲基金积极主义	1993—2006	√		
Klein 和 Zur（2009）	对冲基金积极主义	1995—2005	√	√	
Alexander 等（2010）	代理权斗争	1992—2005	√		
Cai 和 Walkling（2011）	薪酬表决提案	2006—2007	√		
Dimitrov 和 Jain（2011）	治理提案	1996—2005	√		
Ertimur 等（2011）	"拒绝投票"运动提案	1997—2007			√
Klein 和 Zur（2011）	对冲基金积极主义	1994—2006		√	
Cunat 等（2012）	治理提案	1997—2007	√		√
Edmans 等（2013）	对冲基金积极主义	1995—2010	√		

注：√表示该类别经济后果被相应文献所考察。

资料来源：本研究整理

1. 市场反应

目前，关系投资者参与公司治理后的市场反应是被考察最多的经济效应，但是研究结果呈现出较大差异，学者们发现积极主义行为具有积极的（Brav 等，

2008；Cunat 等，2012；Greenwood 和 Schor，2009；Klein 和 Zur，2009）、消极的（Bizjak 和 Marquette，1998；Cai 和 Walkling，2011；Karpoff 等，1996）和不显著的（Agrawal，2012； Becht 等，2009；Carleton 等，1998；Del Guercio 和 Hawkins，1999；Gillan 和 Starks，2000；Strickland 等，1996；Wahal，1996）市场反应。两个主要因素可以解释这些研究结果的模糊性。首先，许多股东提案在写进委托声明书之前就得到协商解决，进而被撤销，于是，真实提案的出现可能表明公司管理者没有对积极主义者的私下努力做出回应（Chowdhury 和 Wang，2009；Del Guercio 和 Hawkins，1999）。其次，大部分积极主义事件研究考察的是股东提案，而这些提案在本质上是建议性质的，因而不一定引起目标公司实践的实质性改变。

2. 公司绩效

首先，除了考察关系投资者积极主义事件发生后股价的变化，相关研究也考察了积极主义行为与公司财务绩效的关系，但研究结果不一致。有些研究发现积极主义事件发生后公司财务绩效得到了改进（Del Guercio 等，2008），而有些研究却发现绩效下降（Karpoff 等，1996；Prevost 和 Rao，2000）或缺乏绩效改进（Del Guercio 和 Hawkins，1999；Song 和 Szewczyk，2003；Wahal，1996）。有研究认为公司治理结构与公司财务绩效之间的关系并不明朗（Daily 等，2003；Dalton 等，1998），这或许在一定程度上解释了公司治理积极主义与公司财务绩效无关的研究发现。但多数研究发现对冲基金积极主义行为对随后的公司财务绩效的影响显著为正（Becht 等，2009；Brav 等，2008；Greenwood 和 Schor，2009；Klein 和 Zur，2009；Klein 和 Zur，2011）。其次，除了影响公司的财务绩效，关系投资者的积极主义行为也能够影响公司的政治、环境或社会绩效（CSP）（Clark 和 Crawford，2012；David 等，2007；Guay 等，2004；Rehbein 等，2004；Reid 和 Toffel，2009）。Neubaum 和 Zahra（2006）发现股东积极主义行为对公司社会绩效的影响取决于股东的持股期限：积极主义行为与长期股权具有正向交互作用，而与短期股权具有负向交互作用。David 等（2007）发现无论是受到挑战的提案还是被解决的提案都与随后的公司社会绩效负相关。

3. 治理机制

虽然关系投资者的积极主义行为对目标公司绩效的影响效应比较模糊，但是奉行股东积极主义的关系投资者越来越成功地影响了目标公司的公司治理（Ertimur 等，2010；Thomas 和 Cotter，2007）。首先，在 CEO 变更方面。早期有关研究发现关系投资者的积极主义行为很少能够影响 CEO 变更（Del Guercio 和 Hawkins，1999；Karpoff 等，1996；Smith，1996），但近年来更多的研究则发现股东治理参与强化了管理层约束，并提高了目标公司 CEO 被解雇的概率（Brav 等，2008；Del Guercio 等，2008）。其次，在公司控制权方面。与股东权力问题相关的积极主义，如废除毒丸计划（Bizjak 和 Marquette，1998）或废止董事会的分期选举制度（Guo 等，2008），能够促使公司成为更加具有吸引力的收购目标，进而减少管理层防御，激活公司控制权市场。那些反接管条款持续遭到非议的公司随后更有可能被收购（Del Guercio 和 Hawkins，1999；Greenwood 和 Schor，2009）。最后，在高管薪酬方面。Ertimur 等（2011）发现高管薪酬提案和"拒绝投票"（Just-vote-no）运动与高管超额薪酬的减少有关；Ferri 和 Sandino（2009）发现股东积极主义限制了 CEO 薪酬的增加，公司在接到股票期权费用化提案后更可能宣称自愿地进行了费用化处理；Brav 等（2008）也发现对冲基金积极主义行为对基于绩效的薪酬具有积极影响。但也有学者认为，那些管理着公司的退休金计划（Ashraf 等，2012；Davis 和 Kim，2007）或基金经理与目标公司 CEO 同属一个教育网络（Butler 和 Gurun，2012）的共同基金，很可能支持公司高管，进而降低股东积极主义在高管薪酬上的治理效应。

三、机构股东关系投资的资源效应

作为股票所有者而非股票交易者的机构投资者是企业重要的资源提供者（Hendry 等，2006）。通过对成熟企业（上市公司）董事会中机构董事以及新创企业中风险投资机构的研究，公司金融和治理领域的文献关注了基于资源约束缓解导向的机构关系投资的资源供给作用。其中，作为关系投资的一个典型范例，风险投资在对新创企业的增值服务中体现出的资源供给效应得到了重点关注。

（一）风险投资机构对新创企业的资源供给

新创企业的发展总是受限于自身资源的束缚，必须积极地向企业外部寻求一切可能的资源。新创企业主要通过引进风险投资机构作为专业的战略投资者进行资源外取（魏志华等，2014），这种资源外取行为形成了新创企业对风险投资机构的资源依赖（周建等，2014；黄福广等，2013）。风险投资（venture capital，VC，有时也被称为风险资本或创业投资）是专门为新创企业提供股权融资，也往往提供建议和实施积极监督的机构投资者（Milgrom 和 Roberts，1992）。风险投资机构是一种特殊的金融中介，不仅为新创企业提供充足的资金支持，还提供许多管理、咨询等增值（value-added）服务（Vanacker 等，2013；Bruton 和 Ahlstrom，2003；Davila 和 Foster，2005；Barney 等，1996；Hellmann 和 Puri，2002；Keuschnigg，2004；王会娟和张然，2012；李严等，2012），例如公司整体经营策略、治理结构、人力资源分配、创新战略方向等。超越传统融资活动的增值服务职能是风险投资机构区别于其他金融机构的重要特征（Hellmann 和 Puri，2002；Lee 和 Wahal，2004），因而风险投资被认为是关系投资的一个范例（Ayres 和 Cramton，1994；Carrasco 和 Thomas，1996；Fried 等，1998；Dorothea 和 Dirk，2006）。Stam 和 Elfring（2008）认为，新创企业通过风险投资机构所构建的网络可以从外界取得资金、信息、知识、技术、信任等发展所必需的资源。风险投资为新创企业在资金、知识、经验、治理、社会网络、管理能力（Fitza 等，2009）等多方面提供了重要资源，这些资源显著缓解了新创企业面临的资源约束。已有研究通过对风险投资增值服务活动的考察，从风险投资对新创企业的资源供给行为和效果两个方面来揭示其资源供给效应。

1. 风险投资机构的资源供给行为

风险投资过程划分为筹资、投资、管理、退出等四个阶段（Gompers 和 Lerner，2006），其中，在投资后管理阶段，风险投资机构或风险投资家帮助新创企业制订正确的战略和实施高效的管理，以促进企业价值的快速提升，从而体现出典型的资源供给角色。如表 3.5 所示，大量研究考察了风险投资在投资后管理中的增值服务活动，发现其资源供给行为涉及企业经营管理的方方面面。

表 3.5　风险投资机构的资源供给行为

文献	资源供给行为
Macmillan 等（1988）	提供研发产品与服务技巧、获取负债和权益融资渠道、制定企业发展战略等
MacMillan 等（1989）	充当管理团队的参谋、获取权益融资资源等
Sapienza（1992）	业务经营咨询和指导、充当财务顾问、加强业务联系和行业合作等
Barney 等（1996）	提供经营管理建议（财务建议、经营建议、管理建议等）和运营支持（介绍客户和供应商、帮助招募员工等）
Dotzler（2001）	融资帮助、战略建议、充当 CEO 智囊团、工程技术咨询、与其他专业服务机构联系等
Flynn 和 Forman（2001）	提供资本、原材料和专业人才等
Gabrielsson 和 Huse（2002）	帮助获取外部资金、加强企业财务能力、给予经济上的保障、参与董事会决策、网络效应的支持、促进企业的外部联系等
Saetre（2003）	增加信用担保、联系行业网络、联系上下游关系、提供一般行业知识的建议、提供专业知识建议等
Knyphausen-Aufse（2005）	提供社会资本等
Knockaert 等（2005）	制订战略计划、充当管理团队参谋、联系潜在客户、组建有效运行的董事会等
Maula（2005）	给予营销和竞争策略建议以及技术方面和组织建设方面的建议
Gompers 和 Lerner（2006）	参与董事会、协助制定发展战略、帮助招募高管、帮助获得后续融资等
Black 和 Gilson（2007）	提供管理支持、声誉资本等
付玉秀（2003）	参与制订战略与经营计划、帮助企业筹集后续资金、提供管理技术/经验知识、传授营销技能开拓市场
张丰和金智（2009）	财务支持、管理咨询、社会网络、人事支持
刘二丽（2011）	提供战略支持、关系网络资源支持、人力资源管理支持、后续融资支持、生产运作支持等

资料来源：本研究整理

　　总体来看，风险投资为新创企业提供的资源主要集中于两类企业活动，一是企业战略相关的活动，如提供战略决策建议、帮助获取权益融资、充当管理团队的参谋等；二是与企业运营有关的活动，如协助制订生产运作和市场营销计划、帮助介绍潜在客户与供应商、招募管理人员、提供管理咨询等。

　　2. 风险投资机构的资源供给效果

　　风险投资在资金、经验、管理等方面的优势能够有效弥补企业在开展创业和创新活动时所遭遇的资源缺口（Teng，2007），有助于新创企业快速成长。首先，风险投资是新创企业早期发展的主要资金资源（Landskroner 和 Paroush，1995），为新创企业提供的资金支持有助于缓解企业融资约束，同时帮助企业满足 IPO 要求的资本金规模。黄福广和李西文（2009）研究表明风险资本参与投资能够缓解中小企业的融资约束。其次，风险投资家在公司战略决策、公司治理、资本结构和人力资源安排等方面的专业化管理经验有助于提升公司价值（Fried，1998；Cyr等，2000；Wang 等，2003；Davila 和 Foster，2005；Li 和 Naughton，2007；Bottazzi等，2008），具体的表现是那些有风险投资支持的公司在 IPO 时要比那些没有风险投资支持的公司更能被市场所认可，譬如更高的 IPO 成功率、更低的 IPO 抑价率、更高的股票市场回报率等（Barry，1990；Megginson 和 Weiss，1991；Brav和 Gompers，1997；Lin 和 Chuang，2011）。再次，风险投资机构还能通过社会关系网络给新创企业带来资源，从而促进企业快速成长。Hochberg 等（2007）研究发现网络资源丰富的风险资本所投资的企业绩效也较好，这是因为网络资源可以提高监督和价值增值能力。特别地，当通过联合投资时，风险投资机构之间可以形成网络连带，通过这种网络关系，风险投资可以带来更高的投资收益（Masulis和 Nahata，2009；Alexy 等，2012；Tian，2012）以及更好的 IPO 后运营绩效（Tian，2011；Chemmanur 和 Tian，2011）。最后，风险投资机构的声誉对被投资企业的真实价值具有认证作用（Barry 等，1990；张学勇等，2014；程俊杰和刘伟，2014），高声誉的风险投资机构对企业具有更好的资源供给效果。一方面，高声誉风险投资机构具有丰富的投资经验，可以为企业物色优秀的管理人员（Hellmann 和 Puri，

2002）、上市辅导（Megginson 和 Weiss，1991）、在并购和战略转型中为企业提供咨询服务（Gompers 等，2009）等；另一方面，高声誉风险投资机构具有充分的信息渠道和关系网络（Hochberg 等，2007），可以为企业在融资（Nahata，2008）、销售渠道的拓展（Hellmann 和 Puri，2000）、多元化经营（Stuart 等，1999）等方面提供帮助。

多数研究认为风险投资机构作为一类典型的关系投资者，以长期投资为主要投资策略，不仅可以缓解企业融资困境，而且还能为企业的战略和运营活动提供各种重要资源，在催生一批优质创业企业成功上市的同时，也对推动科技创新、引导和优化经济结构等方面发挥了重要作用（张学勇和廖理，2011）。但是，部分国内学者研究认为我国风险投资并没有体现出为被投企业提供增值服务的特征（范宏博，2012）或提供的增值服务作用不太明显（李玉华和葛翔宇，2013），这一观点也被后来其他国内学者的研究所证实。程俊杰和刘伟（2014）研究发现，在我国风险投资发展现阶段及现行的上市公司证券发行制度下，风险投资更多的是为企业提供较多资金和上市中所需的政府及关系资源，往往只在企业上市时有显著的价值增加效应，发挥一定的认证作用，而为企业长期业务发展提供的增值服务比较有限。吴育辉等（2016）研究发现，风险投资机构介入仅仅为企业带来了资金方面的支持，提升了企业短期的经营绩效，但风险投资机构并未给企业带来更多可持续增长方面的增值服务。

（二）金融机构对上市公司的资源供给

Hendry 等（2006）调查发现有半数的大型上市公司管理者在为并购或其他投资募集资金时需要股东的支持，近79%的管理者强调机构投资者有助于稳定股价，而稳定的股价对公司而言是一种关键资源，不仅有助于公司扩张和融资，而且有助于激励计划的有效执行以及维持员工的高昂士气。张纯和吕伟（2007）从机构投资者缓解证券市场信息不对称和代理问题视角出发，研究发现机构投资者的参与能显著降低民营企业（而非国有企业）的信息不对称程度，降低民营企业所面临的融资约束和对内部资金的依赖，进而提高其负债融资能力，表明机构投资者在一定程度上为民营企业提供了金融资源支持。

如前所述，关系投资的一个方式就是来自机构股东的高管担任上市公司的外部董事，从而在公司和金融机构之间建立紧密的关系（Booth 和 Deli，1999）。外部人借助外部关系往往帮助组织获得稀缺资源（Kesner，1988），因而金融机构高管担任外部董事有助于保证公司获得外源融资（Mace，1971；Pfeffer，1972；Baysinger 和 Butler，1985；Kesner，1988）。通过为公司提供获取债务资金的渠道以及提供财务资源、服务和业务联系，关系投资者在董事会中的存在可以缓解董事会独立性的缺失（García-Meca 等，2015）。以往文献（Kroszner 和 Strahan 2001；Booth 和 Deli，1999；Dittmann 等，2010；Slomka-Golebiowska，2014；García-Meca 等，2015）主要从三个方面分析了关系投资机构进入公司董事会的资源供给效应。首先，依据资源依赖理论，来自关系投资机构的外部董事可以促进金融机构和公司之间的信息流动，而信息优势允许公司具有较好的信用额度评估，放松银行的贷款限制，进而有助于公司从银行筹集资金。其次，根据管家理论，董事会和来自关系投资机构的外部董事被视为战略资源的集合，当公司内的知识受到限制或缺乏时，公司可以将其利用为获取即时建议的来源。最后，依据信号传递理论，关系投资金融机构加入公司董事会能够向市场显示公司不可能遭遇财务危机的信号，所以来自关系投资机构的外部董事在董事会里起到了资格认证的作用，可以降低外部财务成本。

第三节　外部董事金融关联相关文献回顾

一、金融关联的相关研究回顾

（一）金融关联的影响因素

1. 公司特征层面

国内外学者在考察公司建立金融关联的影响因素时，往往倾向于考察公司自身的特征，这些公司特征包括财务状况、债务结构和公司治理等（Gilson，1990；

Kaplan 和 Minton，1994；Kroszner 和 Strahan，2001；Mitchell 和 Walker，2008；Lu 等，2012；陈栋和陈运森，2012；祝继高等，2012）。

（1）财务状况

大部分学者认为处于财务困境中的公司（Gilson，1990）或面临严峻融资约束的公司（祝继高等，2015b）更有动机建立银行关联。如 Gilson（1990）发现，处于财务困境中的公司一方面会缩减董事会规模，另一方面会增加商业银行背景人士进入董事会。Kaplan 和 Minton（1994）发现，公司股票回报率变差时更可能聘请银行董事的人数，尤其是在日本，如果公司绩效糟糕，商业银行家就有可能进入公司董事会。Kroszner 和 Strahan（2001）发现了公司风险（用收益稳定性即股票月收益的标准差度量）与董事会中银行董事出现概率之间的非线性关系：随着公司不稳定性程度的增加，公司董事会中出现银行高管的概率先增加后降低。Slomka-Golebiowska（2014）利用波兰上市公司的数据发现，现金流水平越低，公司董事会中出现银行董事的可能性就越高，银行董事代表往往存在于那些处于财务危机的公司中。

（2）债务结构

早期有关债务水平的研究发现公司总负债水平与金融关联的存在负相关（Allen，1974；Pennings，1980），有关短期偿债能力的研究也一致发现公司流动性与金融关联之间存在负相关（Lang 和 Lockhart，1990；Mizruchi 和 Stearns，1988；Pennings，1980）。随后，Stearns 和 Mizruchi（1993）以及 Booth 和 Deli（1999）分别研究了公司债务结构与董事会金融关联的关系，发现债务结构是影响公司建立金融关联的影响因素。Stearns 和 Mizruchi（1993）发现，短期贷款与公司董事会中存在商业银行家正相关，与公司董事会中存在投资银行家或寿险公司高管负相关；长期公共债券与公司董事会中存在投资银行家或商业银行家正相关，与公司董事会中存在寿险公司高管负相关；长期私人借款与公司董事会中存在寿险公司高管正相关，与公司董事会中存在商业银行家负相关。Booth 和 Deli（1999）在研究作为非金融公司董事的金融机构高管时则发现，商业银行家作为董事与公司财务政策有关。具体地说，非金融公司董事会中商业银行关联董事的存在与公司总负债正相关，与短期、长期和总银行负债正相关；商业银行非关联董事的存在与银行贷款正相关，而商业银行关联董事的存在与银行贷款没有相关性。Kroszner 和 Strahan（2001）也发现银行高管倾向于进入有形资产比例高、短期负债融资依赖低的大型稳定公司的董事会，而那些信息不对称问题严重的公司以及高度依赖短期负债融资的公司更有可能从密切的银企关系中获得高收益。

（3）公司治理

Kroszner 和 Strahan（2001）认为股权-债权利益冲突以及债权人责任是影响银行主动寻求与公司建立关联的重要因素，他们发现当公司的股东-债权人冲突相对不那么重要时，银行倾向于加入这类公司的董事会，同时发现银行董事的存在对由股票回报波动性度量的信息不对称尤为敏感，当公司信息不对称程度较低或适中时，银行高管在公司董事会中存在的可能性就较高。但 Byrd 和 Mizruchi（2005）认为不能仅仅用信息不对称来解释银行债权人进入公司董事会这一行为，公司董事会中银行高管的存在应当是信息不对称和公司财务危机威胁的综合结果。国内学者邓建平（2011）发现非标准审计意见的出现会导致公司更有可能建立银行关联；陈栋和陈运森（2012）在考察银行股权关联时发现，上市公司董事长和总经理是否均有政治关联可能会影响公司与银行关联的建立；祝继高等（2015a）认为处于财务困境中的企业和信息不对称程度高的企业更有动机去建立银行关联。

除上述因素外，学者们还发现了其他影响公司与金融机构（尤其是银行）建立关联的公司特征，如产权性质、公司规模、盈利能力、成长性等（罗付岩和赵佳星，2016；Lu 等，2012；陈栋和陈运森，2012；祝继高等，2012）。

2. 制度环境层面

祝继高等（2015b）指出公司聘请银行董事是规避制度环境对其不利影响的重要手段。国家经济政策、市场化程度、法治环境以及政治关联等正式或非正式制度因素对公司建立金融关联的动机均有影响。

（1）经济政策

如果公司不属于国家产业政策支持的行业，则公司的股权融资和债务融资会比较困难，通过建立某种关联来缓解公司外部融资约束的动机会非常强烈。祝继高等（2015a）发现产业政策是公司建立银行关联的重要影响因素，不属于产业政策支持的公司在金融资源的获取上会有更大的难度，这类公司更有动机去建立银行关联。此外，货币政策直接影响公司通过银行信贷获取资金的可能性和规模，公司通过构建金融关联，能够缓解货币政策对公司获取信贷资金的冲击。公司获得外部融资的概率受到宏观经济形势、货币政策和行业调整等因素的影响（Camppello 等，2011），紧缩的货币政策使得公司外部融资成本增加，较大程度上限制了公司获取外部融资的概率和规模（陈栋和陈运森，2012）。因此，为缓冲部分货币政策对公司外部融资带来的冲击，公司有动机与银行等金融机构构建金融关联。

（2）市场化程度

在市场化程度较低的地区，企业与银行、证券公司、基金公司、保险公司和信托公司等金融机构之间的信息不对称程度一般越高，企业越有可能通过建立金融关联来缓解信息不对称问题。Lu 等（2012）认为市场化程度是企业建立银行股权关联的影响因素之一，陈栋和陈运森（2012）、祝继高等（2012）持同样的观点。作为市场化程度的一个维度，金融市场化程度是影响金融关联的一个重要因素（Rajan，1998；Love，2001；朱红军等，2006）。并且，金融市场化程度会影响金融关联的作用效果。由于政企分开等市场化政策还不盛行、企业和外界信息不对称的程度较高等原因，在金融市场化程度较低的地区，金融关联的"声誉和担保机制"发挥的作用可能更大，对缓解民营企业融资约束的作用更为显著（邓建平和曾勇，2011a，2011b；罗党论等，2008）。

（3）法治环境

余明桂和潘红波（2008）指出，在转型期的中国，由于民营企业的合法经营难以受到司法体系的保护，加大了其经营风险，进而加大了银行贷款风险，导致民营企业获得贷款的难度加大。法治化程度越低，公司通过建立金融关联这种关系机制，获取金融资源进而规避经营风险的可能性就越大。

（4）政治关联

陈栋和陈运森（2012）发现上市公司董事长和总经理是否具有政治关联影响银行关联的建立。作为新兴市场经济国家广泛存在的两种非正式制度，政治关联与金融关联之间存在着互补效应和替代效应。祝继高等（2015a）发现，对于不属于产业政策支持行业的企业而言，银行关联与政治关联发挥互补作用；对于属于产业政策支持行业的企业而言，银行关联与政治关联发挥替代作用。邓建平和曾勇（2011a）发现了金融关联对政治关联的替代效应，在政治关联程度较低的民营企业中，金融关联缓解融资约束的作用较大，金融关联比政治关联在缓解民营企业融资约束的作用方面更加有效。

（二）金融关联的经济后果

1. 融资决策

Chakravarty 和 Yilmazer（2009）认为银企关系对于企业是否做出借贷融资决策以及银行是否做出贷款批准/拒绝决策都会产生影响。Stearns 和 Mizruchi（1993）发现公司董事会中不同金融机构类别（商业银行、保险公司或投资银行）的代表与公司筹集的资金类别有关，Ramırez（1995）则首次发现了银行董事有助于资本筹集，而 Güner 等（2008）发现董事会中存在关联银行家的公司可以募集更多贷款。Slomka-Golebiowska（2014）通过考察金融关联对公司融资偏好的影响，发现在董事会中存在银行董事的公司更加依赖银行贷款而非内部资金，董事会中不存在银行董事的公司更多地是利用内部资本而非信贷资金为投资项目进行融资。以往研究证实金融关联可以提高公司的负债率，进而间接表明金融关联有助于公司做出负债融资决策，如 Booth 和 Deli（1999）发现公司董事会中商业银行董事的存在与公司总负债正相关，与短期、长期和总银行负债正相关；García-Meca 等（2015）发现与压力敏感型机构投资者（即银行和保险公司）关联的外部董事偏好较低的财务杠杆，银行关联外部董事同时提高了公司财务杠杆和银行债务。

但也有研否定了上述观点。Kroszner 和 Strahan（2001）发现非金融公司负债率与董事会中存在关联银行家之间的关系并不显著。Byrd 和 Mizruchi（2005）的研究则进一步发现，为公司提供了贷款的银行家在公司董事会中的出现负向影响公司负债比率，而公司董事会中没有为公司提供贷款的银行家对公司负债比率的影响取决于公司发生财务危机的可能性。

2. 投资决策

Hadlock 和 James（2002）、Johnson（1997）以及 Lummer 和 McConnell（1989）发现金融机构与非金融公司之间的长期关联降低了信息不对称，并允许金融机构控制公司的投资决策。Kang 等（2007）通过对财务专家型董事如何影响公司投资决策的分析，发现财务专家对公司的投资决策有显著影响，当银行专家加入董事会时，外部融资会增加，而投资-现金流敏感性会下降（Güner 等，2008），因为这些触发了商业帝国建设和较低的并购财富。Güner 等（2008）实证检验了拥有金融专长的董事是否对公司政策施加显著影响，研究结果发现当金融专家进入公司董事会后一些特殊政策（如融资、投资和薪酬政策）并没有得到改善，公司董事会中投资银行关联董事与较大规模的债券发行量以及较差的并购具有相关性，进而认为董事会中金融专业知识的增加可能并不会为股东创造利益。

但后来有学者的研究则认为投资银行关联董事能够提供与并购相关的信息和经验，这些信息和经验提高了他们对并购目标的筛选和谈判能力（Singh 等，2009）；具有投资银行经验的董事提高了并购投资决策过程的效率，因而提高了公司价值（Huang 等，2014）。罗付岩（2016）利用沪深两市 2006—2012 年上市公司董事会高管投资银行背景关联和并购数据研究发现，董事会高管投资银行背景关联与并购发生概率和并购业绩呈显著正相关，进而体现了投资银行关联董事在控制权市场中起到了信息传递和并购目标筛选的作用。

3. 现金持有决策

Christopher 等（2006）与 Ostergaard 等（2011）认为公司持有现金是为了满足未来的投资需要，未来经济环境的不确定性迫使管理层调整当期现金持有水平，公司出于风险防范会持有大量的现金，而公司通过与持股银行建立的紧密银企关系，相当于为公司的现金蓄水池增加了"缓冲垫"，有助于公司的风险管理，尤其是防范流动性风险。董事会或高管层具有银行背景的公司能更便捷地获得银行贷款，从而使公司更少因预防性动机而持有高额现金（李文贵和邵毅平，2016）。Lu 等（2002）从银行歧视的视角研究发现，民营企业在获得银行股份（即形成股权金融关联）后可以降低利息支出并增加短期借款，从而降低企业的现金持有水平。陈栋和陈运森（2012）研究发现，具有银行股权关联的公司的现金持有水平较无关联公司要低一些，并且在货币政策紧缩时期，具有银行股权关联的公司现金持有和调整水平更低，进而得出公司参股金融机构可以抵消部分货币政策对微观企业冲击的结论。李文贵和邵毅平（2016）研究发现，那些聘请具有银行背景的人士担任高管的企业具有显著更低的现金持有水平和更快的现金持有调整速度，相对于国有企业，高管银行背景对企业现金持有决策的影响在民营企业更显著。

二、外部董事金融关联的资源效应

自 20 世纪 80 年代起，公司建立金融关联后的融资约束效应一直是金融关联研究领域关注最多的一个研究主题。基于资源约束缓解导向的金融关联的资源供给效应主要体现为金融关联高管或董事能够帮助公司获得债务融资从而缓解公司的融资约束。如 Güner 等（2008）考察了美国公司的银行关联和投资银行关联对于公司融资政策的影响，他们发现具有银行关联的公司更容易获得外部银行的债务融资，并且公司的融资约束较弱，而投资银行关联的公司可以获得更多的证券融资；邓建平和曾勇（2011a，2011b）考察了金融关联对民营企业融资约束的影响，并区分银行关联和券商关联两种主要形式对融资约束的不同影响，结果发现金融关联缓解了民营企业的融资约束；Sisli-Ciamarra（2012）利用美国大型非金融公司董事会的数据研究发现，作为债权人的金融机构关联董事的存在能够增加公司资本结构中债务的数量、降低债务融资对公司有形资产数量的敏感性、降低贷款成本以及降低债务合同中担保和财务契约的承诺。围绕金融关联的融资约束效应，国内外学者主要从以下两方面入手：一方面是观察金融关联是否有助于公司获取融资或提高融资额度（即缓解融资硬约束）；另一方面则重点关注金融关联能否减少融资成本或融资限制条件（即缓解融资软约束）。

（一）外部董事金融关联的融资硬约束缓解效应

Diamond（1984）是最早从融资约束效应的角度研究金融关联的学者，他指出建立了金融关联的公司在获取"软信息"方面具有独特优势，从而便于信贷资源的获取，这一观点被后来许多学者的研究所证实（Booth 和 Deli，1999；Boot，2000；Kroszner 和 Strahan，2001；García-Meca 等，2015）。Boot（2000）从信息传递的角度指出，银行关联便于公司与银行间的信息共享，进而增加信贷契约达成的可得性。Kroszner 和 Strahan（2001）通过对银行高管进入公司董事会的动机、利益冲突和信贷责任的考察，发现股东-债权人利益冲突是影响银行高管进入公司董事会的动机的主要因素，同时发现当银行在某家公司拥有董事代表时，不仅会向该公司也会向该公司所属行业提供更多的贷款，其原因是银行高管通过参与董事会增进了对行业的了解，缓解了金融机构与该行业企业的信息不对称程度。García-Meca 等（2015）认为银行家可以促进银行和客户公司之间的信息流动，进而有助于公司从银行筹集资金。

除信息优势假说之外，许多研究则支持了金融关联董事的金融专家假说，如Morck 和 Nakamura（1999）、Ramirez（1995）、Byrd 和 Mizruchi（2005）、Ciamarra（2006）、Dittmann 等（2010），以及 Slomka-Golebiowska（2014）分别对日本、美国、德国和波兰公司中银行关联董事的研究。Booth 和 Deli（1999）发现商业银行关联董事可以为公司提供银行债务市场专业有知识，同时发现了商业银行关联董事提高公司负债融资规模的证据：公司董事会中商业银行关联董事的存在与公司总负债正相关，与短期、长期和总银行负债正相关。Adams 和 Ferreira（2007）认为聘请金融家进入公司董事会能够为公司提供融资方面的专业知识或指导咨询，从而提升公司的智力资本，进而增进公司的债务融资。随后，Dittmann 等（2010）

在分析 1994—2005 年德国非金融类公司董事会中银行董事的作用时，得到了类似的研究结论，发现银行董事能够提供资本市场专有知识，起到了金融专家的作用，在公司困难时期帮助公司获得融资。

国内学者的研究则主要关注金融关联在缓解民营企业融资约束中的作用。邓建平和曾勇（2011a, 2011b）以我国 2004—2008 年民营上市公司样本研究金融（银行）关联与民营企业融资约束的关系，两份研究分别发现：47.8% 的民营上市公司存在金融关联现象，金融关联能有效缓解民营企业的融资约束；银行关联有助于民营企业获得更多的长期借款增量，同时降低企业的短期借款增量，从而导致长期借款占总借款的比重更高。唐建新等（2011）以金融类民营上市公司为样本的研究结果显示，那些聘请了现在或曾经在银行工作的人士担任总经理或董事的企业能够获得更多的银行贷款。杜颖洁和杜兴强（2013）研究了我国民营上市公司高管具有的银企关系对企业银行借款的影响，发现银企关系与我国民营上市公司的银行短期和长期借款都具有显著的正相关关系，说明银企关系有助于企业获得银行贷款。李璐和孙俊奇（2013）的研究也表明民营企业能够通过具有融资关系背景特征的独立董事缓解融资约束，以较低的成本获取资金。同时，国内学者的研究表明金融关联的融资硬约束效应也受到某些外生环境因素的调节，如产业政策（祝继高等，2015）、金融市场化程度（邓建平和曾勇，2011a）、金融生态环境（邓建平和曾勇，2011b）、经济发展水平和法制化环境（何韧等，2012）等。

（二）外部董事金融关联的融资软约束缓解效应

金融关联促进公司与金融机构之间的信息共享以及金融机构关联董事的专有知识供给，在增进信任的基础上能减少融资限制条款（García-Meca 等，2015）、降低信贷抵押或融资成本（Berger 和 Udell，1995；Sisli-Ciamarra，2006；何韧等，2009）以及提高公司信用评级（Kracaw 和 Zenner，1998；Kroszner 和 Strahan，2001；Fama，1985）等，进而体现了融资软约束缓解效应。邓建平和曾勇（2011a）则认为金融关联至少可以从社会关系网络、声誉担保和金融人才引进三个方面缓解民营企业的融资约束。

Myers 和 Majluf（1984）以及 Fama（1985）发现随着出借方与借入方关系变得更加紧密，借款成本会下降。Berger 和 Udell（1995）的研究表明银企关联的时间长度与信贷成本和抵押担保成反比。随后，Boot 和 Thakor（2000）基于道德风险和委托代理矛盾建立的无限期重复博弈的信贷合约模型得出了相似的结论，发现金融关联的时间越长，抵押担保和贷款利率等要求会越低。Sisli-Ciamarra（2006）研究证实银行关联在一定程度上减少有形资产与债务融资的相关性，且降低债务融资成本。Engelberg 等（2012）证实，公司和银行雇员之间的人际关联（如就读于同一所大学或者在同一家公司工作）导致更加优惠的借贷合约条款，如更大的贷款额度、更少的限制性契约以及更低的价格。García-Meca 等（2015）依据资源依赖理论分析认为，金融关联带来的信息优势允许企业获得较好的信用额度评估，会使银行放松贷款限制，银行家可能会寻求董事席位向企业出售债务。国内学者（如曹敏等，2003；周好文和李辉，2005；何韧，2010）的实证研究也都发现金融关联有助于降低公司的信贷融资成本。

也有不少学者持不同观点，他们质疑金融关联在降低融资成本方面的作用。Wislon（1993）提出了著名的"锁定效应"假说，认为随着企业与银行关系的加深，企业的转移成本加大，从而增加企业面临"锁定风险"的可能，进而导致融资成本的上升。Petersen 和 Rajan（1994）认为，密切的银企关系使得关系商业银行长期处于信息垄断地位，通过维持这种长期关系便可达到对借款人的"信息俘获"，提高借款利率，获得高额垄断租金。上述观点被后来一些学者的研究所证实，如 Angelini 等（1998）和 Degryse 等（2000）分别对意大利和比利时银行所做的研究表明，随着银企关系的加深，银行对借款人所要求的利率在上升。国内学者余明桂和潘红波（2009）的研究也没有发现银行关联能够显著降低银行借款成本。

三、外部董事金融关联的监督效应

Hambrick 和 Mason（1984）最先提出的高阶梯队理论认为高层管理团队的人口背景特征（如年龄、任期、学历、教育和职业背景）影响管理者的决策和行为，进而影响公司的产出。近年来，公司董事或独立董事的职业背景对董事会运行机制以及公司治理的影响开始受到不少文献的关注。现有研究发现，相比其他非财务背景的董事，具有财务背景的董事由于其专业能力更能履行对管理层的监督等治理职能（Park 和 Shin，2004；Bushman 和 Smith，2001；万红波和陈婷，2012；向锐，2008；陆宇建和肖睿，2009）。

基于代理冲突缓和导向的金融关联的监督效应主要体现为金融关联董事对公司管理层进行监督，降低公司风险，提升公司价值。已有文献实证考察了金融机构关联董事对高管薪酬（Güner 等，2008；邓建平和陈爱华，2015；童娜琼等，2015）、盈余管理（Osma 和 Noguer，2007；Xie 等，2003；Bedard 和 Johnstone，2004；翟胜宝等，2015）、内幕交易（何贤杰等，2014b）、分析师预测（宋乐和张然，2010）等公司治理机制的影响，进而判断其是否具有监督角色。该领域已有相关研究的关注对象涉及两类金融关联董事：其一是机构投资者作为公司股东委派的董事（即机构股东董事，institutional directors），代表着机构股东的利益；其二是具有金融机构职业背景的董事（即金融背景董事，financial directors），代表着公司的利益。

（一）机构股东董事的监督效应

Stearns 和 Mizruchi（1993）将公司董事会中存在金融机构董事代表的现象称为金融连锁，并将其视为一种治理结构，机构股东董事提高了金融机构监督公司行为的能力。机构股东董事对欧洲大陆的董事会有重要影响，这类董事作为核心股东的代表监督管理层，并确保公司按照核心股东的利益运行（Pucheta-Martínez 和 García-Meca，2014；Heidrick 和 Struggles，2011）。Osma 和 Noguer（2007）发现机构股东董事在约束西班牙公司的盈余管理方面发挥了主要作用。Pucheta-Martínez 和 de Fuentes（2007）认为机构股东董事独立于管理层，当审计委员会中的机构董事占比较高时，审计委员会在保护公司财务报告可信度方面更加有效。这一研究结果同样被 Pucheta-Martínez 和 García-Meca（2014）所证实，他们发现机构股东董事是有效的监督者，能够提高财务报告质量，进而降低公司遭到审计的概率。

因为机构投资者存在异质性，机构股东董事在参与公司治理方面具有不同的动机。García-Meca 等（2013）发现机构股东董事对债务成本的差异化影响取决于机构股东董事的类别。García-Meca 等（2015）以西班牙上市公司为样本的实证研究发现，代表压力敏感型机构投资者（即银行和保险公司）的外部董事具有较低的财务杠杆偏好，而代表压力抵制型机构投资者（即共同基金和养老金）的外部董事没有表现出类似偏好，结果表明压力敏感型机构股东外部董事可以作为一种管理监督机制替代资本结构机制，或者阻止过高的财务风险。不同于以上研究结果，许多学者并没有发现银行关联董事监督管理层的证据。如 Dittmann 等（2010）分析了 1994—2005 年德国非金融类公司董事会中银行关联董事的作用，发现董事会中存在银行关联董事与低劣的公司绩效相关，并认为其因果方向是银行关联董事的存在负向影响公司绩效，表明银行关联董事没有发挥监督作用，其存在会引起非金融类公司的价值减损。

此外，机构股东董事的监督效应还受到国别的影响。Kaplan 和 Minton（1994）发现商业银行家会进入董事会以监督绩效表现糟糕的日本公司，但对于美国公司来说却并不成立。尤其是在日本，如果公司绩效糟糕，商业银行家就有可能进入公司董事会，并且当商业银行家进入董事会时，公司高管变更就会增加。与 Kaplan 和 Minton（1994）对美国公司的研究结果一致，Booth 和 Deli（1999）发现美国商业银行提供银行债务市场专有知识，银行关联董事没有监督银行借款，银行家进入公司董事会并不是为了监督借贷关系，Slomka-Golebiowska（2014）利用波兰公司样本也得到类似的研究结果。但同样是以美国公司为研究样本，Sisli-Ciamarra（2012）却发现了与 Booth 和 Deli（1999）不一致的研究结论：美国关联银行董事能够履行董事会的监督职能，银行关联董事的债务融资效应来自于被加强的监督职能，而不是专有知识供给职能。

（二）金融背景董事的监督效应

具有金融背景的董事能够限制管理层盈余管理的机会主义行为（Osma 和

Noguer，2007；Xie 等，2003；Bedard 和 Johnstone，2004）、提高会计信息质量（Agrawal 和 Chadha，2005）和公司价值（Kumar 和 Singh，2012）或减少董事会的决策失误（谭劲松，2003）。Park 和 Shin（2004）、Bushman 和 Smith（2001）发现，公司聘请具有金融背景的董事有助于及时发现财务报告中的欺诈性信息，增加财务报告的可信度，同时还能减少盈余管理行为。在监督公司的债务融资方面，Byrd 和 Mizruchi（2005）认为银行背景独立董事限制了企业获得信贷，他们以 1980 年世界 500 强公司作为研究样本，研究发现当银行背景独立董事所在银行与企业存在借贷关系时，银行背景独立董事将以监督者的角色进入企业董事会，从而降低企业的债务融资。但 Sisli-Ciamarra（2012）的研究却得出与之相反的结论，即配置了关联银行董事的董事会借助更好的监督去促进公司获得债务融资，进而使公司受益。

相比机构股东董事研究的匮乏，国内学者较多地关注董事的金融背景及其治理效应。首先，金融背景董事的积极监督角色。魏刚等（2007）关于董事背景影响公司经营业绩的实证结果支持 Kiang（2006）"关系是王"的论断，发现来自政府和银行背景的董事越多，公司经营业绩越好。部分国内学者发现了金融背景董事具有积极的监督角色的证据，如：金融背景董事在董事会中的比例越高，上市公司的盈余质量就越好（胡奕鸣和唐松莲，2008）；金融背景董事更可能对董事会议案表达异议态度（叶康涛等，2011）；银行关联（包括高管关联和持股关联）的存在会削弱融资需求对真实盈余管理的诱导作用，有助于降低企业的真实盈余管理程度（翟胜宝等，2015），以及缓解民营公司投资不足，有助于提高公司的投资效率（曲进和高升好，2015；翟胜宝等，2014a）。此外，祝继高等（2015a）发现公司聘请商业银行背景董事能够显著减少公司长期借款水平，并降低长期借款的波动性，以应对产业政策对长期债务融资的限制，体现出银行关联董事的治理效应。

其次，金融背景董事的消极监督角色。针对董事究竟是具有监督作用还是具有咨询作用的疑问，刘浩等（2012）通过考察银行背景董事的信贷融资效应，发现银行背景董事咨询功能的发挥较为明显，企业的信贷融资得到改善，但监督功能没有明确的体现，甚至较其他类型董事更弱。而祝继高等（2015b）从产业政策的视角分析了银行关联董事（即现在或曾经具有商业银行工作背景的董事）的监督职能，研究发现银行关联董事监督的动机和能力受到产业政策的影响：在产业政策支持行业的企业中，银行关联董事的监督职能并没有得到有效发挥；而在产业政策不支持行业的企业中，银行关联董事有效发挥了监督职能。多数国内学者的研究从不同角度证实了金融背景独立董事具有不同程度的负面消极的治理效应。公司聘请证券背景的独立董事使得部分投资者处于信息优势地位，从而在一定程度上削弱了公平披露规则的效力，影响了投资者获取上市公司信息的公平性，对"三公"资本市场构建以及投资者利益保护产生负面影响（何贤杰等，2014a）；进一步研究表明，聘任了券商背景独立董事的公司内幕交易的严重程度显著高于其他公司，具有券商背景的独立董事利用获得上市公司信息的便利，在内幕交易中扮演了不光彩的角色（何贤杰等，2014b）。翟胜宝等（2014b）研究发现，银行关联（包括高管关联和持股关联）企业的风险显著高于非银行关联企业，银行关联会加大企业风险。邓建平和陈爱华（2015）实证研究了金融关联与民营企业薪酬契约的关系，研究发现民营企业引入具有金融机构工作背景的高管后，高管薪酬水平显著提高，高管整体薪酬水平增幅变大。宋乐和张然（2010）发现分析师在进行上市公司盈余预测时会受到上市公司高管证券从业背景的影响，当上市公司高管曾经或正在分析师所在的证券公司工作时，分析师会高估公司盈余，做出有利于上市公司的盈余预测。

第四章　监督视角下机构股东关系投资的战略治理效应

第一节　理论基础：委托-代理理论

经济学家认为当合作双方具有不同的风险偏好时，风险分担问题就会发生。20 世纪 60 年代和 70 年代早期，经济学家探索了个体或群体之间的风险分担问题（Arrow，1971；Wilson，1968）。Jensen 和 Meckling（1976）扩展了风险分担方面的研究，认为当合作双方具有不同的目标和劳动分工时，就会出现所谓的代理问题，进而提出委托-代理理论（Principal-Agent Theory）。委托-代理理论关注委托-代理关系中出现的两类问题的解决：其一，当委托人和代理人的意愿或目标发生冲突以及委托人很难证实代理人的实际行为或为此需要付出高昂代价时，就会出现因委托人不能证实代理人的恰当行为而引发的代理问题，包括道德风险和逆向选择；其二，当委托人和代理人对风险具有不同的态度时，就会出现因委托人和代理人不同风险偏好而引发的风险分担问题。委托-代理理论遵循新古典经济学对人性、组织和信息的假定，即假定人性是自利、有限理性、风险厌恶的，组织成员之间存在局部目标冲突、委托人和代理人之间存在信息不对称，而信息是可以购买的商品。在这一系列假定下，代理理论以委托人和代理人之间的契约为分析单位，试图确定治理委托-代理关系的有效契约，从而寻求代理问题的解决之道。因而，将委托-代理理论应用于现代公司治理研究的核心在于，在利益冲突和信息不对称的条件下，委托人（所有者）如何设计最优契约来激励和约束代理人（管理者）的行为（Sappington，1991）。

委托-代理理论具有两个假设前提，一是委托人和代理人之间存在利益冲突，二是委托人和代理人之间存在信息不对称。一方面，作为经济人的委托人和代理人都将实现自身效用最大化当作行为目标，委托人收益的最大化直接取决于代理人的成本（即付出的努力），而代理人的收益直接表现为委托人的成本（即支付的报酬）。因而，委托人与代理人相互之间利益不一致，甚至相互冲突。利益冲突导致代理人可能利用被委托的资源决策权谋取私利，从而产生代理问题。因此，就需要在委托人与代理人之间建立某种契约机制以协调两者之间相互冲突的利益。另一方面，委托人不能直接观察到代理人的工作努力程度，即使能够观察到，也不可能被第三方证实，而代理人却很清楚自己付出的努力水平。由于委托人无法知道代理人的真实努力水平，代理人便可能利用自己拥有的信息优势谋取自身效用最大化，从而产生代理问题。代理人努力水平的不可观察性或不可证实性意味着代理人的努力水平不能被包含在契约条款中，从而无法实施对代理人努力水平的鉴定，代理人即使努力不足也可能不会受到惩罚。因此，委托人必须设计某种契约机制以诱使代理人达到最大化委托人利益的努力水平。利益冲突和信息不对称存在的程度不同，代理问题随之出现不同的形态。当利益相互冲突而信息对称时，委托人就能与代理人签订最优契约进而有效解决代理问题；当利益没有冲突，即使信息不对称，也不会存在代理问题；当利益相互冲突且信息不对称时，代理人就可能利用信息优势损害委托人利益而最大化自身利益，即产生代理问题。

依据信息不对称出现的不同节点，代理问题具有两种表现形式，即逆向选择和道德风险。逆向选择是指由于交易双方信息不对称和市场价格下降产生的劣质品驱逐优质品，进而出现市场交易平均质量下降的现象。道德风险是指签订契约的一方所面临的对方可能改变行为而损害本方利益的风险。若事前信息不对称，则易出现逆向选择问题（代理人隐藏信息）；若事后信息不对称，则易引发道德风险问题（代理人隐藏行动）。因而，委托-代理理论的中心任务是研究在利益相互冲突和信息不对称的条件下，委托人如何规避代理人的逆向选择和道德风险行为

（Wilson，1969；Ross，1973）。由于委托人和代理人之间信息不对称以及利益冲突的普遍性，所以逆向选择和道德风险问题普遍存在，委托-代理理论在现代公司治理中的应用也就具有了普适性。

第二节　公司战略治理中机构股东关系投资的监督约束机制

Johnson 等（2010）认为机构投资者的持股规模和持股期限决定了其影响管理层的能力和激励，并认为最有可能成为公司战略监督者的机构投资者的特征是：持有大宗股票，投资期限长，或者两者兼而有之。因而，长期集中持股使得关系投资机构既具有监督公司战略过程的激励，也具有监督公司战略过程的能力。另外，关系投资机构因长期大量持股从而使其具有获取和处理与公司战略过程相关的信息的优势。一方面，信息优势减少了关系投资者搜寻公司战略信息的成本，因而增强了积极监督公司战略过程的激励；另一方面，信息优势能够使关系投资者比较充分地获取监督公司战略过程所需的信息资源，进一步提高了积极监督公司战略过程的能力。

一、关系投资型机构股东监督的激励

机构股东监督公司战略过程的激励取决于持股规模和持股期限。监督激励对于大股东来说是最大的，因为他们将从股价提升中收获最大利益，而持股较少的投资者有搭便车的激励。另外，大股东出售股票的代价将史高，因为这将导致股票价格下跌（Kochhar 和 David，1996）。这样，大股东有激励监督管理层的战略管理过程不仅是因为他们能从监督中受益丰厚，也是因为变卖股权的巨大成本（Dharwadkar 等，2008）。

持股时间的长短是影响机构股东监督公司战略过程激励的另一个因素。大量研究已经论述了不同的机构投资者有不同的交易行为，进而影响他们监督管理层

战略行为的激励。一些机构投资者要求短期回报，这样就没有激励去花费资源监督管理层。有些机构投资者具有长期持股偏好，他们定位于长期绩效，比如股利收益或者股价增值（Bushee，2001；Porter，1992）。Zahra（1996）将共同基金、养老金和退休基金划归为长期机构投资者，将投资银行和私募基金划归为短期投资者。事实上，早期由 Gilson 和 Kraakman（1991）所从事的研究发现，养老基金不像共同基金和投行那样频繁出入股票市场，他们会持有某些特定公司的股票长达十年之久。Hoskisson 等（2002）和 Tihanyi 等（2003）沿袭类似的逻辑，根据不同类别的投资者对股票流动性的需求，将专业投资基金划为短期投资者，将养老基金划为长期投资者。养老金经理对投资支出有可预测的投资期限，公共养老金计划倾向于较低的资金周转率（Ryan 和 Schneider，2002）。共同基金对投资支出的可预测性要求较低，要求能够快速变现。结果，共同基金倾向于短期投资（Ryan 和 Schneider，2002）。另外，共同基金的激励体系常常是基于对投资组合业绩的季度评估，这就造成共同基金的经理强调短期投资（Chaganti 和 Damanpour，1991；Tihanyi 等，2003；Zahra，1996）。投资期限短或换手率高的机构投资者可能会投资于那些暂时反常和能够获利的公司（Bushee，1998）。换句话说，任何与长期业绩有关的公司特征对于短期投资的机构投资者来说都是低价值的。另外，因为成本高昂，换手率高的机构投资者不会选择监督公司的战略管理（Hirschman，1970）。

二、关系投资型机构股东监督的能力

机构股东监督公司战略过程的能力取决于持股独立性和持股规模。首先，Brickley 等（1988）最早从事机构投资者持股独立性方面的研究。在 Brickley 等（1988）的框架中，投资者被分为压力敏感型或压力抵制型。机构投资者可能和他们所投资的公司有商业关系，机构投资者的目标可能会受到他们与管理层商业关系的影响或限制（David 等，1998）。这些商业关系能够产生潜在的利益冲突。为了维护业务关系或者维持未来潜在的商业机会（Kochhar 和 David，1996），这些机构投资者会屈从于公司管理层的利益，因此这类机构投资者被称为"压力敏感型"的机构投资者。压力敏感型机构投资者包括保险公司、银行和非银行信托。相反，与被投资公司没有商业关系的机构投资者较少受制于利益冲突，也不容易接受公司管理层施加的影响，因而被称为"压力抵制型"的机构投资者。

其次，决定机构股东监督公司战略过程能力大小的另一个因素是机构股东拥有的所有权规模（Shleifer 和 Vishny，1986）。大宗持股的股东有能力确保管理者和董事以符合股东利益的方式制订和执行公司战略（Bethel 和 Liebeskind，1993）。机构大股东也能够在制订和执行公司战略时参与公司的管理（Holderness 和 Sheehan，1988）。由于抛售大量股票会造成市场波动和股价下跌，持股较多的机构大股东往往因出售成本较高难以出售股票（Graves 和 Waddock，1990；Johnson 和 Greening，1999），在不得已的情况下，它们可能只有继续持股并选择监督。另外，由于规模经济效应的存在，股东通过监督公司带来的收益可能会高于为此付出的监督成本，因而机构大股东在权衡监督的成本-收益之后，也可能乐于在公司战略过程中监督管理层。

三、关系投资型机构股东监督的信息优势

机构股东关系投资具有监督公司战略过程的信息优势主要体现在以下两个方面的比较，其一是机构投资者相比个人投资者即散户具有信息优势，其二是关系投资者即长期大规模持股的机构投资者相比短期小型机构投资者具有信息优势。

首先，相比个人投资者，机构投资者具有获取和处理公司战略信息的优势。尽管 Kaniel 等（2008）和 San（2010）发现个人投资者的交易能够显著预测股票的短期走势，并在某些时期比机构投资者更具优势，但是更多学者的研究发现机构投资者在信息收集与处理方面较个人投资者具有较大的优势（Szewczyk，1992；Kim 等，1997；Bartov 等，2000；Dennis 和 Weston，2001；Ke 和 Petroni，2004；Ali 等，2004；Chen 和 Hong，2006；Attig 等，2012；孔东民和柯瑞豪，2007；

黄顺武等，2015）。机构投资者一般具有较为雄厚的资金实力，在投资决策运作、信息搜集分析等方面都由专业人士处理，机构投资者在资金和投资研究等方面的能力能够为其带来信息优势（孔东民和柯瑞豪，2007；余佩琨等，2009；林树和俞乔，2009）。在信息获取优势上，机构投资者利用其准内部人或知情交易者角色获取内幕信息（Bushee，1998），或者利用其突出的信息挖掘和专业投资能力进行信息搜寻而获取私有信息（陈小林和孔东民，2012）；而在信息处理优势上，机构投资者运用其突出的专业能力能够对信息做出更好的处理（Shleifer 和 Vishny，1986）。因此，机构投资者一方面有能力去解读资本市场中的公开信息，另一方面也愿意花费成本去获得非公开信息；而个人投资者属于信息劣势者，读懂公开信息的能力较弱，也没有足够的资金支持去搜集非公开信息，往往根据价格走势进行买卖操作，或者依靠道听途说的消息跟风炒作。

其次，相比频繁交易的短视机构投资者，进行长期稳定投资的关系投资机构更具有获取和处理公司战略信息的优势。机构股东关系投资的监督动因主要在于监督成本-收益大小的权衡，而成本与收益的对比则与规模效应和范围经济密切相关。关系投资者在信息获取和信息处理方面存在更多的规模效应和范围经济，即关系投资者存在强大的信息搜集内在动力，从而进一步增强了关系投资者获取信息的可能性，因此，关系投资很可能会带来信息优势。虽然有研究认为短期机构相比长期机构更具有信息优势，且利用其信息优势频繁交易进而获利（Wermers，1999；Yan 和 Zhang，2009），但多数研究结果与之并不一致。长期机构投资者会在被投资公司投入更多的资源，这将导致更加精确的信息，较少修改他们的信念（Chen 等，2007）。长期机构投资者的存在会减少信息不对称，激励管理者及时披露信息以维持与长期机构投资者之间的投资关系和（潜在的）商业关系，或者降低信息的不确定性，向外界传递有关管理层对公司长期前景承诺的质量信息（Attig 等，2012）。长期机构投资者通过退出威胁传递私人信息（罕见但知情的交易）的能力可以进一步迫使管理层改进信息质量（减少不对称或提高披露质量）。

Elyasiani 等（2010）发现机构持股稳定性与用债务成本代理的信息质量有关，Elyasiani 和 Jia（2010）也认为长期机构投资者持股稳定，他们有足够多的机会了解被投资的公司，进而施加有效的监督，这样就降低了外部人和内部人之间的信息不对称。Wang 和 Zhang（2006）发现专注型机构投资者可以投资于信息环境不透明的公司，进而维持其信息优势地位。这一研究结果也被 Boone 和 White（2015）所证实，他们利用 Russell 1000/2000 指数的研究表明，专注型机构投资者可以更多地投资于处在 Russell 1000 指数下部的公司，而这些公司相比处在 Russell 2000 指数上部的公司，公司透明度和信息生产均较差，进而表明专注型机构投资者具有信息优势，他们可以投资于信息环境不好的公司。另外，Schnatterly 等（2008）通过研究第一大机构股东持有的流通股比例与信息风险指标——买卖价差（bid–ask spread）之间的关系发现，第一大机构投资者持股比例越多，股价中的买卖价差就越大，而持股较少的机构股东与较小的买卖价差有关，从而表明只有持股较多的机构股东才拥有信息优势，而其他机构股东并没有信息优势。

除传统金融经济学的研究结果外，少数基于社会经济学的研究结果也可以证实关系投资具有信息优势。英国路透社在 2009 年展开的"最佳投资者关系公司"调查表明，97%的上市公司 CEO 愿意与投资者进行私人会面。而大多数机构投资者也有激励从其所热衷的关系中获取信息并改变信息优势，从而做出更加有利可图的投资决策（Holland 和 Doran，1998；Schnatterly 等，2008）。在投资者之间的社会关系网络中，关系投资者通常处于信息网络的中心，相比处于信息网络边缘的投资者，关系投资者具有明显的信息优势。孔东民等（2015）利用深交所机构投资者访问上市公司的数据研究了共同基金在市场信息传递中的行为特征，发现机构投资者可以通过访问上市公司获得信息优势，并做出更好的投资决策，从而为社会网络与微观信息传递研究提供了新证据。基金经理访问上市公司并与公司管理层的面对面沟通，可以帮助基金经理捕捉公司信息，也有助于基金经理与公司管理层建立较为密切的关系，从而使得基金经理在未来获得信息优势。

四、机构股东关系投资缓解公司战略过程中代理冲突的监督约束机制

综合以上分析，关系投资是机构投资者的一种长期、稳定、集中投资行为，这种投资行为一方面提高了机构投资者监督公司战略过程的激励和能力，另一方面为机构投资者监督公司战略过程提供了信息获取和处理上的优势。委托-代理理论认为，委托人与代理人之间的信息不对称和利益冲突导致公司战略过程中代理问题或代理成本的出现。上文关于关系投资机构监督公司战略过程的激励、能力以及信息优势的讨论，表明关系投资机构既有激励也有能力监督公司战略的决策和执行过程，同时也具备监督公司战略决策和执行过程的信息优势，即关系投资机构具备监督公司战略过程的必要条件。因此，通过监督和控制公司战略决策和执行过程，关系投资机构可以约束公司战略过程中的高管机会主义行为，缓解公司战略过程中的委托代理冲突，最终降低公司战略过程中的代理成本。这就是基于委托-代理理论视角的机构股东关系投资对公司战略治理有效性的影响机制，本书称之为机构股东关系投资缓解公司战略过程中代理冲突的监督约束机制（如图4.1 所示）。

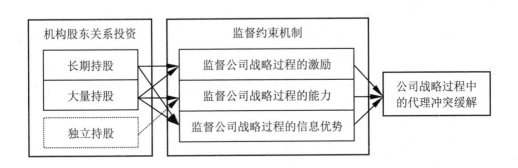

图 4.1　机构股东关系投资缓解公司战略过程中代理冲突的监督约束机制

注：独立持股并非关系投资的必要特征，但独立持股有助于提高关系投资型机构股东的监督能力。

第三节 并购战略中机构股东关系投资的监督效应实证分析

一、研究假设提出

如前所述，国外研究（Brickley 等，1998；Bushee，1998；Hartzell 和 Starks，2003；Chen 等，2007；Sahut 和 Gharbi，2010；Johnson 等，2010；Ramalingegowda 和 Yu，2012）认为，关系投资机构因其长期或/和集中持股，从而成为最有可能积极监督管理层的一类股东。国内从不同角度进行的机构投资者公司治理效应的实证研究也发现，我国机构投资者（尤其是具有关系投资特征的机构投资者）在一定程度上参与并改善了上市公司治理（李维安和李滨，2008；薄仙慧和吴联生，2009；石美娟和童卫华，2009；唐跃军和宋渊洋，2010；唐松莲和袁春生，2010；李善民等，2011；刘星和吴先聪，2011；高敬忠等，2011；吴先聪，2012；范海峰和胡玉明，2013；李增福等，2013；牛建波等，2013；袁知柱等，2014；梅洁和张明泽，2016）。

在关系投资机构对公司并购战略的治理介入进而缓和公司并购代理冲突方面，因为高管在公司并购战略决策与执行过程中的自利或自负倾向导致所有者和管理者之间的代理冲突，从而迫使投资者依靠公司治理机制保护自身利益（Fama，1980；Fama 和 Jensen，1983；Hermalin 和 Weisbach，2003），而机构大股东的介入限制了公司并购战略过程中的高管自利行为（Pound，1992；Smith，1996；Useem，1996）和自负心理（Craninckx 和 Huyghebaert，2015）。作为一种公司治理机制，关系投资的其中一个治理内涵就是长期集中持股的机构投资者的监督介入（Chidambaran 和 Kose，1998；李有彬，2006）。因此，关系投资机构对公司高管的监督约束可以在一定程度上缓和公司并购战略过程中由高管自利或自负导致的代理冲突问题。

关系投资机构在公司并购战略过程中表现出的监督作用得到不少研究的证

实。Stulz 等（1990）、Ambrose 和 Megginson（1992）、Chen 等（2007）以及 Ferreira 等（2010）的研究认为机构投资者对公司决策尤其是美国公司的并购决策具有显著影响。Stuart 和 Laura（2000）指出机构投资者可通过在大宗市场上进行交易来推动并购活动，进而达到监督公司管理层的作用。Cremers 和 Nair（2005）发现机构投资者尤其是养老金在支持增值型并购和规避减值型并购中起到重要作用。Gaspar 等（2005）认为投资者投资期限影响公司管理者受到监督的程度以及并购参与各方的议价能力。他们的研究发现被投资者短期持股的主并公司在并购公告期间的超常收益明显较差，长期绩效也较差。他们的研究表明被短期投资者持股的公司在并购的讨价还价中处于弱势地位，短期投资者的监督不力将导致管理者进行价值损失型的并购，或者以牺牲股东回报的方式谋求个人私利（如工作保障、帝国构建等）。与之相反，Chen 等（2007）认为长期投资者将专注于监督和影响公司管理层而不是交易套利，以收购活动为实证背景的研究发现，只有独立的长期机构投资者才与并购后期的绩效相关，并认为只有这类股东才具备监督角色。Njah 和 Jarboui（2013）对机构投资者、公司治理和并购中盈余管理问题的研究结果表明，积极的机构投资者限制了并购过程中的盈余管理行为。

此外，关系投资者会以"用手投票"的形式积极行动起来介入公司并购战略过程。Bethel 等（2009）研究证实，在收购公司集中持股的机构投资者一旦感到他们被误导，他们就会投票反对并购提案。机构投资者能够在公司并购战略的决策过程中用手投票的前提是必须获取足够多的投票权，近来有研究表明，机构投资者会获取投票权试图影响并购提案的结果（Hu 和 Black，2007）。Bethel 等（2009）通过考察1999—2005年期间350起兼并收购事件中机构投资者的交易和投票结果发现，机构投资者在并购投票登记期间购买股票从而获取投票权。

正如本章第二节的理论分析所述，机构投资者的持股规模和持股期限决定了其影响管理层的能力和激励，最有可能成为监督者的机构投资者的特征是：持有大宗股票，投资期限长，或者两者兼而有之（Johnson 等，2010）。关系投资者具有专注型（dedicated）投资者的持股特征，而专注型机构投资者（Bushee，1998；

Hartzell 和 Starks，2003；Chen 等，2007；Ramalingegowda 和 Yu，2012）是最有可能监督高管的长期集中持股的机构投资者，他们享有介入与公司控制权相关事务（如接管、重组及兼并收购）所必需的权力、资源和激励（Kim 等，2009；Elyasiani 和 Jia，2010）。因而，长期、稳定、集中持股使得关系投资机构既具有监督公司战略过程的激励，也具有监督公司战略过程的能力。另外，关系投资机构因长期大量持股从而使其具有获取和处理公司内部信息的优势。一方面，信息优势减少了关系投资者搜寻信息的成本，因而增强了积极监督公司战略过程的激励；另一方面，信息优势能够使关系投资者比较充分地获取监督所需的信息资源，进一步提高了积极监督公司战略过程的能力。简而言之，关系投资是机构投资者的一种长期、稳定、集中投资行为，这种投资行为一方面提高了机构投资者监督公司战略过程的激励和能力，另一方面为机构投资者监督公司战略过程提供了信息获取和处理上的优势。关系投资机构既有激励也有能力监督公司的战略决策与执行过程，同时也具备监督公司战略决策与执行过程的信息优势，因而具有监督公司战略过程的必要条件。

因此，具体到并购战略情境，关系投资机构具有监督公司并购战略过程的激励、能力和信息优势，通过监督和约束公司并购战略制定和实施过程中高管自利或自负的代理行为，关系投资机构可以舒缓公司并购战略过程中的代理冲突、降低公司并购战略过程中的代理成本。基于以上分析，本书依据委托-代理理论的观点，提出并购战略过程中关系投资机构缓解并购代理冲突的监督效应假设：

H4.1：机构股东关系投资能够约束公司并购战略中的高管自利行为；

H4.2：机构股东关系投资能够约束公司并购战略中的高管自负行为。

二、实证研究设计

（一）数据来源

本书实证研究所需数据主要是从国泰安数据服务中心（CSMAR Solution）的数据中心收集获取。其中，并购事件样本来源于《CSMAR 中国上市公司并购重组研究数据库》，公司财务指标数据来源于《CSMAR 中国上市公司财务报表数据库》，公司治理结构数据来源于《CSMAR 中国上市公司治理结构数据库》以及《CSMAR 中国上市公司股东研究数据库》，股票交易和收益数据来源于《CSMAR 中国股票市场交易数据库》。无法从 CSMAR 数据库中获取的数据，再从上市公司并购公告或定期报告（季报、年报）、巨潮资讯网、新浪财经网、上市公司网站、沪深交易所网站等渠道获取。

（二）样本选取

本书从《CSMAR 中国上市公司并购重组研究数据库》下载获取到 2006 年 1 月 1 日—2015 年 12 月 31 日的并购事件原始样本之后，根据研究需要，按照以下标准筛选样本：

（1）剔除主并公司为非上市公司的样本；

（2）剔除主并公司被 ST 或 PT 的样本；

（3）剔除发生于上市当年的并购样本；

（4）剔除主并公司属于金融类（I）和综合类（M）行业的样本；

（5）剔除并购公告日期不明确、交易未成功或未完成的样本；

（6）剔除并购类型属于债务重组、资本分拆、资产置换、股份回购、资产剥离的样本；

（7）剔除股权交易标的物不及主并公司5%或资产交易标的物总价小于1000万元的样本；

（8）①公司在同一天公告两笔或两笔以上的并购交易，若目标公司相同，则合并为同一个样本；若目标公司不同，则选取交易金额最大者作为样本；②同一公司相邻两次的并购公告日期至少间隔 6 个月。

这里需要着重说明的是，本书所指并购是公司的一种重大战略行为，而不考虑仅作为普通财务投资类的并购样本。以多元化战略为目的的并购（简称多元化战略并购）是公司的跨行业战略扩张行为，多元化战略并购通常属于公司重大战略事项。同时，多元化战略并购往往昭示着更大的代理冲突和资源约束问题

（Jensen 和 Meckling，1976；Jensen，1986；Jensen 和 Murphy，1990），因而多元化战略并购事件为本书提供了绝佳的实证研究情境。因此，本书最终选取的样本均是多元化战略并购样本。

因 CSMAR 数据库没有对多元化并购和同业并购进行分类，本书需要进一步甄别出多元化战略并购样本。在依据以上标准筛选得到的样本基础上，本书按照下列方法进一步进行手工筛选。其一，收集并查阅公司并购公告信息，依据公告对并购目的的描述，若明确表明公司并购目的在于多元化经营，则直接认定该并购事件是多元化战略并购。其二，如果从公告中查询不到公司并购目的的确切信息，则从公告中查询目标公司的主营业务，根据《上市公司行业分类指引》（中国证监会，2001）对目标公司主营业务进行行业归类，并编写行业代码（字母加两位数字），比较主并公司和目标公司的行业代码，若字母和前两位数字都相同，则视为同业并购，否则视为多元化战略并购。其三，如果并购类型属于资产收购，则从并购公告中获取标的资产的具体用途等相关信息，若标的资产的实际用途与主并公司的主营业务相同，则视为同业并购，否则视为多元化战略并购。

经过以上筛选过程，本书得到跨时 10 年、涉及 19 个行业的共 1207 个多元化战略并购样本。样本公司的年度与行业分布统计如表 4.1 所示。

表 4.1　样本年度和行业分布统计表

Panel A：年度分布统计

年份	2006	2007	2008	2009	2010	2011	2012	2013	2014	2015	合计
样本数	90	112	106	125	121	124	144	130	126	129	1207
占比（%）	7.46	9.28	8.78	10.36	10.02	10.27	11.93	10.77	10.44	10.69	100.00

Panel B：行业分布统计

行业代码	行业名称	样本数	占比（%）
A	农、林、牧、渔	29	2.40
B	采掘	47	3.89
C0	食品、饮料	48	3.98
C1	纺织、服装、皮毛	45	3.73
C2	木材、家具	8	0.66

Panel A：年度分布统计

年份	2006	2007	2008	2009	2010	2011	2012	2013	2014	2015	合计
样本数	90	112	106	125	121	124	144	130	126	129	1207
占比（%）	7.46	9.28	8.78	10.36	10.02	10.27	11.93	10.77	10.44	10.69	100.00

Panel B：行业分布统计

行业代码	行业名称	样本数	占比（%）
C3	造纸、印刷	31	2.57
C4	石油、化学、塑胶、塑料	116	9.61
C5	电子	54	4.47
C6	金属、非金属	90	7.46
C7	机械、设备、仪表	186	15.41
C8	医药、生物制品	76	6.30
D	电力、煤气及水的生产和供应	53	4.39
E	建筑	40	3.31
F	交通运输、仓储	50	4.14
G	信息技术	66	5.47
H	批发和零售贸易	80	6.63
J	房地产	116	9.61
K	社会服务	45	3.73
L	传播与文化	27	2.24
合计		1207	100.00

资料来源：本研究整理

（三）变量设计

1. 机构股东关系投资（relational investment，RI）变量设计

在 20 世纪 60 年代，关系投资最初主要是指那些积极维护和行使股东权力的个人投资者的长期投资行为。在机构投资者股东积极主义盛行的 20 世纪 90 年代，美国法学和经济学界对关系投资的定性讨论掀起了一次小高潮，给出了异中有同的理解。比如，Gordon（1997）、Koppes 和 Reilly（1995）以及 Jeffrey 和 Gordon（1994）认为关系投资具有三个主要特征：投资者大量持有公司股票、投资者承诺长期持有公司股票以及投资者和管理者达成互惠合作关系。李有彬（2006）专门对关系投资进行过研究，认为关系投资融合了公司治理理论和投资策略理论，是

投资者参与公司治理和长期投资相互融合的产物，既是一种公司治理模式，又是一种投资策略，其本质主要和三个概念密切相关：公司治理（监督与合作，Chidambaran 和 Kose，1998）、长期投资和机构投资者（持有大量股票）。综合国内外学者关于关系投资内涵的讨论，从投资策略层面看，关系投资是机构大股东进行长期稳定的价值投资行为，因而可以从机构投资者持股比例、持股时间和持股稳定性等方面对关系投资进行操作性的界定和度量。

（1）机构股东持股集中性（concentration）（*RIc*）

Bhagat 等（2004）将美国市场中的关系投资者量化为拥有至少 10%股权、持股时间至少在 4 年以上的外部股东，这也是唯一对关系投资进行过明确的操作性界定的实证研究。我国 2004 年修订的《公司法》规定，单独或者合计持有公司10%以上股份的股东有权向董事会请求召开临时股东大会。另外，在持有公司股份超过 10%的情况下，基本上可以向上市公司派出至少一名董事，或者要求向上市公司派出高管，参与公司决策和经营管理。因而，多数研究都将大股东定义为持有公司股份超过 10%的股东（Maury 和 Pajuste，2005；Laeven 和 Levine，2008；Attig 等，2008，2009；姜付秀等，2015）。在参考 Bhagat 等（2004）研究的基础上，结合我国股票市场换手率较高的实际情况①，本书将关系投资机构的标准初步认定为，样本期间内公司前十大流通股东中单独或合计持股比例不少于 10%、持股时间不少于 2 年的机构投资者。于是，本书得到机构股东关系投资特征的第一个代理变量（*RIc*），即公司并购当年前十大流通股东中单独或合计持股比例不少于 10%、持股时间不少于 2 年的所有机构投资者持股比例均值。

（2）机构股东持股持久性（persistence）（*RIp*）

借鉴 Elyasiani 和 Jia（2008，2010）、Attig 等（2012）、唐松莲和袁春生（2012）等关于机构持股期限的计算方法，对于前十大流通股东中每一个单独或合计持股比例不少于 10%、持股时间不少于 2 年的机构投资者，本书计算从并购公告的当

---

① 2008 年金融危机之后，我国股票市场换手率总体持续走低，上交所更是在 2012 年达到了历史最低点（101.6%），但在本书样本区间内我国机构投资者的总体换手率依然较高，持股时间平均未超过 1 年。

季度算起，一直不间断地持续回溯到该机构投资者初次持股公司时的季度数，然后取所有这些机构投资者连续持股的季度数的均值，从而得到机构股东关系投资特征的第二个代理变量（*RIp*）。

（3）机构股东持股稳定性（stablity）（*RIs*）

Elyasiani 和 Jia（2008，2010）开发了机构持股稳定性指标，即公司过去 5 年（20 个季度）内机构平均持股比例与持股比例标准差的比值，该指标从时间维度度量了机构投资者的持股稳定性。机构投资者持股稳定性越强，表明持股比例变动越小，机构投资者越有可能对公司进行长期价值投资；反之，则表明持股比例波动越大，持股稳定性越差，机构投资者越有可能根据公司股价波动情况进行投机性交易。国内有学者（牛建波等，2013；李争光等，2015）将其作为区分稳定型和交易型机构投资者的依据，即如果公司的机构投资者持股稳定性数值大于同年度、同行业的中位数，则认定该公司的机构投资者为稳定型机构投资者；反之，则认定该公司的机构投资者为交易型机构投资者。本书借鉴国内学者的相关做法，如式（4.1）所示，将机构投资者持股稳定性指标的计算方法调整为：公司并购当年前十大流通股东中单独或合计持股比例不少于 10%、持股时间不少于 2 年的所有机构投资者的平均持股比例（*r*）与前 3 年持股比例标准差（*Std(r)*）的比值，进而得到机构股东关系投资特征的第三个代理变量（*RIs*）。

$$RIs = \frac{r_t}{Std(r_{t-3}, r_{t-2}, r_{t-1})} \quad\quad (4.1)$$

2. 公司并购战略代理冲突（agency conflict，*AC*）变量设计

（1）高管并购自利（selfishness）（*ACs*）

管理者自利行为是一个涵盖广泛的概念，包括管理者增加报酬、构建帝国和壕沟防御等多种机会主义行为（Jensen，1986；Shleifer 和 Vishny，1988；Morck 等，1990；李善民等，2009；陈仕华等，2015）。管理者自利行为具有很强的隐蔽性，现有研究基于代理理论结合不同的研究目的和需要开发了管理者自利行为的多种测度方法，如表 4.2 所示。高管自利行为的直接后果就是导致代理成本的增

加以及代理效率的损失，因而已有研究主要从代理成本和代理效率的角度来设计高管自利行为的替代变量，并直接用管理费用率和资产周转率分别衡量代理成本和代理效率。

表 4.2　现有文献关于自利行为的测度方法

代理指标	代表性文献
代理成本：管理费用率	James 等（2000）；Ang 等（2000）；Singh 和 Davidson（2003）；李寿喜（2007）；罗炜和朱春艳（2010）；修宗峰和杜兴强（2011）；周建和袁德利（2013）；王明琳等（2014）；古志辉（2015）
代理效率：资产周转率	
在职消费	陈冬华等（2005）
股利支付率	Belden 等（2005）
自由现金流	廖理和方芳（2004）
管理层持股比例	罗炜和朱春艳（2010）
由管理费用、投资支出比率和管理层替换频率综合而成的代理成本指数	田利辉（2005）

资料来源：本研究整理

虽然代理效率（通常用资产周转率衡量）常被研究者用来作为代理成本的反向指标，但是较低的资产周转率反映的是因管理层偷懒或错误决策而造成的企业资产的低效率使用，所以通常利用资产周转率作为度量指标的代理效率并不能正确反映管理层具有机会主义性质的自利性代理行为，因而代理效率不适合用来作为管理者自利行为的代理变量。高管并购自利主要表现为高管从过度并购投资中获取管理自由裁量权带来的私有收益。较多的并购等投资行为为高管攫取更多的在职消费提供了便利，高管借助在职消费来弥补正式薪酬的不足（李云鹤，2014），而在职消费往往隐藏于管理费用项目中。管理费用是管理层为组织和管理公司生产经营活动而发生的办公费、差旅费和招待费等各种费用，是全部经营性收支项目中定义最模糊、外延最广泛的项目。管理费用率是管理费用占主营业务收入的比例，利用公司并购期间的管理费用率能够在一定程度上度量由管理层在职消费、不当开支等自利行为所导致的并购代理成本。

本书借鉴 Ang 等（2000）、James 等（2000）、Singh 和 Davidson（2003）以及国内学者的主流做法，利用公司并购期间相对于同期行业平均水平的管理费用率来衡量高管在公司并购战略过程中的自利程度（ACs）。这里的并购期间是指从董事会提出并购预案到公司完成并购的这段时间，为凸显并购期间这一短期时段特征，管理费用率数据主要来自并购当季度的公司季报。

（2）高管并购自负（hubris）（ACh）

自 Roll（1986）正式提出企业非效率投资决策的管理者过度自信（或自负、狂妄自大）假说以来，在随后的一段很长时间内一直没有得到实证研究的直接验证，主要原因就在于对管理者过度自信不能有效度量（姜付秀等，2009）。如表 4.3 所示，从 20 世纪末开始，部分研究者陆续创新性地探索出了一些替代测量指标。

表 4.3　现有文献关于过度自信的测度方法

管理者	替代指标	代表性文献
CEO	CEO 持有本公司股票或期权情况	Malmendier 和 Tate（2005a）
	主流媒体对 CEO 的评价	Malmendier 和 Tate（2005b）
	CEO 对公司盈利预测的偏差	Lin 等（2005）
	CEO 发动并购的频率	Doukas 和 Petmezas（2007）
	CEO 的人口统计学背景特征	江伟（2010）
高管人员	高管人员增持公司股票的情况	郝颖等（2005）
	上市公司业绩预告偏差	姜付秀等（2009）
	高管人员相对薪酬	姜付秀等（2009）
	CFO 对预期收益预测是否产生偏差	Ben-David 等（2007）
	企业景气指数	余明桂等（2006）
董事会	在上市公司被ST处理情况下董事会是否变更 CEO	沈艺峰和陈舒予（2009）
	董事长增持公司股票情况	王霞等（2008）

资料来源：本研究整理

综观已有研究对管理者过度自信的各种探索性度量方法，三种替代指标被多数研究者所接受，被采用的频率也最高，即公司盈余预测偏差情况（Lin 等，2005；姜付秀等，2009；余明桂等，2006；王霞等，2008；孙光国和赵健宇，2014；李云鹤，2014；陈夙和吴俊杰，2013）、高管持股变化情况（Malmendier 和 Tate，2005a；饶育蕾和王建新，2010；郝颖等，2005；梁上坤，2015；王山慧等，2015；肖峰雷等，2011；陈其安和方彩霞，2013）以及公司并购的频繁性（Doukas 和 Petmezas，2007；谢玲红等，2012）。但是这三种度量方法各有优劣，多数研究采用单一替代指标，缺乏测度的全面性和有效性，因而本书为提高测量的可靠性，在综合参考现有关于过度自信测量方法的基础上，设计高管并购自负行为的复合测量指标。

①并购当年公司高管是否高估年度业绩预告（ACh_1）

2002 年，沪深交易所开始要求上市公司将年度业绩预告提前到 3 季报中进行预告。业绩预告的类型包括 4 种乐观预期（略增、扭亏、续盈、预增）和 4 种悲观预期（略减、首亏、续亏、预减）。如果并购当年公司披露了业绩预告且为乐观预期，但在事后年度业绩发生变脸（即实际业绩与预告业绩不一致），那么该公司高管就可能在当年的并购战略过程中出现自负行为，则 ACh_1 取值为 1；否则，取值为 0。

②并购前公司 CEO 是否增持公司股票（ACh_2）

2006 年之后，我国《公司法》对公司高管持股转让的限制性条款有所放松，由"任职期间内不得转让"变更为"任职期间内每年转让的股份不得超过所持股份总数的 25%"，政策变化为公司高管自愿交易股票扫除了部分障碍。这样，公司 CEO 可以通过出售所持有的本公司股票进行变现，从而投资于比本公司更有潜力的股票，而如果 CEO 没有减持本公司股票，则表明其对公司未来业绩持乐观态度。如果 CEO 不是因为发放红股或业绩股的原因而增持本公司股票，则表明其对公司未来业绩持更加乐观的态度，对公司股价上涨预期更加自信。如果并购交易完成后公司每股收益比并购前有所下降（CEO 增持股票失去业绩支撑，从而排除业绩股），而公司 CEO 在并购前却增持股票，那么表明 CEO 可能对该次并购的认知存在过度自信，就有可能在当次的并购战略过程中出现自负行为，则 ACh_2 取值为 1；否则，取值为 0。

③并购当年公司是否出现连续并购行为（ACh_3）

连续并购行为是指同一公司在一定时期内完成多起并购行为。过度自信假说认为首次并购的成功使管理者产生过度自信，从而在以后发动更多的并购活动（Billett 和 Qian，2005；Doukas 和 Petmezas，2006）。如果在当次并购之前公司在当年至少进行过一次并购活动，那么就表明公司高管在当次的并购战略过程中可能会出现自负行为，则 ACh_3 取值为 1；否则，取值为 0。

④并购溢价支付是否超出当年平均溢价水平（ACh_4）

高管自负的显著特征是高管高估收益而低估风险，在并购活动中表现为高管高估并购协同收益而过高地支付并购溢价（Malmendier 和 Tate，2005a，2005b，2008；Doukas 和 Petmezas，2007；Ferris 等，2013）。并购溢价是并购交易金额与交易标的净资产的差额与交易标的净资产的比值，即并购溢价=（并购交易金额–交易标的净资产）/交易标的净资产（陈仕华等，2015）。如果公司向目标公司支付的溢价超过了同年度样本公司的平均溢价支付水平，那么就表明公司高管在并购战略过程中可能出现了自负行为，则 ACh_4 取值为 1；否则，取值为 0。

本书将高管并购自负（ACh）界定为以上 4 个代理指标的赋值之和，即：

$$ACh = \sum_{i=1}^{4} ACh_i \qquad (4.2)$$

3. 变量定义表

包括解释变量和因变量（两类主要变量）以及控制变量在内的变量定义与说明见表 4.4。

表 4.4 变量定义表

变量名称	变量代码	变量说明	文献依据	数据来源
Panel A：机构股东关系投资相关变量				
关系投资机构持股集中性	RIc	并购当年公司前十大流通股东中单独或合计持股比例不少于10%、持股时间不少于2年的机构投资者持股比例的均值	Bhagat 等（2004）	③④
关系投资机构持股持久性	RIp	并购当年公司前十大流通股东中单独或合计持股比例不少于10%、持股时间不少于2年的机构投资者连续持股季度数的均值	Elyasiani 和 Jia（2008，2010）	
关系投资机构持股稳定性	RIs	并购当年公司前十大流通股东中单独或合计持股比例不少于10%、持股时间不少于2年的机构投资者平均持股比例与前3年持股比例标准差的比值	Elyasiani 和 Jia（2008，2010）	
Panel B：并购战略代理冲突相关变量				
高管并购自利	ACs	并购期间公司相对于同期行业平均水平的管理费用率：管理费用占主营业务收入的比例	Ang 等（2000）；Singh 和 Davidson（2003）	②⑥
高管并购自负	ACh	并购期间反映管理者过度自信的4个测量指标取值之和：式（4.2）	Lin 等（2005）；Doukas 和 Petmezas（2007）	①②③
Panel C：公司特征层面控制变量				
产权性质	$State$	主并公司若为国有上市公司，则取值1；否则，取值0	姜付秀等（2009）	②
公司规模	$Fsize$	并购当年公司总资产的自然对数	田高良等（2013）	
公司绩效	ROA	并购当年公司总资产收益率=息税前利润/总资产	陈仕华等（2015）	
财务杠杆	Lev	并购当年公司总资产负债率=总负债/总资产	Ferreira 等（2010）	
自由现金流	$Cash$	并购当年公司经营性现金流量与总资产的比值	吴超鹏等（2008）	
股权集中度	$Top1$	并购当年公司第一大股东持股比例	Malmendier 和 Tate（2008）	③
外部董事比例	$Outd$	并购当年公司外部董事人数占董事会总人数的比例	Capron 和 Shen（2007）	

变量名称	变量代码	变量说明	文献依据	数据来源
高管持股比例	*Mshare*	并购当年公司高管层持股数量占总股本的比例	姜付秀等（2009）	
二职合一情况	*Dual*	并购当年公司 CEO 是否兼任董事长：是，取值 1；否，取值 0	潘红波和余明桂（2011）	
CEO任职年限	*Tenure*	截至并购当年公司 CEO 在该职位的任职年数	李培功和肖珉（2012）	
Panel D：年份和行业虚拟变量				
年份虚拟变量	*Year*	样本区间窗口共 10 年，设置 9 个年份哑变量	/	①
行业虚拟变量	*Indu*	样本共涉及 19 个行业，设置 18 个行业哑变量	/	⑤

数据来源：①CSMAR 中国上市公司并购重组研究数据库；② CSMAR 中国上市公司财务报表数据库；③ CSMAR 中国上市公司治理结构数据库；④CSMAR 中国上市公司股东研究数据库；⑤上市公司并购公告；⑥上市公司季报、半年报和年报。

资料来源：本研究整理

（四）计量模型

为检验假设，构建如下多元回归模型：

$$\text{H4.1} \quad ACs = \beta_0 + \sum \beta_i RI + \sum \beta_j Controls + \varepsilon \tag{4.3}$$

$$\text{H4.2} \quad ACh = \beta_0 + \sum \beta_i RI + \sum \beta_j Controls + \varepsilon \tag{4.4}$$

其中：*RI* 包括 *RIc*、*RIp*、*RIs*；*Controls* 为变量定义表中公司特征层面的控制变量，以及年份和行业虚拟变量。

三、实证分析结果

（一）描述性统计

所有变量的描述性统计结果如表 4.5 所示。

表 4.5　描述性统计结果

	样本量	最小值	平均值	最大值	标准差
RIc	659	0.100	0.146	0.875	0.069
RIp	659	8.000	11.685	37.000	2.455
RIs	659	0.000	5.024	70.631	4.726
ACs	1207	0.001	0.084	0.542	0.097
ACh	1207	0.000	1.856	4.000	0.575
State	1207	0.000	0.617	1.000	0.353
Fsize	1207	14.513	19.085	24.969	1.327
ROA	1207	−0.380	0.071	1.554	1.086
Lev	1207	0.028	0.465	0.827	0.183
Cash	1207	−0.309	0.053	0.324	1.117
Top1	1207	0.032	0.391	0.887	0.661
Outd	1207	0.000	0.442	0.800	0.369
Mshare	1207	0.000	0.006	0.434	0.033
Dual	1207	0.000	0.124	1.000	0.856
Tenure	1207	0.011	3.124	9.000	5.770

对焦点变量（即主要变量：解释变量和被解释变量）的统计分析结果显示，超过一半的样本（占比 659/1207=54.598%）至少存在一家关系投资机构，即单独或合并持股比例不少于 10%、持股时间不少于 2 年的机构投资者。其中，近 47%（占比 46.945%）的公司存在至少一家独立的关系投资机构（包括证券投资基金、社保基金和 QFII），占比 27.453% 的公司存在至少一家非独立的关系投资机构（包括保险公司、证券公司和银行）。在关系投资机构持股特征方面，关系投资机构总体的平均持股比例为 14.6%，平均持股期限超过 11 个季度，持股稳定性的均值为 5.024。对高管并购代理行为变量的初步统计结果显示，样本公司并购期间的管理费用率的均值为 0.084，而样本公司 CEO 在并购期间也表现出了接近中等水平的自负或过度自信（均值为 1.856，最大值和最小值分别为 4 和 0）。

（二）相关性分析

在进行变量间的相关性分析时，为节省篇幅，本书仅列出作为研究焦点的解释变量和被解释变量的相关系数，见表 4.6，而略去了控制变量。以 10% 作为最低的显著性水平，相关性分析结果可以初步验证前文所提出的研究假设。

关系投资机构持股集中性与高管自利显著负相关（$p<5\%$），与高管自负相关性不显著；关系投资机构持股持久性与高管自利和高管自负均显著负相关（$p<10\%$）；关系投资机构持股稳定性与高管自利和高管自负的相关性都不显著。

表 4.6　自变量与因变量之间的相关系数

	ACs	ACh	N
RIc	−0.263**	−0.105	659
RIp	−0.184*	−0.235*	659
RIs	−0.086	−0.075	659

注：*、**、***分别代表 10%、5%、1%显著性水平。

（三）均值比较分析

如表 4.7 所示，对因变量进行均值比较的结果表明，相比关系投资机构持股集中性较低或持股稳定性较低，在关系投资机构持股集中性或稳定性较高的样本中，公司并购战略过程中的高管自利水平都显著更低；在关系投资机构持股持久性较高即持股时间较长的样本中，公司并购战略过程中的高管自负水平更低。单变量分析结果初步表明，关系投资机构大股东的稳定持股有利于约束公司并购战略过程中管理层的利己主义行为，而关系投资机构的长期持股同时有利于约束公司并购战略过程中管理层的过度自信行为。

表 4.7　因变量均值比较分析结果

		ACs		ACh	
RIc	high	0.077	（−2.066）**	1.755	（−0.993）
	low	0.095		1.871	
RIp	high	0.058	（−1.340）	1.691	（−1.655）*
	low	0.104		1.874	
RIs	high	0.064	（−1.957）*	1.840	（−1.019）
	low	0.089		1.866	

注：将样本依据自变量均值分成取值较高组（high）和取值较低组（low），然后对因变量进行均值 T 检验，括号内数字为 t 值。

（四）多元回归分析

关系投资机构缓解并购代理冲突的监督效应假设提出，关系投资机构能够约束公司并购战略过程中的高管并购自利行为（H4.1）或高管并购自负行为（H4.2）。利用多元回归模型（4.3）和（4.4），本书对以上假设进行了实证检验，多变量OLS回归结果如表4.8所示。

表4.8   机构股东关系投资的监督效应检验结果

	ACs	ACh
RIc	−0.214***	−0.057
	（−2.601）	（−0.554）
RIp	−0.053*	−0.072*
	（−1.676）	（−1.740）
RIs	−0.107**	−0.096
	（−1.998）	（−1.000）
State	0.071***	0.234**
	（6.335）	（2.372）
Fsize	−0.274***	−0.015*
	（−12.703）	（−1.822）
ROA	−0.317***	0.105*
	（−3.056）	（1.725）
Lev	0.007	−0.078
	（0.157）	（−0.875）
Cash	−0.051***	−0.083*
	（−2.187）	（−1.909）
Top1	−0.065*	−0.102
	（−1.885）	（−1.219）
Outd	−0.008	−0.029
	（−0.297）	（−1.054）
Mshare	−0.125	0.082*
	（−1.406）	（1.954）
Dual	0.065**	0.034*
	（2.216）	（1.740）
Tenure	−0.027	0.021**
	（−0.118）	（2.068）
Year	√	√
Indu	√	√

续表

	ACs	*ACh*
R²	0.348	0.115
F	38.246***	21.644**
N	659	659

注：括号内数字为标准化回归系数的 t 值，√表示年度和行业虚拟变量已控制，＊、＊＊、＊＊＊
分别代表 10%、5%、1% 显著性水平。

　　多元回归分析结果显示，关系投资机构持股集中性（β=-0.214，$p<1\%$）、持
股持久性（β=-0.053，$p<10\%$）、持股稳定性（β=-0.107，$p<5\%$）及其存在（β=-0.222，
$p<1\%$）均对并购期间管理层自利行为具有显著的负向影响；而关系投资机构持股
持久性（β=-0.072，$p<10\%$）对并购期间管理层自负行为具有显著的负向影响。
研究发现，持股时间长、规模大、稳定性高的关系投资机构能够监督和约束公司
并购战略过程中理性和非理性的高管代理行为，进而缓解公司并购战略过程中的
代理冲突。由于这类机构投资者握有大量的投票权从而具有监督高管代理行为的
能力（Johnson 等，2010），因而在公司并购期间表现出积极的战略监督角色。尤
其是，长期持股的机构投资者既能约束高管并购自利行为，也能约束高管并购自
负行为，因此，持股期限对于机构股东能否显著发挥其战略治理效应（即战略监
督效应）具有重要意义。

第五章 互惠视角下机构股东关系投资的战略治理效应

第一节 理论基础：社会交换理论

社会交换理论（Social Exchange Theory）是理解工作场所行为的最有影响力的理论范式之一。经过人类学家（Mauss，1954；Otterbein 和 Otterbein，1965；Lee，1979；Boehm，1984；Kent，1993）、社会学家（Blau，1955；Homans，1958；Gouldner，1960；Emerson，1976）和社会心理学家（Thibaut 和 Kelley，1959；Jones，1964；Adams，1965；Kelley 等，2003）的累积贡献，该理论得到了快速发展。其中，哥伦比亚大学的 Blau（1955）和哈佛大学的 Homans（1958）两位社会学家对社会交换理论的创建做出的贡献最为卓著。社会交换理论综合人类学、经济学、社会学以及社会心理学等学科的相关理论，诠释人际之间的社会互动，认为在人际互动中个人会衡量互动所需成本以及可能产生的后果，从中理性选择对自己最有利的社会互动方式。该理论的中心议题是人，研究人与人之间的社会交换关系，互惠（reciprocity）规范是其理论基石和基本规则。

社会交换理论将社会互动看成是商品交换，商品包括物质商品，也包括非物质商品，如认可或声誉。因此，从广义角度讲，组织中的任何交换关系可以区分为两种交易形态，即经济交换关系和社会交换关系。Blau 对社会交换理论的贡献在于他比较了经济交换和社会交换，指出"（经济交换和社会交换）最根本和最重要的区别是社会交换需要承担没有被指明的义务"（Blau，1964），认为只有社会交换才能产生个人义务、感激和信任等情感，而纯粹的经济交换却不能。在经济交换关系中，人们的交易形态集中于当前利益的衡量，要求在特定的时间内给予经济的或准经济的回报，受到个人私利的激励，交易双方对于对方所付出的交易标的物的价值判断决定了交易关系的建立。而在社会交换关系中，交易是开放的，较少具有时间特征，利益没有确切的定量的价格，交易关系的建立已经跳脱出经济评量准则，交易双方更加强调对方的需求，并不看重眼前利益，取而代之的是对交易利益所得的预期，交易关系质量取决于双方互动关系的品质。Cropanzano 和 Mitchell（2005）认为社会交换和经济交换既是一种交易形态也是一种关系形态，经济交换和社会交换中存在四种不同的交易和关系组合（如表 5.1 所示）。

表 5.1　经济和社会交换中的交易与关系

关系类型	交易类型	
	社会交换	经济交换
社会交换	单元 1：匹配 社会关系中的社会交易	单元 2：不匹配 社会关系中的经济交易
经济交换	单元 3：不匹配 经济关系中的社会交易	单元 4：匹配 经济关系中的经济交易

资料来源：Cropanzano 和 Mitchell（2005）

　　一般来说，一个人至少对其他人有三种态度（Blau，1964；Homans，1961）：独立（结果完全基于个人的单独努力）、依赖（结果完全基于他人的努力）、相互依赖（结果基于参与者努力的组合）。而社会交换通常被认为是相互依赖的，取决于其他人的行动（Blau，1964）。社会互动是一种过程，在这个过程中互动双方共同参与并交换有价值的资源，一个人只有在觉得交换关系具有吸引力时，才会继续保持与对方的互动（Homans，1961）。对于社会交换成因的解释，学者提出互惠规范的概念，即人们彼此相互帮助时，会期待对方在未来有所回报。一个人为别人付出时，他（她）也希望从别人那里获得回报，而从别人那里得到好处的人也承受着为别人付出的压力（Homans，1958）。因此，互惠在本质上是一种相互依赖的社会交换关系，互惠准则主导着社会交换关系的逻辑。

互惠规范是社会交换持续产生的重要前提（Gouldner，1960；Blau，1964），是解释社会交换的产生以及使交换各方的态度和行为发生改变的根本机制（邹文篪等，2012）。因而，长期以来互惠被组织行为学研究视为社会交换理论的核心特征，被用来解释发生在组织情境中的各种关系（Coyle-Shapiro 和 Conway，2005），如组织支持（Chen 等，2005）、领导－部属交换（Li 等，2010）、团队－成员交换（Kamdar 等，2007），等等。此外，互惠在行为经济学和实验经济学中也得到了大量研究。互惠不是纯粹的单方奉献，而是一种基于回报的利他行为，要求理性的个体在追求自身利益的同时必须受到他人利益的制约。行为经济学的观点认为，互惠偏好是一种条件合作行为倾向，关键在于博弈双方对对方意图的信念或判断，回报善意的行为，惩罚恶意的行为。Rabin（1993）通过构造引入公平互惠偏好的博弈论体系得到了除传统博弈论中纳什均衡之外的新的均衡即公平均衡，对社会交换中的利他和合作行为给出了强有力的解释。Falk 和 Fischbacher（2006）提出了一个既考虑结果公平也考虑意图公平的博弈模型，借此建立了规范的互惠理论。随着可控试验博弈的发展，实验经济学发现绝大多数被试者都具有互惠性社会偏好，人的行为不仅仅受到追逐个人利益的动机引导，而且还受到追求公平和互惠等社会偏好的影响（Fischbacher 等，1997；Fehr 和 Gachter，1999；Camerer 和 Thaler，1997；Camerer，2003）。

信任和公平也是社会交换理论的重要概念，这对于交换双方互惠关系和合作行为的产生具有重要作用。在交换过程中，由于对某种恩惠的适当回报有时无法得到确切承诺，所以一方通常会与对方培养友好关系，使对方相信其不会逃避在交换关系中的义务，关系形态便成为信任的一个重要表征。信任在交换关系中可以承担三种功能（Aulakh 等，1996）：避免投机行为、取代科层式治理、产生竞争优势。信任具有重要作用，包括使合作行为成为可能、促进网络关系发展、减少组织冲突、降低交易成本等（Rousseau 等，1998）。信任是社会公平理论（Sapienza 和 Korsgaard，1996）中的一个重要概念（但受到委托－代理理论的严重忽视）。

社会公平理论认为，无论决策导致何种结果，只要个体认为决策过程是公平与公正的，那么交易双方就会产生信任并倾向采取合作行动。在关系投资领域，风险投资对创业企业的投资向来被认为是关系投资的一个范例（Ayres 和 Cramton，1994；Carrasco 和 Thomas，1996；Fried 等，1998；Dorothea 和 Dirk，2006），运用社会交换理论研究风险资本家–创业企业家合作关系的文献（Bottazzi 等，2006；Berggren 和 Jordahl，2006；Guiso 等，2008），大多将信任与互惠作为二者关系的核心构面。

　　虽然社会交换理论最早由西方学者提出，但是相较西方社会，互惠观念在人情关系占主导地位的华人社会里更加根深蒂固。例如中国成语中的投桃报李（正面互惠）、礼尚往来（平衡互惠）、以牙还牙（负面互惠）等都说明自古以来中国人就非常注重社会交往中的互惠规范。很多华人学者依据互惠规范来解释华人社会中人与人之间的关系（guanxi）、人情（renqing）和面子（mianzi）（Chen 等，2009；Hwang 等，2009；Park 和 Luo，2001；Xin 和 Pearce，1996）。基于中西方不同的文化背景，尽管人们对社会交换关系的理解和感悟存在细微差异，但是社会交换理论的核心思想不会因此而改变。总之，社会交换理论将人与人之间的社会互动视为一种理性的、会计算得失的资源交换行为，互惠是其核心规范和准则，而公平、信任、承诺、相互依赖、共同价值等是社会交换理论内涵的主要构面（Homans，1961；Blau，1964；Bock 和 Kim，2002；Griffith 等，2006）。

第二节　公司战略治理中机构股东关系投资的互惠合作机制

一、互惠规范与关系投资中投资者–管理者互惠合作

　　如前所述，委托–代理理论将关系投资视为单纯的经济交换行为，聚焦于解释源自经济交换行为引发的代理问题（逆向选择和道德风险），着重强调以监督和控制为核心的正式治理机制来管理关系投资者与公司管理者之间的利益冲突。关

系投资是介于市场和科层之间的混合模式（Neuberger，2005），委托-代理理论没能很好地解释关系投资中委托人与代理人之间的合作关系以及非科层控制性。

王颖和饶育蕾（2009）利用传统委托-代理模型进行理论推导，发现在非对称信息条件下的均衡解中代理人努力水平为零，固定工资也应为零，然而这与委托人通常会提供一定数量的固定工资这一现实情况根本不符。委托人支付固定工资是对代理人信任的表现，代理人是利用这份信任不去积极工作而搭便车，还是不辜负委托人的信任而努力工作呢？Bottom 等（2006）的研究为这一有趣问题提供了合理的答案。Bottom 等（2006）利用两项实验从社会交换理论和委托-代理理论视角研究了委托人和代理人之间的合约签订。第一项实验检验代理人在不同社会背景和薪酬结构下的努力决策，第二项实验检验委托人和代理人之间的薪酬方案谈判以及代理人随后的合同完成情况。相比委托-代理理论，两项实验研究结果与社会交换理论更加一致：委托-代理理论认为固定薪酬与代理人的努力程度和产出结果无关，因而不能影响代理人的努力水平，但是实验却发现固定薪酬使代理人产生需要付出高水平努力的义务感，代理人将固定薪酬看成是委托人提供的福利保障，认为自己需要对委托人提供的固定薪酬做出回报，义务产生和义务偿还之间的循环越来越加深委托人和代理人之间的信任和互惠，促进了未来对双方均有利的交换。因此，Bottom 等（2006）得出结论认为社会交换理论为组织设计原则提供了更好的理论基础。显然，针对固定工资是造成代理人偷懒行为还是激励代理人付出行为的问题，相比委托-代理理论的理性选择视角，社会交换理论的互惠规范视角对该问题能够给出与管理实践更加吻合的解释。

互惠规范不仅能解释固定薪酬的激励效应问题，而且互惠规范的存在和应用如此广泛，以至于来自不同学科的学者均指出了互惠的重要性。Rabin（1993）认为互惠具有普遍的经济和福利意义；Brown 等（2004）甚至提出市场主要由长期的互惠双边关系而不是短暂的竞争关系构成。大量研究表明互惠具有激励代理人、增强代理人合作意愿、促进代理人合作行为，进而减少代理人机会主义行为、缓和委托-代理冲突的作用。互惠作为非正式的契约工具可以显著促进人们之间的合作效率（Fehr 等，1997），显著影响雇员和组织的关系进而影响工作效率（Cropanzano 和 Mitchell，2005）。Fehr 等（1997）研究表明互惠不仅能够提高集体行动一致性、加强社会行为准则，而且互惠本身就构成了一种强有力的激励源。Rigdon（2009）认为互惠是一种有效的激励机制，因此委托人制定激励契约时，不能单纯通过提高利润分享来调动代理人的工作积极性，需要充分考虑代理人的互惠偏好。部分国内学者基于代理人互惠偏好假设通过扩展完全理性假设下的传统委托-代理模型，理论分析了考虑代理人互惠偏好之后的组织激励机制设计和团队合作激励问题。袁茂等（2011）对传统经济学纯粹自利性假设下的 Holmstrom-Milgrom（1987）委托-代理模型加以改进，设计包括横向公平互惠偏好因素在内的新委托-代理激励机制，分析非对称信息下的代理成本，理论分析结论显示组织雇佣横向公平互惠偏好程度较高的代理人，能够降低道德风险和代理成本，增加委托人的期望收益。与此类似，傅强和朱浩（2014）通过扩展传统 HM 委托-代理模型，在同时考虑了代理人横向和纵向的互惠偏好后，理论分析表明伴随着代理人的互惠偏好程度增大，代理人的努力水平提升，代理成本降低，从而揭示了互惠偏好理论对于优化委托-代理合作的重要作用。韩姣杰等（2012，2014）在考虑代理人互惠偏好的前提下通过构建来自不同主体的多个代理人的项目团队委托-代理模型，比较分析代理人在完全理性条件下和互惠条件下的行为选择，理论分析表明互惠偏好能够提高利润分享的激励效果，对项目团队合作和团队绩效具有促进作用。

　　尽管有关互惠行为的研究主要集中于组织行为学以及行为和实验经济学领域，但是在关系投资领域，信任和互惠也是关系投资者与管理者达成合作关系的重要途径（Sahlman，1990）。然而遗憾的是，长期以来传统委托-代理理论在关系投资研究中占据主导地位，将正式控制机制和股权激励机制作为管理委托-代理双方合作关系的主要手段。

　　相比短期机构投资者，关系投资者因其对大量购买并长期持有股票的隐性承诺，从而与公司管理者之间除了存在经济交换关系之外，还具有在相互信任基础上结成社会交换关系的可能。信任是经济或社会交换关系中的一方相信另一方会采取对本方有正向结果的行为,而不会做出导致负面结果的非期望行为(Anderson和Narus,1990)。稳定的长期投资行为增进了关系投资者与管理者之间的相互信任,这种互信是二者关系中除了正式契约规定的内容之外,另外存在的一种心理契约,即隐含的、非正式的、未公开说明的相互期望和理解(Morrison和Robinson,1997)。管理者互惠偏好能够显著促进心理契约的形成与稳定,而形成心理契约的稳定性能够有效降低管理者的管理防御程度,管理者互惠偏好有效抑制了管理防御水平(李秉祥等,2014)。在关系投资领域,关系投资者与公司管理者在价值创造方面具有利益共享和相互依赖的关系(叶瑛和姜彦福,2006),信任普遍存在于关系投资者与公司管理者之间的合作关系中(Cable 和 Shane,1997)。Greve 和Salaff(2003)研究发现,关系投资者与公司管理者之间的信任能够促使关系投资者尽可能通过人际关系联络未来可能对公司发展有帮助的联系人,进而帮助公司与那些能提供关键资源和客户的重要合作者建立网络关系。Clercq 和 Sapienza(2005)研究发现,信任能有效帮助关系投资者正确感知公司的经营业绩,在关系投资者与管理者合作过程中非常注重彼此之间信任的建立。在关系投资者与管理者长期频繁的互动交往中,双方容易达成基于互信心理契约的互惠关系,而互惠关系正是关系投资者-管理者双方得以合作的重要基石。

二、机构股东关系投资缓解公司战略过程中代理冲突的互惠合作机制

关系投资者长期和稳定的持股承诺不仅是投资者与管理者之间的经济交换关系基础,同时也是双方形成互信和互惠的心理契约的社会交换关系基础。因此,长期进行大规模持股为关系投资者-管理者社会交换关系中的互惠规范得到长期执行提供了基础保证,管理者的互惠性社会偏好得到长期正强化,管理者的合作动机和合作努力得到激励,关系投资者-管理者之间得以达成长期的互惠合作关系,并对公司治理和战略决策等一系列经济后果产生影响。具体到公司战略的决策和执行过程,根据以互惠为核心规范的社会交换理论,建立于长期持股承诺基础上的关系投资者–管理者互惠性社会交换关系,能够激发和维持管理者的合作努力,管理者合作不仅能够减少关系投资者介入公司战略过程的障碍和成本,而且能够减少管理者在战略过程中的机会主义行为,并为公司战略的制定和实施而恪尽职守,从而缓和公司战略过程中的代理冲突,降低公司战略过程中的代理成本。因此,依据社会交换理论的互惠原则,关系投资促进投资者与管理者建立长期稳定的互惠性社会交换关系,而双方互惠关系会产生一种激励效应,即激励管理者在公司战略过程中付出更多的合作努力,从而缓解公司战略过程中的代理冲突。这就是基于社会交换理论视角的机构股东关系投资对公司战略治理有效性的影响机制,本书称之为机构股东关系投资缓解公司战略过程中代理冲突的互惠合作机制(如图 5.1 所示)。

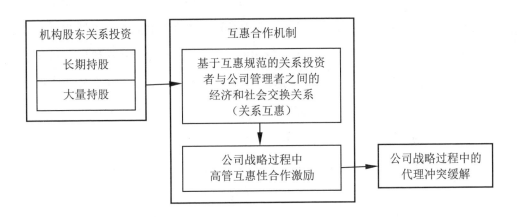

图 5.1　机构股东关系投资缓解公司战略过程中代理冲突的互惠合作机制

　　注:如前所述,持股规模较大和持股期限较长的关系投资型机构股东更具备监督公司管理者的能力、激励和信息优势,换言之,代理理论视角下持股规模和持股期限是关系投资者施加给公司管理者的监督压力的代理变量,公司管理者进而做出理性的经济人行为。互惠理论视角下持股规模大和持股期限长代表着关系投资者对公司管理者的信任,公司管理者产生需要付出高水平努力来偿还投资者信任的义务感,进而做出非理性的互惠合作行为。在互惠交换观点下,持股规模和持股期限被视为关系投资者提供给公司管理者的信任激励的代理变量。

第三节　并购战略中机构股东关系投资的互惠效应实证分析

一、研究假设提出

（一）机构股东关系投资与投资者-管理者互惠合作

从投资策略层面看，投资者大量持有公司股票、投资者承诺长期持有公司股票以及投资者和管理者达成互惠关系（Gordon，1997；Koppes 和 Reilly，1995；Jeffrey 和 Gordon，1994），是关系投资的主要特征。Chidambaran 和 Kose（1998）以及李有彬（2006）认为，所有者监督以及管理者在所有者监督过程中与之互惠合作是关系投资在公司治理层面的内涵。此外，从契约理论的角度看，关系投资具有与关系融资类似的性质，即资金供应者与资金需求者之间存在长期的隐含而默契的非正式契约（Elsas，2005），资金供求双方在长期的交易和往来中通过私有信息来确定投融资决策（童牧，2008）。因此，关系投资者对购买并长期持有股票的隐性承诺通常都是非契约性的（Ayres 和 Cramton，1994），相比正式的契约治理机制，关系投资还具有隐性的非正式治理机制的特征。

关系投资可被视为基于投资者（委托人）-管理者（代理人）互惠关系的一种非正式治理机制。关系投资机构因其对大量购买并长期持有股票的隐性承诺，从而与公司管理者之间除了存在经济交换关系之外，还具有在互惠的基础上结成社会交换关系的可能。关系投资机构与公司高管在价值创造方面具有利益共享和相互依赖的关系（叶瑛和姜彦福，2006），这种关系催生了关系投资者与公司管理者之间的相互信任（Cable 和 Shane，1997）。因此，稳定的长期投资行为增进了关系投资者与公司管理者之间的互信。这种互信是二者关系中除了正式契约规定的内容之外，另外存在的一种心理契约，即隐含的、非正式的、未公开说明的相互期望和理解（Morrison 和 Robinson，1997）。Greve 和 Salaff（2003）研究发现，关系投资者与公司管理者之间的信任能够促使关系投资者利用人际关系网络联系未来可能对公司发展有帮助的人，进而帮助公司与那些能提供关键资源和客户的重要合作者建立网络关系。Clercq 和 Sapienza（2005）研究发现，关系投资者与管理者都非常注重在合作过程中建立信任关系，并且信任能有效帮助关系投资者正确感知公司的经营业绩。

关系投资机构长期和稳定的持股承诺不仅是投资者与管理者之间的经济交换关系基础，同时也是双方形成互信和互惠的心理契约的社会交换关系基础。在关系投资者与管理者长期频繁的互动交往中，双方容易达成基于互信心理契约的互惠关系。因此，依据社会交换理论的观点，长期进行大规模持股为关系投资者-公司管理者社会交换关系中的互惠规范得到长期执行提供了基本保证，管理者的互惠性社会偏好得到长期正强化，关系投资者-公司管理者之间得以达成长期的互惠关系。

基于以上分析，本书提出假设 H5.1：

H5.1：机构股东关系投资能够促进投资者与管理者之间的互惠合作。

（二）投资者-管理者互惠合作与公司并购代理冲突缓解

关系投资是介于市场和科层之间的混合模式（Neuberger，2005），投资者与管理者之间的非正式交换关系维持了这种既非市场又非科层的治理机制的有效运作。通过投资者-管理者互惠达成的合作关系有别于市场或科层模式中通过签订正式契约达成的合作关系。不同于代理理论强调将正式控制机制和股权激励机制作为管理委托-代理双方合作关系的主要手段，在关系投资研究中，交换理论强调将信任和互惠作为投资者与管理者达成合作关系的重要途径（Sahlman，1990）。

互惠规范是经济和社会交换持续产生的重要前提（Gouldner，1960；Blau，1964），是解释经济和社会交换的产生以及使交换各方的态度和行为发生改变的根本机制（邹文篪等，2012）。因而，互惠成为交换机制的核心规范和首要准则（Homans，1961；Blau，1964；Bock 和 Kim，2002；Griffith 等，2006）。Bottom 等（2006）的实验研究揭示了交换关系中代理人互惠偏好的普遍存在性。他们所做的两项实验研究发现，代理人会将固定薪酬看成是委托人提供的福利保障，进而产生需要付出高水平努力的义务感，认为自己需要对委托人提供的固定薪酬做出回报，义务产生和义务偿还之间的循环越来越加深委托人和代理人之间的信任，促进了未来对双方均有利的交换。

互惠具有普遍的经济和福利意义（Rabin，1993）。大量研究表明互惠具有激励代理人合作意愿和合作行为，进而减少代理人机会主义行为、缓和代理冲突的作用。Fehr 等（1997）研究表明互惠不仅能够提高集体行动一致性、加强社会行为准则，而且互惠本身就构成了一种强有力的激励源。Rigdon（2009）认为互惠是一种有效的激励机制，因此委托人制定激励契约时，不能单纯通过提高利润分享来调动代理人的工作积极性，需要充分考虑代理人的互惠偏好。袁茂等（2011）、韩姣杰等（2012，2014）以及傅强和朱浩（2014）在代理人互惠偏好假设前提下扩展了基于完全理性假设的传统委托-代理模型，理论分析表明，考虑代理人互惠偏好对于组织激励机制设计和团队合作激励等问题具有重要意义，因为委托人-代理人互惠能够降低道德风险和代理成本、提升代理人努力水平、促进项目团队合作和团队绩效、增加委托人期望收益等积极效用。

股东与高管互惠能够显著促进心理契约的形成与稳定，而形成心理契约的稳定性能够有效降低高管的管理防御程度，因而股东-高管关系互惠有效抑制了管理防御水平（李秉祥等，2014）。不仅如此，股东-高管关系互惠还能够有效抑制高管自利或自负程度。在公司并购战略过程中，建立在投资者-管理者互惠基础上的经济与社会交换关系，能够激发和维持高管的合作努力，高管合作不仅能够减少股东介入公司并购战略过程的障碍和成本，而且能够制约高管在并购战略过程中的机会主义行为和自负性心理行为，并为公司并购战略的制定和实施而忠实履行代理人职责，从而缓解公司并购代理冲突，降低公司并购代理成本。

基于上述分析，本书提出假设 H5.2：

H5.2a: 投资者与管理者之间的互惠合作能够约束公司并购战略中的高管自利行为；

H5.2b: 投资者与管理者之间的互惠合作能够约束公司并购战略中的高管自负行为。

（三）机构股东关系投资与公司并购代理冲突缓解：互惠合作的中介效应

正如本章第二节的理论分析，一方面，因其长期和稳定的持股承诺，关系投资可以促进投资者与管理者之间的互惠关系的维持与巩固；另一方面，投资者与管理者之间的互惠关系对管理者产生了合作激励效应，成为股东与高管相互合作的基石，从而约束高管有悖于股东利益导向的战略决策动机和行为。因此，综合假设 H5.1 和 H5.2 的逻辑关系，本书认为投资者-管理者之间的互惠合作是机构股东关系投资缓解公司并购代理冲突的中介变量，即关系投资通过强化投资者与管理者之间的互惠关系，进而缓解公司并购战略过程中的高管自利或高管自负问题，从而形成假设 H5.3：

H5.3a：机构股东关系投资通过促进投资者与管理者之间的互惠合作，进而缓解公司并购战略中的高管自利行为；

H5.3b：机构股东关系投资通过促进投资者与管理者之间的互惠合作，进而缓解公司并购战略中的高管自负行为。

二、实证研究设计

（一）样本选取

本章实证研究所用样本沿用第四章的样本，即 2006 年 1 月 1 日—2015 年 12 月 31 日中国上市公司进行多元化战略并购的 1207 个事件样本，具体的数据来源和样本选取过程见第四章第三节的相应内容，此处不再赘述。

（二）变量设计

1. 自变量

机构股东关系投资（RI）为自变量，包括机构股东持股集中性（RIc）、持股持久性（RIp）、持股稳定性（RIs）。变量内涵及测度方法见第四章第三节的相应内容，此处不再赘述。

2. 因变量

公司并购战略代理冲突（AC）为因变量，包括高管并购自利（ACs）、高管并购自负（*ACh*）。变量内涵及测度方法见第四章第三节的相应内容，此处不再赘述。

3. 中介变量

一方面，社会关系是双方互惠的表现，互惠受到个人所处社会关系网络的影响（梁平汉和孟涓涓，2013）。另一方面，互惠也体现在回报的利益性方面（Sahlins，1972）。因此，可以从委托人与代理人关系的社会性和利益性两个层面来度量双方关系的互惠性。本书选取 4 个反映社会性互惠关系的测量指标（*recip₁~recip₄*）和2 个反映利益性互惠关系的测量指标（*recip₅*、*recip₆*）来度量关系投资者-公司管理者之间的互惠合作关系（*Recip*）。

（1）公司 CEO 与关系投资机构主管的社会关系（*recip₁*）

指公司 CEO 与前十大流通股东中任一家持股比例不少于 10%、持股时间不少于 2 年的机构投资者主管（如基金经理、银行行长等）之间是否具有以下任一类社会关系：校友关系（毕业于同一所高等院校）、老乡关系（籍贯是否属于同一地级市）和共同工作经历（共同在某一企业、行业协会、政府部门等有过兼职或工作经历）（刘诚等，2012）。若是，则 *recip₁* 取值为 1；否则，取值为 0。委托方和代理方之间的社会距离影响双方信任度和关系互惠程度，社会距离越近，信任和互惠程度越高（Buchan 和 Croson，2004；Buchan 等，2006）。社会关系是个体之间互惠行为的一个决定性因素（Podolny，1993），从而成为 P-A 关系互惠的一个有效衡量指标。

（2）公司 CEO 与关系投资机构主管的社会经历相似性（*recip₂*）

指公司 CEO 与前十大流通股东中持股比例不少于 10%、持股时间不少于 2 年的机构投资者主管之间的年龄差异性是否不超过全样本 CEO 年龄的标准差（Westphal 和 Zajac，1995）。若是，则 *recip₂* 取值为 1；否则，取值为 0。社会关系是一种现时的横向社会联系，而社会经历则是一种历史的纵向社会联系，因而社会经历相似性可以用年龄相似性进行代理。如式（5.1）所示，本书利用欧氏距离公式计算公司 CEO 与机构投资者主管之间的年龄差异性 S_{age}，将其作为社会经历相似性的代理指标。年龄差异性越小，社会经历越相似，越可能具有共同的价值观，越容易产生社会认同和互惠关系（Custódio 等，2013）。

$$S_{age} = \sum_{j=1}^{n} \sqrt{\frac{(a - a_j)^2}{n}} \tag{5.1}$$

在上式中，a 是公司 CEO 的年龄，a_j 是机构投资者主管的年龄，n 是前十大流通股东中持股比例不少于 10%、持股时间不少于 2 年的机构投资者个数。

（3）公司 CEO 的金融关联关系（$recip_3$）

指公司 CEO 当前或曾经是否具有在银行、证券、基金、保险或信托等金融机构的工作经历。若是，则 $recip_3$ 取值为 1；否则，取值为 0。群际关系理论认为，个体会对在重要的人口统计学属性方面与自己具有相似性的群内成员表现出更积极的情感、信任和同情，容易出现相似吸引心理，进而促进社会认同和关系互惠（周建等，2016a）。因此，公司 CEO 的金融机构工作背景容易使其与机构投资者主管之间建立基于相互认同的互惠关系。

（4）公司总部与关系投资机构总部的同城关系（$recip_4$）

指公司总部与前十大流通股东中任一家持股比例不少于 10%、持股时间不少于 2 年的机构投资者总部是否坐落于同一座城市。若是，则 $recip_4$ 取值为 1；否则，取值为 0。总部位于同座城市缩短了阻碍双方信息沟通的物理距离，便于双方之间的社会往来、信息交流和相互了解（Pool 等，2015；Staisiunas，2013），进而促进双方之间的信任和互惠。

（5）是否存在非迎合性的现金股利（$recip_5$）

指在公司并购当年的前三年没有出现权益再融资的情况下，三年累计现金分红总额占最近三年未分配利润的比例是否超过 30%。若是，则 $recip_5$ 取值为 1；否则，取值为 0。2008 年 10 月，中国证监会颁布实施了上市公司权益再融资资格与现金分红水平相挂钩的半强制分红政策（李常青等，2010）。该政策规定上市公司公开发行证券进行再融资的资格为：以现金方式累计分配的利润不少于最近三年实现的年均可分配利润的 30%。半强制分红政策导致具有融资需求的上市公司的现金股利发放存在某种程度的政策迎合性（陈艳等，2015），而非出于回报股东的自愿性。因此，如果在没有融资需求的情况下公司三年累计分红占比依然超过 30%，能够在一定程度上表明公司经营者是出于股东利益回馈和互惠而非政策迎合的目的发放现金股利。

（6）是否存在高于行业平均水平的高管固定薪酬（$recip_6$）

指薪酬最高的前三名高管的平均非激励性固定薪酬是否高于同年度同行业的平均值。若是，则 $recip_6$ 取值为 1；否则，取值为 0。Bottom 等（2006）实验发现固定薪酬使代理人产生需要付出高水平努力的义务感，代理人将固定薪酬看成是委托人提供的福利保障，认为自己有义务对委托人提供的固定薪酬做出回报，代理人的这种义务感加深了委托人和代理人之间的信任和互惠，促进了未来对双方均有利的交换。因此，从社会交换关系中的互惠规范视角来看，不同于激励性薪酬，固定薪酬对高管合作和努力的激励效应部分是通过互惠机制实现的。固定薪酬越高，越能激励高管的互惠合作意愿和行为。

本书将关系投资者–公司管理者的关系互惠性程度（$Recip$）界定为以上 6 个测量指标的赋值之和，即：

$$Recip = \sum_{i=1}^{6} recip_i \tag{5.2}$$

（三）计量模型

为检验假设 H5.1，构建如下多元回归模型：

$$\text{H5.1} \quad Recip = \beta_0 + \sum \beta_i RI + \sum \beta_j Controls + \varepsilon \tag{5.3}$$

其中，RI 包括 RIc、RIp、RIs，变量定义见表 4.4。

为检验假设 H5.2，构建如下多元回归模型：

$$\text{H5.2a} \quad ACs = \beta_0 + \beta_1 Recip + \sum \beta_j Controls + \varepsilon \tag{5.4}$$

$$\text{H5.2b} \quad ACh = \beta_0 + \beta_1 Recip + \sum \beta_j Controls + \varepsilon \tag{5.5}$$

以上回归模型中的 $Controls$ 为表 4.4 中公司特征层面的控制变量，以及年份和行业虚拟变量。

说明：假设 H5.3 为 $Recip$ 的中介效应假设，后文将介绍这一中介效应假设的检验程序。

三、实证分析结果

（一）机构股东关系投资对投资者-管理者互惠合作的影响效应检验

假设 H5.1 认为关系投资机构能够提高投资者-管理者互惠合作水平，表 5.2 给出了该假设的验证结果。可以发现，在机构股东关系投资特征的三个代理变量中，持股集中性（β=0.306，$p<5\%$）、持股持久性（β=0.127，$p<5\%$）和持股稳定性（β=0.165，$p<10\%$）对投资者-管理者之间的互惠程度都存在显著的正向影响，关系投资者持股比例越高、持股时间越长、持股越稳定，则其与公司高管层的委托代理关系越具有互惠性。

作为控制变量的 CEO 任期（*Tenure*）和高管持股比例（*Mshare*）分别在 1% 和 5%显著性水平上，对投资者与管理者之间的互惠关系具有显著的积极影响。因此，投资者的大股东地位、对公司投资的时间长短及其稳定性，以及 CEO 任职时间和高管激励是决定委托方-代理方关系互惠性程度的重要因素。同时也表明在位时间长的 CEO 具有更强的互惠偏好，而对公司进行长期稳定持股的外部大股东能够激励 CEO 的互惠合作意愿和行为，从而验证了以往学者对关系投资内涵的假定，即投资者承诺长期持有股票并与管理者结成互惠关系（Gordon，1997；Koppes 和 Reilly，1995；Jeffrey 和 Gordon，1994）。

表 5.2 机构股东关系投资对投资者-管理者互惠合作的影响效应检验结果

	Recip
RIc	0.306**
	（2.092）
RIp	0.127**
	（2.149）
RIs	0.165*
	（1.793）
State	−0.045
	（−0.817）
Fsize	−0.032
	（−0.589）

续表

	Recip
ROA	0.148*
	（1.877）
Lev	−0.005
	（−0.061）
Cash	0.244
	（1.058）
Top1	0.103*
	（1.690）
Outd	0.076
	（0.884）
Mshare	0.058**
	（1.967）
Dual	0.007
	（0.034）
Tenure	0.333***
	（4.251）
Year	√
Indu	√
R^2	0.259
F	31.270***
N	659

注：括号内数字为标准化回归系数的 t 值，√表示年度和行业虚拟变量已控制，*、**、*** 分别代表 10%、5%、1%显著性水平。

（二）投资者–管理者互惠合作对公司并购代理冲突的影响效应检验

假设 H5.2 认为，投资者–管理者互惠合作能够约束公司并购战略过程中的高管自利行为（H5.2a）或高管自负行为（H5.2b）。这里利用计量模型（5.4）和（5.5）对该假设进行实证检验，多元回归分析的结果如表 5.3 所示。

表 5.3　投资者–管理者互惠合作对公司并购代理冲突的影响效应检验结果

	ACs	*ACh*
Recip	−0.097***	0.026**
	（−2.735）	（2.413）

续表

	ACs	ACh
State	0.069***	0.232**
	（6.334）	（2.370）
Fsize	−0.273***	0.015*
	（−12.715）	（1.822）
ROA	−0.317***	0.105**
	（−3.056）	（2.228）
Lev	0.008	0.079
	（0.157）	（0.876）
Cash	−0.052***	−0.083*
	（−2.181）	（−1.905）
Top1	−0.065**	−0.103
	（−2.383）	（−1.119）
Outd	−0.008	−0.029
	（−0.297）	（−1.054）
Mshare	−0.125**	0.081
	（−2.406）	（1.554）
Dual	0.065**	0.034*
	（2.216）	（1.741）
Tenure	−0.028	−0.021
	（−1.116）	（−0.068）
Year	√	√
Indu	√	√
R^2	0.310	0.237
F	36.941***	27.742***
N	659	659

注：括号内数字为标准化回归系数的 t 值，√表示年度和行业虚拟变量已控制，*、**、***分别代表 10%、5%、1%显著性水平。

检验结果显示，一方面，管理者与关系投资者之间社会或经济关系的互惠性越强，代理人自利水平越低，投资者-管理者互惠合作对代理人的并购自利代理行为具有显著的约束作用（β=−0.097，$p<1\%$）；另一方面，投资者-管理者互惠程度越高，代理人自负程度也越高，互惠对代理人的并购自负行为具有显著的促进作

用（β=0.026，$p<5\%$）。如此看来，委托人与代理人的强互惠关系或代理人的强互惠偏好在提高代理人行为有效性的同时，也增加了代理人非理性的自负或过度自信心理。"按下葫芦浮起瓢"，关系投资机构与公司高管之间的互惠性社会或经济关系，对公司战略过程中高管代理行为的影响可能具有两面性，它既能激励高管与股东合作、努力为股东利益而工作，从而缓解因机会主义行为所导致的代理冲突问题，也能激发高管个人心理膨胀和认知偏差，从而不利于缓解因代理人非理性行为所导致的代理冲突问题。因此，这一发现补充了以往有关社会互惠的研究对非理性代理行为缺乏关注的不足，同时也补充了以往有关管理者过度自信的研究对非正式社会关系缺乏探讨的不足。

（三）投资者–管理者互惠合作的中介效应检验

假设 H5.3 是关于机构股东关系投资缓解公司战略代理冲突的作用机制的假设，认为通过提高投资者–管理者关系互惠性，关系投资机构可以制约公司并购战略过程中的两类代理行为，即投资者–管理者互惠合作充当了关系投资缓解公司战略代理冲突的中介变量。下面我们根据 Baron 和 Kenny（1986）提出的中介效应检验规则，对互惠合作的中介作用假设进行实证检验。

Baron 和 Kenny（1986）提出的四步骤检验法是利用回归分析检验中介效应的成熟方法，其检验程序及判定条件如下：第一步，做自变量对因变量的回归分析，则自变量对因变量的影响必须显著；第二步，做自变量对中介变量的回归分析，则自变量对中介变量的影响必须显著；第三步，做中介变量对因变量的回归分析，则中介变量对因变量的影响必须显著；第四步，将中介变量加入自变量对因变量的回归分析中，考察自变量的回归系数，如果自变量系数不再显著，则中介变量可能存在完全中介效应，如果自变量系数仍然显著但其显著性低于第一步中的回归结果，则表明中介变量可能存在部分中介效应。

上述中介效应检验程序中，前三步的检验工作其实已经完成，分别对应表 4.8（第一步）、表 5.2（第二步）、表 5.3（第三步），这里仅需执行第四步的检验工作，检验结果如表 5.4 所示。

表 5.4　加入中介变量 *Recip* 后自变量对因变量的回归结果

	ACs	*ACh*
RIc	−0.212**	−0.058
	(−2.547)	(−0.551)
RIp	−0.053*	−0.069
	(−1.674)	(−1.652)
RIs	−0.105**	−0.095
	(−1.975)	(−1.002)
Recip	−0.098***	0.026**
	(−2.736)	(2.413)
Controls	√	√
R²	0.354	0.124
F	38.453***	21.540**
N	659	659

注：括号内数字为标准化回归系数的 t 值；√表示控制变量已控制，且与表 5.3 的控制变量相同；*、**、***分别代表 10%、5%、1%显著性水平。

综合比较表 4.8、表 5.2、表 5.3 和表 5.4 各自变量和中介变量的回归系数及其显著性，发现机构股东关系投资的三个特征与高管并购自利（*ACs*）之间的关系，以及关系投资机构持股持久性与高管并购自负（*ACh*）之间的关系，均满足 Baron 和 Kenny（1986）中介效应检验过程的要求。在此前提下，本书再结合 Sobel 中介效应检验统计量确切判别投资者-管理者互惠合作在机构股东关系投资与公司高管并购代理行为关系中是否具有中介效应。检验结果见表 5.5。

表 5.5　投资者-管理者互惠合作的中介效应检验程序及结果

	第一步：关系投资对代理行为的影响必须显著		第二步：关系投资对互惠合作的影响必须显著
	ACs	*ACh*	*Recip*
RIc	√	×	√
RIp	√	√	√
RIs	√	×	√

续表

	第一步：关系投资对代理行为的影响必须显著		第二步：关系投资对互惠合作的影响必须显著
	ACs	*ACh*	*Recip*
	第三步：互惠合作对代理行为的影响必须显著		
	ACs	*ACh*	
Recip	√	√	
	第四步：加入互惠合作后关系投资对代理行为回归系数的显著性变化情况		
	ACs	*ACh*	
RIc	部分中介（回归系数显著性水平降低；$Z=-1.672^*$，$p=0.095$）	无中介（步骤一不满足）	
RIp	部分中介（回归系数显著性水平未变化；$Z=-1.700^*$，$p=0.089$）	无中介（回归系数显著性水平未变化；$Z=1.591$，$p=0.112$）	
RIs	无中介（回归系数显著性水平未变化；$Z=-1.506$，$p=0.132$）	无中介（步骤一不满足）	

注：√表示影响效应显著，×表示影响效应不显著；Z 为 Sobel 中介效应检验统计量：$Z = ab \big/ \sqrt{a^2 S_b^2 + b^2 S_a^2 + S_a^2 S_b^2}$，其中，$a$ 为自变量对中介变量的回归系数，S_a 为 a 的标准误差，b 为将中介变量引入自变量对因变量的回归方程后，中介变量的回归系数，S_b 为 b 的标准误差；*代表 10%显著性水平。

（1）在引入中介变量 *Recip* 后，*RIc* 对 *ACs* 回归系数的显著性水平从引入前的 5%上升至 10%。Sobel 中介效应检验结果为：$Z=-1.672$，$p=0.095$。因而，在 10%显著性水平上 *Recip* 在 *RIc* 与 *ACs* 的关系中具有部分中介作用，即大规模持股的关系投资者对公司战略过程中管理者自利行为的约束作用，部分是借助投资者与管理者之间的互惠关系来实现的。

（2）在引入中介变量 *Recip* 后，尽管 *RIp* 对 *ACs* 回归系数的显著性水平没有发生变化，但是 Sobel 中介效应检验结果为：$Z=-1.700$，$p=0.089$，即通过了 Sobel 检验。因而可以认为在 10%显著性水平上 *Recip* 在 *RIp* 与 *ACs* 的关系中具有部分中介作用，即借助投资者与管理者之间互惠关系的部分中介作用，长期持股的关系投资者可以约束公司战略过程中的管理者自利行为。

（3）在引入中介变量 *Recip* 后，*RIs* 对 *ACs* 回归系数的显著性水平没有发生变化。Sobel 中介效应检验结果为：*Z*=-1.506，*p*=0.132。由此可知 *Recip* 在 *RIs* 与 *ACs* 之间的关系中不具有中介作用。

（4）在引入中介变量 *Recip* 后，*RIp* 对 *ACh* 回归系数的显著性水平由引入前的 10%变得不再显著。Sobel 中介效应检验结果为：*Z*=1.591，*p*=0.112。因此 *Recip* 在 *RIp* 与 *ACh* 之间的关系中不具有中介作用。

总之，根据中介效应检验程序和 Sobel 统计量的综合检验结果，本书发现投资者与管理者之间的互惠合作在关系投资者持股集中性（持股比例）以及持股持久性（持股时间）与高管并购自利程度的关系中具有部分中介作用。研究结果表明，长期机构大股东对公司战略过程中高管自利行为的约束效应，在一定程度上是通过股东-高管之间的互惠关系来实现的，进而支持了机构股东关系投资缓解并购代理冲突的互惠效应假设。

第六章　资源视角下外部董事金融关联的战略治理效应

第一节　理论基础：资源依赖理论

1978 年，Pfeffer 和 Salancik 出版了一部具有里程碑意义的著作《组织的外部控制：资源依赖视角》，该部著作论述和整合了许多早先关于组织间相互依赖的管理思想（Emerson，1962；Pfeffer，1972a，1972b，1972c；Pfeffer 和 Salancik，1974；Thompson，1967）。在这部著作问世后不久，资源依赖理论（Resource Dependence Theory）便成为"组织理论和战略管理中最有影响力的理论之一"（Hillman 等，2009）。根据 Üsdiken 和 Pasadeos（1995）以及 Gmür（2002）所做的引文分析，Pfeffer 和 Salancik（1978，2003）的著作是引用频率最高的学术著作之一。

资源依赖理论将企业组织描述为一个依赖外部环境中权变因素的开放系统。正如 Pfeffer 和 Salancik（1978）所述："为了解组织行为，必须了解组织行为的环境，即组织的生态。"环境的重要性不言自明，但是多数理论集中于分析组织资源利用的内部过程，而没有考虑组织从外部环境获取资源的过程，Pfeffer 和 Salancik（2003）对此进行了批判。环境的重要性主要体现在两个方面，即外部环境既是组织需要的关键资源的主要来源，也是组织面临的不确定性的主要来源。什么是关键资源？Pfeffer 和 Salancik（2003）认为"关键性度量的是当某项资源缺乏时组织功能能够继续发挥的能力"。某一特殊资源可能仅是构成总资源需求或成本的一小部分，但是如果这一资源缺乏就将危及组织功能的正常发挥，那么它就是关键的。什么是不确定性？ Pfeffer 和 Salancik（2003）认为 "不确定性是指世界的未来状态不能被预期以及不能被精确预测的程度"。当存在不确定性和对关键资源的依赖时，组织会被迫采取措施来减少不确定性。资源依赖理论认为，一方面，外部环境影响组织行为，组织对关键资源的依赖影响组织的行动；另一方面，尽管受到环境的约束，组织也能够行动起来以降低环境不确定性和环境依赖。

权力（power）和相互依赖（interdependence）是理解资源依赖理论的两个重要概念。基于交换关系（Jacobs，1974；Blau，1964）的权力来自于 Emerson（1962）的简约论述：A 对 B 的权力来自于 A 控制着对于 B 有价值但是不能从别的地方获取的资源。因而，权力被 Ulrich 和 Barney（1984）定义为对关键资源的控制权。资源依赖理论的一个核心假设是：资源控制者对那些需要这些资源的行动者拥有权力。资源依赖理论被广泛用来分析组织间关系中权力的来源和后果：权力和依赖来自何方，组织操控者如何使用权力，如何管理依赖。因此，权力（不仅仅是理性或效率）对于理解组织的内部和外部行动是很重要的。组织往往试图降低外部环境对其施加的权力，而试图增加自己对外部环境的权力。

资源依赖理论认为，环境中存在组织所依赖的关键资源（Pfeffer 和 Salancik，1978），所有组织为获取关键资源都严重依赖环境中的其他组织，并且这一依赖往往是互惠性的，即相互依赖。资源依赖理论指出组织间相互依赖可以解释正式独立的组织为何安排不同的组织间关系，如董事会连锁、联盟、合资（联合经营）、内包和并购（Pfeffer 和 Salancik，1978）。正如 Pfeffer（2003）所言："资源依赖起初被用来为合并和董事会连锁的经济学理论提供另一种观点，准确理解在近来的市场失败中起到巨大作用的组织间关系类别。"组织"受到环境的限制和影响，试图通过建立不同形式的组织间安排来管理这些资源依赖"（Pfeffer 和 Salancik，2003）。Casciaro 和 Piskorski（2005）认为组织间安排主要被用来减少组织与资源提供方之间的权力不平衡以及管理共同依赖（mutual dependence）。实施这些安排能够使组织将其边界设置在这样一个点上，即"最大化对关键外部力量的战略性控制"（Casciaro 和 Piskorski，2005），或者通过支持组织自主性（Oliver，1991）

以及组织合法性（Suchman，1995）帮助组织应对相互依赖。资源依赖相关研究考察了许多组织间安排，每一种安排都赋予组织减轻外部资源依赖的能力。许多依据资源依赖理论展开的实证研究证实，资源依赖是董事会连锁（Ellstrand 等，2002）、战略联盟（Dussauge 等，2000；Park 等，2002）、联合经营（Pfeffer 和 Nowak，1976）以及兼并和并购（Pfeffer，1972；Reuer 和 Ragozzino，2006）等组织间安排的前导因素。

在权力和相互依赖概念的基础上，Pfeffer（1987）提出了资源依赖视角和组织间关系的基本论点：①理解公司和社会的基本单元是组织；②这些组织不是自治的，而是受到同其他组织相互依赖的网络的约束；③相互依赖导致生存和持续成功变得不确定；④组织采取行动去管理外部依赖，尽管这些行动必然从来都不会完全成功，并产生新的依赖和相互依赖模式；⑤这些依赖模式产生组织间以及组织内权力，而这些权力对组织行为产生影响。这些观点以及组织必须对外部环境做出反应的命题，在组织理论和战略管理中几乎是公理（Hillman 等，2009），也被许多经验研究所证实（见表 6.1）。

表 6.1　资源依赖理论的重要命题和实证结果概览

命题	重要的实证研究结果
控制着其他行动者所需的资源的组织（或组织子单元）对这些行动者拥有权力	（1）一家非盈利组织在某一特定团体中的关系越多，则其权力就越大（Provan 等，1980） （2）被组织控制的一种资源的重要性对该组织的权力具有正效应（Burkhardt 和 Brass，1990；Saidel，1991）
行动者 A 对来自行动者 B 的资源的依赖度越高，则 A 越有可能满足 B 的需求	（1）被感知的资源依赖与被感知的供应商影响力正相关（Skinner 和 Guiltinan，1986；Armstrong-Doherty，1996） （2）依赖减少了机会主义行为（Provan 和 Skinner，1989） （3）一家企业控制的资源对其他行动者越重要，在面对其他行动者的要求时，该企业的防御能力就越强（Meznar 和 Nigh，1995） （4）企业对来自州组织的工作越依赖，则州组织的公平权力要求就越可能得到满足（Salancik，1979） （5）一家组织中女性比例越高，"家庭友好"型政策被实施的可能性就越高（Morgan 和 Milliken，1992；Goodstein，1994）

命题	重要的实证研究结果
	（6）其他条件相同的情况下，员工权力越大，工资越高（Pfeffer 和 Davis-Blake，1987；Hambrick 和 Finkelstein，1995）
不确定性会引发战略以减少不确定性	兼并和收购： （1）适中的行业集中度（高不确定性）导致兼并（Pfeffer，1972b；Finkelstein，1997） （2）资源依赖越高，友好或敌意接管的概率就越高（Palmer 等，1995） （3）资源依赖影响行业内兼并和收购（Casciaro 和 Piskorski，2005） 董事会连锁： （1）个体合作的可能性随着个体控制关键资源的强度的增加而增加（Pfeffer，1972c，1973） （2）行业被消除的管制越多，资源依赖就越高，董事会连锁就越多（Lang 和 Lockhart，1990） （3）女性员工比例较高的大企业一般对合法性的需求较高，董事会中存在女性董事的概率也较高（Hillman 等，2007） 组织结构与战略： （1）资源依赖与组织差异化有关（Tolbert，1985） （2）公司获取对新技术以及这些技术信息的控制权以减少依赖或增加资源控制权（Dunford，1987） （3）通过减少依赖，公司创始人对拥有关键资源的员工的依赖做出反应（Baker 和 Aldrich，2003）
用以减少不确定性的"正确"战略的实施，对组织绩效具有正面影响	资源控制战略和结构对组织绩效或生存具有正面影响（Pfeffer，1972c；Boyd，1990；Sheppard，1995）
权力较高的行动者会使用权力以巩固优势，即强势的行动者会试图扩大基于资源控制的权力；行动者权力得到强化，通过改变组织的资源需求将不能轻易减少行动者的权力	（1）相比权力较小的高管，企业内权力较高的高管在职时间更长（Pfeffer 和 Salancik，1977；Salancik 和 Pfeffer，1980；Allen 和 Panian，1982；Boeker，1992） （2）财务资源依赖对美国大公司的社会结构具有正面影响（Fligstein，1987） （3）高管层的权力越大，战略与环境的结合就越要求一定的资质（Hambrick，1981）

资料来源：根据 Werner（2008）的研究整理

第二节 公司战略治理中外部董事金融关联的资源供给机制

一、外部董事与资源依赖

Zahra 和 Pearce（1989）认为董事具有"提高企业声誉、同外部环境建立联系以及给予高管建议和咨询"的服务角色，而 Johnson 等（1996）则认为董事具有"促进对企业成功至关重要的资源的获取"，以及"提供合法化职能"的资源依赖角色。Hillman 和 Dalziel（2003）则认为董事的服务或资源依赖角色均属于 Pfeffer 和 Salancik（1978）所描述的资源供给范畴，即董事可以为企业提供建议和咨询、信息获取渠道、优质战略资源以及合法性等关键资源。根据资源依赖理论观点，Hillman 和 Dalziel（2003）认为董事（会）具有资源供给的职能。董事具有减少不确定性以及为企业提供关键资源等资源供给职能是资源依赖理论的主要观点（Boyd，1990；Daily 和 Dalton，1994；Gales 和 Kesner，1994；Hillman 等，2000；Pfeffer，1972；Pfeffer 和 Salancik，1978）。

Pfeffer（1972b）认为董事可以最小化企业对环境的依赖或者帮助企业获取关键战略资源。相比内部董事，外部董事更是充当了提供战略资源进而缓解战略资源依赖的角色。外部董事"具有相关的互补知识，如资本市场专有知识、公司法律或技术，这些知识为高管在处理专业化的决策时提供重要支持"（Fama 和 Jensen，1983）。董事会吸纳有影响力组织的成员作为外部董事被解释为减少不确定性和管理环境需求（Werner，2008），比如对银行高管的吸纳是为了更好地获取资金帮助以应对财务不确定性。Pfeffer 和 Salancik（2003）发现位于受管制行业的企业需要更多外部董事，尤其是那些具有相关经验的外部董事，这些外部董事不仅保证了企业在管制行业下的合法性，而且还能围绕管制行业自身特点向高管层提供专业的战略决策建议和咨询服务。许多研究关注了具有特殊资源背景的外部董事的战略资源供给角色，比如具有政府任职背景的外部董事在降低企业战略决策环境中不确定性方面的作用（Lester 等，2008；徐业坤等，2013；张雯等，2013），以及具有金融机构任职背景的外部董事在缓解企业战略过程中面临的融资约束方面的作用（Mizruchi 和 Stearns，1993，1994；Güner 等，2008；García-Meca 等，2015；祝继高等，2015；邓建平和曾勇，2011a，2011b）等。

因此，不同类别的外部董事具有不同的资源依赖角色，并为企业战略过程提供异质性的资源。根据 Pfeffer 和 Salancik（1978）对董事会资源依赖作用的分析，Hillman 等（2000）在 Baysinger 和 Zardkoohi（1986）的董事个体分类基础上，结合外部董事可能为董事会提供的资源和外部联系类别对外部董事进行了分类。如表 6.2 所示，在 Hillman 等（2000）的分类中，外部董事个体被分成商业专家、支持性专业人士和业界影响者，这些不同类别的外部董事具有不同的特征和来源，为企业提供日常经营或战略决策所需的异质性资源。

表 6.2　外部董事的资源依赖角色

外部董事分类	提供的资源	外部董事来源
商业专家 （business experts）	（1）为大企业提供竞争、决策和解决问题的技术专长 （2）用以征询意见或想法 （3）为内部和外部问题提供替代性的备选观点 （4）充当企业间沟通的渠道 （5）提供合法性	（1）其他大企业的现任和前任高管 （2）其他大企业的董事
支持性专业人士 （support specialists）	（1）提供法律、金融、保险和公共关系方面的技术专长 （2）提供与强势的大供应商或政府机构沟通交流的渠道 （3）帮助获取财务资本和法律支持等至关重要的资源 （4）提供合法性	（1）律师 （2）商业和投资银行家； （3）保险公司代表 （4）公共关系专家
业界影响者 （community influentials）	（1）为企业事务、问题和思想提供非商业性的观点 （2）提供关于环境中强势组织的专有知识以及对其的影响力 （3）充当外部竞争性产品或供应市场的利益代表 （4）提供合法性	（1）政治领导者 （2）大学教授 （3）神职人员 （4）社会或社区组织的领导者

资料来源：Hillman 等（2000）

二、外部董事金融关联与资源供给

企业通过聘请曾经或者当前具有金融机构任职背景的高管加入公司的董事会或经理层来紧密与金融机构的联系，从而形成金融关联。虽然相比政治关联，金融关联这种组织关联方式受到的关注度较低，但是金融关联在世界各国都广泛存在。例如，Kroszner 和 Strahan（2001）发现占 31.6%的福布斯 500 强公司的董事会中有一名商业银行董事，邓建平和曾勇（2011a）发现在 2004—2008 年占比 47.8%的我国民营上市公司存在金融关联现象。金融关联董事越来越普遍，尤其在公司遭遇危机或环境发生变化时，这类董事就更有可能出现在公司董事会中。如 Gilson（1990）发现处于财务困境中的公司会增加商业银行背景人士进入董事会，Kaplan 和 Minton（1994）发现公司股票回报率变差时更可能聘请银行董事，Slomka-Golebiowska（2014）发现银行董事代表往往存在于那些处于财务危机的公司中；Lang 和 Lockhart（1990）认为伴随管制的解除，企业的财务压力急剧增加，并发现相比受到管制的企业，不受管制的企业会与金融机构建立更多的董事连锁。金融机构掌握着企业债务或股权融资所依赖的资本来源，因而拥有对急于摆脱财务困境或发展壮大的企业的权力优势，企业为减少融资环境中的不确定性和约束，会与金融机构建立某种形式的组织间关系来管理这些环境依赖。因此，根据资源依赖理论的观点，金融关联的本质就是企业管理资源依赖进而减少环境不确定性和缓解关键资源约束的手段。

金融关联董事具有多种资源依赖或资源供给角色，除了能够直接帮助企业在债务或股权融资中获取财务资源进而缓解企业融资约束外，还具有非财务类资源供给和战略决策支持的作用，这主要体现为专长和合法性等方面的供给（Kroszner 和 Strahan 2001；Booth 和 Deli 1999；Dittmann 等，2010）。因此，依据资源依赖理论观点下的外部董事资源供给角色，结合金融关联特有的组织间关系特征，金融关联董事的战略资源供给角色可以概括为：这类董事能够为公司战略过程提供必要的财务资本（资金）、人力资本（专长）和社会资本（关系网络与合法性）。

1. 财务资本供给

Hillman 等（2000）认为作为支持性专业人士的外部董事能够帮助公司获取至关重要的资源，其中商业和投资银行家以及保险公司代表等金融类外部董事能够帮助公司获取财务资本。祝继高等（2015a）认为如果银行关联董事是信贷资源配置的直接决策者，那么企业就可以通过聘请的银行关联董事直接获得贷款；如果银行关联董事不是信贷资源配置的直接决策者，企业也可以通过银行关联董事的关系网络来影响银行信贷资源的配置。Diamond（1984）最早研究了金融关联的融资约束效应，指出公司在建立金融关联后具有获取信贷资源的独特优势，后来许多学者证实了这一观点（Booth 和 Deli，1999；Boot，2000；Kroszner 和 Strahan，2001；Güner 等，2008；Sisli-Ciamarra，2012；García-Meca 等，2015；邓建平和曾勇，2011a，2011b；祝继高等，2015a）。例如，Güner 等（2008）通过考察美国公司银行关联和投资银行关联对公司融资政策的影响，发现具有银行关联的公司更容易获得银行的债务融资，并且公司的融资约束较弱，而具有投资银行关联的公司则可以获得更多的证券融资。Sisli-Ciamarra（2012）发现在美国大型非金融公司的董事会中，作为债权人的金融机构关联董事的存在能够增加公司资本结构中债务的数量、降低债务融资对公司有形资产数量的敏感性、降低贷款成本以及降低债务合同中担保和财务契约的承诺。邓建平和曾勇（2011a，2011b）将金融关联区分为银行关联和券商关联两种主要形式，考察我国民营企业金融关联对企业融资约束的影响，结果发现金融关联有助于民营企业获取财务资金，缓解民营企业的融资约束。祝继高等（2015a）实证发现企业通过聘请具有商业银行背景的人士担任公司董事建立银行关联，企业建立银行关联能够显著增加企业的银行借款总额和长期借款，从而体现出银行关联的资源效应和信息效应。

2. 人力资本供给

金融关联董事的战略决策人力资本供给角色主要是指，这类董事作为具有融资和保险等方面特殊专长的人力资本载体，能够为高管层提供支持企业战略决策的特殊和特定领域的专有知识。因此，这类外部董事的资源供给角色主要是满足管理层对特殊专长以及与产品市场之外的支持性组织建立联系的需要（Hillman 等，2000）。Mace（1971）、Lorsch 和 MacIver（1989）认为金融关联董事能够为企业提供金融或投资专有知识，尤其是金融机构通过向某一类行业的多家公司提供金融资源进而获得特殊知识的情况下。Stearns 和 Mizruchi（1993）、Pfeffer（1992）、Booth 和 Deli（1999）也认为公司聘用银行董事是为了获得他们的债务市场专有知识。后来许多研究为以上观点提供了经验证据（Morck 和 Nakamura，1999；Byrd 和 Mizruchi，2005；Ciamarra，2006；Dittmann 等，2009）。Güner 等（2008）认为如果公司因为信息不对称而受到财务约束（Myers 和 Majluf，1984；Fazzari 等，1988），那么金融关联董事凭借其金融专长将帮助公司成功为价值创造性战略项目融资，从而降低公司投资对内部资金可得性的敏感性。金融关联董事的人力资本供给体现出这类董事具有咨询功能（刘浩等，2012），即能够为管理层的战略决策提供专业咨询，尤其是融资和投资决策方面的咨询（Byrd 和 Mizruchi，2005）。金融关联董事的专业咨询功能具有管理效应，可以改善企业融资管理（祝继高等，2015a），即这类董事具有的金融技能可以为企业打造量身定做的创新性融资方案，从而缓解企业融资约束（邓建平和曾勇，2011a），提高企业融资决策和管理效率（刘浩等，2012）。

3. 社会资本供给

（1）提供关系网络

社会资本指的是通过关系而流入的实际的和潜在的资源（Lin 等，1981；Nahapiet 和 Ghoshal，1998；Higgins 和 Gulati，2006）。因此，不同于人力资本存在于个体之中，社会资本存在于关系之中（Burt，1992；Nahapiet 和 Ghoshal，1998）。金融关联董事作为组织间关系的一种表征，可以为公司提供基于关系的社会资本。金融关联董事有助于民营企业与金融机构建立紧密的关系网络，并可能影响金融机构的决策（邓建平和曾勇，2011a）。银行关联董事具有寻租中介和提供关系网络的资源效应（祝继高等，2015a），即企业通过银行关联董事来直接获取贷款或间接影响银行信贷资源的配置，使银行关联董事客观上成为企业的寻租中介，并为企业提供金融系统的关系网络，从而缓解企业融资约束。

（2）提供组织合法性

提供组织合法性是董事（Pfeffer 和 Salancik，1978；Johnson 等，1996）或外部董事（Hillman 等，2000）的一项重要的社会资本供给职能。从广义上讲，合法性被认为是"一种普遍的知觉或假定，即在由规范、价值、信仰和限定等社会性构造的系统里，一个实体的行动被认为是需要的、适宜的或恰当的"（Suchman，1995）。Higgins 和 Gulati（2006）认为高管团队（TMT）构成能够向 IPO 市场中的投资者传递组织合法性的信号，进而影响投资者的决策，并将组织合法性分为三类，即资源合法性（source legitimacy）（TMT 与上下游或同行企业的职位关联性）、角色合法性（role legitimacy）（关键 TMT 成员职位与职业背景的匹配性）以及背书合法性（endorsement legitimacy）（承销商声誉）。其中，TMT 背景的资源合法性信号传递角色是指，公司借助高管的社会关联向外部人传递公司能够获取人力和社会资本资源的组织合法性信号（Hillman 和 Dalziel，2003）。与 TMT 成员的组织合法性供给或信号传递角色一致，Hillman 等（2000）认为提供组织合法性是包括支持性专业人士（如金融关联董事）在内的所有类型外部董事的一项资源依赖职能。因此，金融关联董事不仅为企业带来独特的技能专长或者来自外部环境的资源，以及帮助企业与外部组织建立关系网络，为企业竞争性战略行为提供支持，而且因其专业知识具有符号价值（Pfeffer 和 Salancik，1978），还可以直接帮助企业获得外部组织的承诺，从而提高外部组织对企业战略行为的合法性认同。

三、外部董事金融关联缓解公司战略过程中资源约束的资源供给机制

综合以上分析，当前或曾经具有银行、证券、基金、保险或信托等金融机构任职背景的金融关联董事使得公司与这些资本供给者建立起密切的联系，增强公司管理环境依赖的能力，帮助公司获取更多的外源资金和资本市场信息等资源优势。金融关联董事能够直接为公司带来特殊技能专长、资本市场资源、信息交流渠道以及组织合法性等重要资源。正是因为具有这些资源供给职能，作为公司用来与银行等金融机构建立和保持联结的一类特殊外部董事，金融关联董事被资源依赖理论学者称为决策支持者（Baysinger 和 Zardkoohi，1986）或支持性专业人士（Hillman 等，2000）。因此，根据资源依赖理论的观点，作为战略决策支持者或支持性专业人士的金融关联董事可以直接为公司带来战略过程所需的财务资本（资金）、人力资本（专长）和社会资本（关系网络和合法性）等财务和非财务类稀缺资源，公司高管层借助这些资源支持能够缓解公司战略过程中的环境依赖和资源约束。这就是基于资源依赖理论视角的外部董事金融关联对公司战略治理有效性的影响机制，本书称之为外部董事金融关联缓解公司战略过程中资源约束的资源供给机制（如图 6.1 所示）。

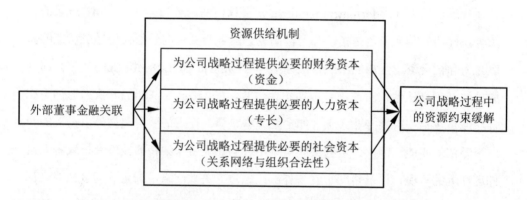

图 6.1　外部董事金融关联缓解公司战略过程中资源约束的资源供给机制

第三节　并购战略中外部董事金融关联的资源效应实证分析

一、研究假设提出

根据资源依赖理论的观点，金融关联的本质就是企业管理资源依赖进而减少环境不确定性和缓解关键资源约束的手段。金融关联董事具有多种资源依赖或资源供给角色：一方面，能够帮助公司直接获取财务资本（资金）进而缓解公司财务资源约束；另一方面，为公司提供人力资本（金融咨询和服务）以及社会资本（组织间关系和合法性）进而缓解公司非财务类资源约束（Kroszner 和 Strahan 2001；Booth 和 Deli，1999；Dittmann 等，2010）。

首先，金融关联董事在缓解公司财务资源约束方面。基于资源约束缓解导向的金融关联董事的战略资源效应，首先体现为金融关联董事能够帮助公司获得债务或权益融资从而缓解公司战略过程中面临的融资约束问题。Diamond（1984）最早研究了金融关联的融资约束效应，指出公司在建立金融关联后具有获取信贷资源的独特优势，后来许多学者证实了这一观点（Booth 和 Deli，1999；Boot，2000；Kroszner 和 Strahan，2001；Güner 等，2008；Sisli-Ciamarra，2012；García-Meca 等，2015；邓建平和曾勇，2011a，2011b；祝继高等，2015a）。作为支持性专业人士（Hillman 等，2000）的外部董事能够帮助公司获取至关重要的资源，其中商业和投资银行家以及保险公司代表等金融类外部董事能够提高公司融资能力，帮助公司获取财务资金。金融关联董事可能是信贷资源配置的直接决策者，也可能通过其自身的关系网络帮助公司获得债务融资（祝继高等，2015b）。此外，金融关联董事可以利用自身的专业知识和技能，为企业的融资提供相应的咨询和指导（Kroszner 和 Strahan，2001）。

因此，金融关联董事可以缓解公司融资约束，不仅有助于公司获取融资或提高融资额度，即缓解融资硬约束，而且有助于减少融资成本或融资限制条件，即缓解融资软约束。（1）缓解融资硬约束。信息优势假说认为建立了金融关联的公司在获取"软信息"方面具有独特优势（Diamond，1984）。金融关联可以促进公司与金融机构之间的信息共享（Boot，2000）或信息流动（García-Meca 等，2015），进而增加信贷契约达成的可得性，有助于公司从金融机构筹集更多资金。金融专家假说（Booth 和 Deli，1999；Adams 和 Ferreira；2007；Dittmann 等，2010）认为公司聘请金融家进入董事会能够为公司提供融资方面的专业知识或指导咨询，从而提升公司的智力资本，进而增进公司的债务融资。（2）缓解融资软约束。金融关联促进公司与金融机构之间的信息共享以及金融关联董事的专有知识供给，在增进信任的基础上能够减少融资限制条款（García-Meca 等，2015；Sisli-Ciamarra，2012）、降低信贷抵押或融资成本（Berger 和 Udell，1995；Sisli-Ciamarra，2006；Sisli-Ciamarra，2012；何韧等，2009）以及提高公司信用评级（Kracaw 和 Zenner，1998；Kroszner 和 Strahan，2001；Fama，1985）等，进而体现了融资软约束缓解效应。

其次，金融关联董事在缓解公司非财务资源约束方面。金融关联董事作为具有融资和保险等方面特殊专长的人力资本载体，能够为高管层提供特定领域的战略决策专有知识以及与产品市场之外的支持性组织建立的联系（Hillman 等，2000），从而具有人力资本和社会资本等非财务类资源供给的职能。（1）人力资本供给。金融关联董事的人力资本供给体现出这类董事具有咨询功能（刘浩等，2012），即能够为管理层的战略决策提供专业咨询，尤其是融资和投资决策方面的咨询（Byrd 和 Mizruchi，2005）。金融关联董事的专业咨询功能具有管理效应，可以改善企业融资管理（祝继高等，2015a），即这类董事具有的金融技能可以为企业打造量身定做的创新性融资方案，从而缓解企业融资约束（邓建平和曾勇，2011a），提高企业融资决策和管理效率（刘浩等，2012）。（2）社会资本供给。其一是提供关系网络。金融关联董事有助于民营企业与金融机构建立紧密的关系网络，并可能影响金融机构的决策（邓建平和曾勇，2011a）。银行关联董事具有寻租中介和提供关系网络的资源效应（祝继高等，2015a），即企业通过银行关联董事直接获取贷款或间接影响银行信贷资源的配置，使银行关联董事客观上成为企业的寻租中介，并为企业提供金融系统的关系网络。其二是提供组织合法性。董事或外部董事的一项重要社会资本供给职能就是通过信号传递（Higgins 和 Gulati，2006）或关系网络（Hillman 和 Dalziel，2003）提高外界对组织合法性的认同。金融关联董事不仅为企业带来独特的技能专长或者来自外部环境的资源，以及帮助企业与外部组织建立关系网络，为企业竞争性战略决策提供支持，而且因其战略决策专业人士身份具有符号价值（Pfeffer 和 Salancik，1978），还可以直接帮助企业获得外部组织的承诺，从而提高外部组织对企业战略行为的合法性认同。

董事的知识、技能和经验（Kor，2009；周建等，2010），及其拥有的组织内、外部关系以及由这些关系带来的潜在资源（Kim，2008；周建等，2010），分别构成了董事的人力资本和社会资本（即董事资本）。金融关联董事的这些人力和社会资本等非财务资源供给在一定程度上缓解了公司在非财务类资源方面的约束。同时，资源是能力的基础，金融关联董事的人力资本和社会资本等非财务类资源构成了公司战略过程中动态管理能力的部分资源基础（Adner 和 Helfat，2003）。一方面，在"关系为王"（巫景飞等，2008）的中国文化传统里，作为社会资本的关系不仅是一种资源，而且是一种可以调动和获取资源的能力。另一方面，金融关联董事的专业咨询功能具有管理效应，可以改善企业融资管理（祝继高等，2015a），其金融技能可以为企业打造量身定做的创新性融资方案（邓建平和曾勇，2011a）。因此，金融关联董事在缓解公司战略过程中财务和非财务资源约束的同时，也可以缓解公司战略过程中高管层在战略管理能力方面面临的能力约束。

如前所述，因需要一次性支付并购交易对价，并购战略的实施过程具有不可分割性的特点，从而使得并购投资相比其他类型的项目投资更容易受到融资约束的限制。决策者如果不能在短期内筹集到足够多的并购所需资金，将会坐失并购良机，或者造成并购夭折。而通过与金融机构建立社会关系网络、为公司提供声誉担保以及引进金融专业人才等机制（建平和曾勇，2011a），金融关联董事可以直接帮助公司获取并购所需资金，从而缓解公司并购战略过程中的融资硬约束和软约束问题。此外，金融关联董事还可以发挥其战略决策支持者（Baysinger 和 Zardkoohi，1986）或支持性专业人士（Hillman 等，2000）的信息和专业优势，为公司提供除并购资金之外的非财务类并购所需资源，进而为公司并购融资决策提供智力和管理支持。进一步，金融关联董事拥有的人力和社会资本将可以提高公司并购战略过程中的人力资源管理、社会资本（或网络关系）管理和认知管理等动态管理能力（Adner 和 Helfat，2003；Helfat 等，2007；Liu，2010），从而缓解公司并购战略过程中决策者在机会识别、决策管理和资源整合等方面面临的能力约束问题。

正如本章第二节的理论分析，当前或曾经具有银行、证券、基金、保险或信托等金融机构任职背景的金融关联董事使得公司与这些资本供给者建立起密切的联系，增强公司管理环境依赖的能力，帮助公司获取更多的外源资金、资本市场信息以及组织合法性等优势资源。在资源依赖理论视角下，作为战略决策支持者或支持性专业人士的金融关联董事，可以直接为公司并购投资战略带来所需的财务资本（并购资金）、人力资本（金融专长）和社会资本（网络关系）等财务和非财务类稀缺资源，借助这些资源支持公司决策者能够缓解并购战略过程中的环境依赖、融资约束以及能力约束，进而体现出金融关联董事的资源效应。

综合以上分析，本书提出假设 H6.1：

H6.1a：外部董事金融关联能够缓解公司并购战略中的融资约束；

H6.1b：外部董事金融关联能够缓解公司并购战略中的能力约束。

二、实证研究设计

（一）样本选取

本章实证研究所用样本沿用第四章的样本，即 2006 年 1 月 1 日—2015 年 12 月 31 日中国上市公司进行多元化战略并购的 1207 个事件样本，具体的数据来源和样本选取过程见第四章第三节的相应内容，此处不再赘述。

（二）变量设计

1. 外部董事金融关联（financial connection，*FC*）变量设计

金融关联具有狭义和广义之分。狭义上的金融关联特指银行关联，广义上的金融关联泛指公司与任何金融机构的联系。本书所言的金融关联是基于广义层面上的概念，即公司通过聘请曾经或者现在具有银行、证券、信托、保险、基金等金融机构任职背景的高管作为公司董事，从而与金融机构建立密切联系的一种战略行为（祝继高等，2012，2015a，2015b；邓建平和曾勇，2011a，2011b），进而具有上述背景特征的外部董事就成为金融关联董事。这里的金融机构高管任职背景包括：①当前或曾经担任过商业银行总行的行长、副行长、董事（包括董事长），

或者分行和支行的行长或副行长，以及在商业银行重要部门和岗位具有任职经历等；②当前或曾经担任过证券公司、信托公司、保险公司和基金公司等金融机构的总经理（总裁或 CEO）、董事（包括董事长）、副总经理（副总裁）、部门经理或主管等。本书拟从金融关联董事的丰富性、异质性和专业性角度来度量该类别董事的特征。

（1）金融关联型外部董事丰富性（richness）（*FCr*）

该指标反映公司董事会中金融关联董事的多寡，借鉴邓建平和曾勇（2011a）的做法，用公司董事中现在或曾经在商业银行、证券公司、基金公司、保险公司和信托公司等金融中介机构任职的外部董事人数占董事会总人数的比例来表示。金融关联董事的丰富性越高，即金融关联董事比例越大，表明公司与金融机构建立的联系越多，关系也越密切，公司从金融资源提供者那里获得的人力和财务资本可能就会越多。

（2）金融关联型外部董事异质性（heterogeneity）（*FCh*）

有关董事会层面异质性的研究将董事会异质性界定为董事会成员在种族、年龄、性别、职能背景等人口统计特征方面以及个性、情感、价值观等认知方面的差异程度（Kang 等，2007；Anderson 等，2011；周建和李小青，2013）。不同于董事会整体层面的研究，本书关注的是金融关联董事这一子群体层面，相比董事会整体，董事子群体的背景特征必将具有较高的同质性，因而考察董事子群体的全部背景特征已经没有必要，本书将着重考察金融关联董事职业背景的异质性。依据金融关联的定义，本书将金融关联董事的职业背景分为 5 类，分别为商业银行、证券公司、基金公司、保险公司和信托公司任职经历背景。参考周建和李小青（2013）、周建等（2012）测度董事会异质性的做法，利用 Blau 等（1982）构建的异质性指数（*BHI*，也称 Herfindal-Hirschman 指数）来度量金融关联董事职业背景的异质性，如公式（6.1）：

$$FCh=BHI=1-\sum_{i=1}^{5}p_i^2 \qquad (6.1)$$

其中，p_i 为具有第 i 种任职经历背景的金融关联董事人数占董事会总人数的比例。FCh 越大，表示金融关联董事的职业经历差异性越大，金融关联董事异质性越高，公司通过金融关联渠道能够获得的资源就越具有差异性、互补性和丰富性。

（3）金融关联型外部董事专业性（specialization）（FCs）

该指标通过以下三个子指标合成得到：①受教育程度（FCs_1）。若存在取得硕士及以上学位的金融关联董事，FCs_1 取值为 1；否则，取值为 0。②金融机构任职职位（FCs_2）。现在或曾经在银行、证券、基金、保险和信托任职时，若存在担任副行长或副总经理及其以上职位的金融关联董事，FCs_2 取值为 1；否则，取值为 0。③国有商业银行任职情况（FCs_3）。鉴于中国工商银行、中国农业银行、中国银行、中国建设银行、交通银行五大国有商业银行在我国金融系统和信贷资源配置中的重要地位，这里考察金融关联董事是否具有现在或曾在五大国有商业银行任职的经历，若是，FCs_3 取值为 1；否则，取值为 0。外部董事金融关联专业性（FCs）被界定为以上 3 个子指标赋值的均值，即：

$$FCs = \frac{1}{3}\sum_{i=1}^{3} FCs_i \qquad (6.2)$$

2. 公司并购战略资源约束（resource constraint，RC）变量设计

（1）并购融资约束（$RCkz$）

Kaplan 和 Zingales（1997）在 Fazzari 等（1988）提出的融资约束概念的基础上，将融资约束定义为因市场不完备（不对称信息、代理成本等）而导致的企业内部和外部融资成本差额。虽然学界在融资约束产生的根源上基本达成了共识，但在实证研究中关于融资约束的度量问题上仍存在争议。目前关于融资约束的衡量方法主要包括三种：一是利用模型回归系数进行估计；二是利用单项财务指标进行判别；三是利用多项指标构造融资约束指数。表 6.3 对此进行了归纳。

表 6.3　现有文献关于融资约束的测度方法

类型	指标或指数	代表性文献
模型回归系数估计法	估计投资-现金流敏感性系数	Fazzari 等（1988）
	估计现金-现金流敏感性系数	Almeida 等（2004）
单项财务指标判别法	股利支付率	Almeida 等（2004）
	利息保障倍数	Aggarwal 和 Zong（2003）
	利息支出	Feenstra 等（2013）
	公司债券或商业票据评级	Nikolaos 等（2013）
	财务杠杆率	罗长远和陈琳（2011）
	应收账款相对比例	于洪霞等（2011）
融资约束指数构造法	KZ 指数	Kaplan 和 Zingales（1997）
	WW 指数	Whited 和 Wu（2006）
	SA 指数	Hadlock 和 Pierce（2010）
	综合评分指标	Cleary（2006）

资料来源：本研究整理

　　尽管不少研究热衷于利用投资（或现金）-现金流敏感性来度量公司融资约束，但是这种方法与单项财务指标判别法一样，都属于单一维度的测量指标，而公司融资约束状况会受到公司规模、现金持有、负债等多种因素的影响，应该用多维度的综合指标加以度量更为合适。因此，在上述三种度量方法中，利用多项指标构造融资约束指数的方法能够从多方面捕捉公司融资约束的相关信息，显得更加准确可靠。Kaplan 和 Zingales（1997）首次利用现金持有量、经营现金流、资产负债率、股利比率和 *Tobin's Q* 五项反映企业财务状况和成长性的变量综合构建融资约束指数（简称 *KZ* 指数），并被后来的研究广泛效仿和应用（Almeida 等，2004；魏志华等，2014）。本书认为 *KZ* 指数中的 *Tobin's Q* 反映了公司投资机会和成长性，并不适合用来度量公司融资约束程度。借鉴 Baker 等（2003）以及李君平和徐龙炳（2015）的做法，本书将 *Tobin's Q* 一项去除，利用样本公司并购期间相关数据构建一个包含四因子的 *KZ* 指数，用以衡量公司多元化战略并购过程中面临的融资约束程度。*KZ* 指数构建步骤如下：

①变量赋值

选取指标 C_t/A_{t-1}（C_t 为并购当季度的现金持有量，A_{t-1} 为并购上一年末的公司总资产），若 C_t/A_{t-1} 低于全样本数据的中位数，则令变量 kz_1=1，否则 kz_1=0；选取指标 CF_t/A_{t-1}（CF_t 为并购当季度的公司经营性净现金流，A_{t-1} 为并购上一年末的公司总资产），若 CF_t/A_{t-1} 低于全样本数据的中位数，则令变量 kz_2=1，否则 kz_2=0；选取指标 DIV_t/A_{t-1}（DIV_t 为并购当季度的现金股利，A_{t-1} 为并购上一年末的公司总资产），若 DIV_t/A_{t-1} 低于全样本数据的中位数，则令变量 kz_3=1，否则 kz_3=0。选取指标 LEV_t（并购当季度的资产负债率），若 LEV_t 高于全样本数据的中位数，则令变量 kz_4=1，否则 kz_4=0。

②估计模型参数

令 kz_0=kz_1+kz_2+kz_3+kz_4，这样 kz_0 为取值 0、1、2、3、4 的有序离散变量。将 kz_0 作为因变量，将 C_t/A_{t-1}、CF_t/A_{t-1}、DIV_t/A_{t-1}、LEV_t 作为自变量，采用有序逻辑回归方法（OLR）估计出各自变量的参数值 γ_1、γ_2、γ_3、γ_4。

③计算 KZ 指数

利用以上模型回归结果，可以计算各样本公司在多元化战略并购期间的融资约束指数 KZ：$KZ=\gamma_1 C_t/A_{t-1}+\gamma_2 CF_t/A_{t-1}+\gamma_3 DIV_t/A_{t-1}+\gamma_4 LEV_t$。表 6.4 报告了 KZ 指数的拟合结果，即 $KZ=-5.068C_t/A_{t-1}-4.727CF_t/A_{t-1}-18.381DIV_t/A_{t-1}+3.239LEV_t$。

表 6.4　样本公司并购融资约束 KZ 指数拟合结果

	C_t/A_{t-1}	CF_t/A_{t-1}	DIV_t/A_{t-1}	LEV_t	Pseudo R^2	Wald Chi^2	N
KZ	−5.068*** (21.347)	−4.727*** (15.255)	−18.381*** (16.784)	3.239*** (26.145)	0.427	2763.198***	1207

注：***代表 1%显著性水平。

（2）并购能力约束（$RCmc$）

依据并购战略过程的阶段划分，并购能力在并购战略的实施前后以及实施过程中具有不同体现：并购战略实施之前表现为识别和利用机会的能力，实施过程中表现为动态的管理能力，实施之后表现为资源整合和重构能力（苏志文，2012）。

本研究聚焦于公司战略的决策和执行过程中面临的资源约束问题，因而这里主要侧重于对公司多元化并购战略实施过程中管理能力约束的探讨。资源是能力形成的基础，资源约束也是能力约束的根源。并购管理能力约束是指包括人力资源、社会资本（或关系）和认知等管理能力在内的动态能力（Adner 和 Helfat，2003）约束。

①是否聘请并购顾问（$RCmc_1$）

上市公司并购重组财务顾问业务是指为上市公司的收购、重大资产重组、合并、分立、股份回购等对上市公司股权结构、资产和负债、收入和利润等具有重大影响的并购重组活动提供交易估值、方案设计、出具专业意见等专业服务（中国证监会《上市公司并购重组财务顾问业务管理办法》，2008）。公司在并购战略的决策和执行过程中可能需要聘请财务顾问，借助财务顾问的专业服务顺利完成并购战略活动。缺乏并购战略管理能力的高管层对并购财务顾问的需求将更为迫切，更乐于寻求并购财务顾问的合作和帮助。因此，并购交易中若出现买方财务顾问，表明公司管理层可能存在并购管理能力方面的约束，则 $RCmc_1$ 取值为 1，否则取值为 0。

②是否具有并购经验（$RCmc_2$）

组织学习理论认为企业在经营活动中不断积累经验，并通过运用过去的经验降低投资风险（Cohen 和 Levinthal，1990）。丰富的经验能使企业更有效地利用外部资本、法律支持以及其他资源（Hitt 等，1998）。具有丰富并购经验的公司在目标公司选择以及并购后整合和管理方面比那些并购经验较少的公司做得更好，公司从并购经验的学习中获取了并购能力（Hayward，2002；Finkelstein 和 Haleblian，2002；Haleblian 等，2009；Zollom，2009）。对于管理者层面来说同样如此，如果管理者具有成功或失败的并购经历或经验且擅长从中学习，那么管理者在选择合适的并购目标、管理复杂的并购程序以及整合并购后的组织和资源等方面的并购能力都将得到提升。因此，公司高管的并购经验越丰富，在并购管理能力方面受到的约束就越少，反之，并购经验越匮乏，并购管理能力约束程度就越高。于是，本书设计第二个并购管理能力约束指标：若样本公司 CEO 在当次并购事件之前不具有重大并购重组事件的经历，则认为该 CEO 并购经验不足，可能面临并购管理能力约束，则 $RCmc_2$ 取值为 1，否则取值为 0。

③并购过程经历时间（$RCmc_3$）

并购战略是一个高风险的系统工程，从筛选目标公司、展开并购谈判到并购后整合的整个战略过程都需要花费战略决策和执行者的大量时间和精力。从董事会提出并购预案到并购最终完成这段时间越长，表明公司并购管理效率越低下，并购管理效率就越有可能受到高管个人精力投入或并购管理能力不足的限制。因此，并购过程经历的时间可以用来度量高管层的并购管理能力约束程度：若公司并购过程经历的时间（即从董事会提出并购预案到并购最终完成历时的天数）超过全体样本公司的平均天数，则 $RCmc_3$ 取值为 1，否则取值为 0。

本书将公司高管层的并购管理能力约束（$RCmc$）界定为以上 3 个测量指标的赋值之和，即：

$$RCmc = \sum_{i=1}^{3} RCmc_i \tag{6.3}$$

3. 变量定义表

包括解释变量和因变量（两类主要变量）以及控制变量在内的变量定义与说明见表 6.5。

表 6.5　变量定义表

变量 名称	变量 代码	变量 说明	文献 依据	数据 来源
Panel A：外部董事金融关联相关变量				
金融关联董事丰富性	FCr	并购当年公司董事中现在或曾在商业银行、证券公司、基金公司、保险公司和信托公司等金融中介机构任职的外部董事人数占董事会总人数的比例	邓建平和曾勇（2011a）	①
金融关联董事异质性	FCh	并购当年金融关联董事的 Blau 异质性指数（BHI）	周建和李小青（2013）	③

续表

变量 名称	变量 代码	变量 说明	文献 依据	数据 来源
金融关联董事专业性	*FCs*	并购当年金融关联董事受教育程度、金融机构任职职位情况和国有商业银行任职情况三个指标赋值之和的均值	/	
Panel B：并购战略资源约束相关变量				
并购融资约束	*RCkz*	并购期间的 *KZ* 指数： （$KZ=-5.068C_t/A_{t-1}-4.727CF_t/A_{t-1}-18.381DIV_t/A_{t-1}+3.239LEV_t$）	Kaplan 和 Zingales（1997）；李君平和徐龙炳（2015）	② ⑤
并购能力约束	*RCmc*	并购期间反映公司高管并购管理能力约束的 3 个测量指标取值之和	/	① ③ ⑥
Panel C：公司特征层面控制变量				
产权性质	*Private*	主并公司若为民营上市公司，则取值 1；否则，取值 0	魏志华等（2014）	②
公司规模	*Fsize*	并购当年公司总资产的自然对数	田高良等（2013）	
公司绩效	*ROA*	并购当年公司总资产收益率=息税前利润/总资产	陈仕华等（2015）	
公司成长性	*Growth*	并购当年公司营业收入增长率=（当年营业收入-上年营业收入）/上年营业收入	魏志华等（2014）	
股权集中度	*Top1*	并购当年公司第一大股东持股比例	Malmendier 和 Tate（2008）	
外部董事比例	*Outd*	并购当年公司外部董事人数占董事会总人数的比例	Capron 和 Shen（2007）	③
高管持股比例	*Mshare*	并购当年公司高管层持股数量占总股本的比例	姜付秀等（2009）	
二职合一情况	*Dual*	并购当年公司 CEO 是否兼任董事长：是，取值 1；否，取值 0	潘红波和余明桂（2011）	

变量名称	变量代码	变量说明	文献依据	数据来源
政治关联情况	*Polit*	并购当年董事长或 CEO 是否曾任党政官员，或是否现任或曾任人大代表或政协委员：是，取值 1；否，取值 0	于蔚等（2012）	③⑥
金融市场化程度	*Market*	并购当年公司总部所在地的市场化程度：1=西部地区，2=中部地区，3=东部地区；数值越大，金融市场化程度越高	邓建平和曾勇（2011a）	⑦
Panel D：年份和行业虚拟变量				
年份虚拟变量	*Year*	样本区间窗口共 10 年，设置 9 个年份哑变量	/	①
行业虚拟变量	*Indu*	样本公司共涉及 19 行业，设置 18 个行业哑变量	/	④

数据来源：①CSMAR 中国上市公司并购重组研究数据库；②CSMAR 中国上市公司财务报表数据库；③CSMAR 中国上市公司治理结构数据库；④上市公司并购公告；⑤上市公司季报、半年报和年报；⑥其他公共门户网站；⑦金融市场化程度：樊纲等 2010 年编写的《中国市场化指数》按照市场化进程对我国各省、自治区和直辖市进行的地区划分标准为：东部地区包括北京、天津、河北、上海、江苏、浙江、福建、山东、广东和海南；中部地区包括山西、安徽、江西、河南、湖北、湖南、辽宁、吉林和黑龙江；西部地区包括内蒙古、广西、重庆、四川、贵州、云南、西藏、陕西、甘肃、青海、宁夏和新疆。

资料来源：本研究整理

（三）计量模型

为检验假设 H6.1，构建如下多元回归模型：

$$\text{H6.1a} \quad RCkz = \beta_0 + \sum \beta_i FC + \sum \beta_j Controls + \varepsilon \tag{6.4}$$

$$\text{H6.1b} \quad RCmc = \beta_0 + \sum \beta_i FC + \sum \beta_j Controls + \varepsilon \tag{6.5}$$

其中：*FC* 包括 *FCr*、*FCh*、*FCs*；*Controls* 为变量定义表中公司特征层面的控制变量，以及年份和行业虚拟变量。

三、实证分析结果

（一）描述性统计

所有变量的描述性统计结果如表 6.6 所示。

表 6.6　描述性统计结果

	样本量	最小值	平均值	最大值	标准差
FCr	342	0.056	0.098	0.375	0.962
FCh	342	0.006	0.247	0.568	0.083
FCs	342	0.000	0.355	1.000	0.716
RCkz	1207	−13.950	−6.551	0.486	2.542
RCmc	1207	0.000	1.722	3.000	1.563
Private	1207	0.000	0.383	1.000	0.637
Fsize	1207	14.513	19.085	24.969	1.327
ROA	1207	−0.380	0.071	1.554	1.086
Growth	1207	−0.531	0.183	2.570	0.735
Top1	1207	0.032	0.391	0.887	0.661
Outd	1207	0.000	0.442	0.800	0.369
Mshare	1207	0.000	0.006	0.434	0.033
Dual	1207	0.000	0.124	1.000	0.895
Polit	1207	0.000	0.371	1.000	0.647
Market	1207	1.000	2.368	3.000	5.045

　　主要变量的统计分析结果显示，全部样本中有 28.335%（342/1207）的公司存在至少一名金融关联董事，其中 19.635%（237/1207）的公司存在至少一名曾经或当前具有商业银行任职背景的银行关联董事，23.612%（285/1207）的公司存在至少一名非银行关联的董事，即曾经或当前在券商、基金、保险或信托公司等金融机构任职的董事。在金融关联董事特征方面，金融关联董事人数在公司董事会中的比例（丰富性）平均为 9.8%，金融关联董事的异质性和专业性程度平均来看不是很高，均值分别为 0.247 和 0.355（取值区间为 0~1）。从银行关联董事与非银行关联董事的比较结果来看，非银行关联董事均具有较高的丰富性、异质性，以及较低的专业性，前者与后者的三种特征的均值对比结果分别为：0.083 vs. 0.107；0.106 vs. 0.159；0.647 vs. 0.602。公司在多元化战略并购过程中的融资约束程度均值为−6.551，同时具有较大的标准差；并购战略管理能力约束代理变量的均值为 1.722（超过了 1.5），表明样本公司管理层的并购管理能力约束也较高。

（二）相关性分析

表 6.7 是主要变量的相关系数表。为节省篇幅，本书仅列出作为主要研究变量的解释变量和被解释变量的相关系数，省略了控制变量。金融关联董事丰富性、专业性与并购融资约束程度显著负相关；金融关联董事异质性、专业性与并购能力约束呈显著负相关。

表 6.7　自变量与因变量之间的相关系数

	RCkz	*RCmc*	N
FCr	−0.347***	−0.035	342
FCh	−0.125	−0.198*	342
FCs	−0.186*	−0.127*	342

注：*、**、***分别代表 10%、5%、1%显著性水平。

（三）均值比较分析

对因变量进行均值比较的结果表明，金融关联董事丰富性程度或专业性程度较高的样本组，公司并购战略过程中的融资约束显著更低；在金融关联董事异质性程度和专业性程度较高的样本组，管理层在公司并购战略过程中受到的能力约束相应较低。

表 6.8　因变量均值比较分析结果

		RCkz		*RCmc*	
FCr	high	−6.590	（−2.144）**	1.664	（−1.010）
	low	−6.487		1.751	
FCh	high	−6.584	（−0.657）	1.569	（−1.756）*
	low	−6.525		1.811	
FCs	high	−6.568		1.609	
	low	−6.542	（−1.740）*	1.780	（−1.672）*
	0	−6.437		1.739	

注：将样本依据自变量均值分成取值较高组（high）和取值较低组（low），然后对因变量进行均值 T 检验，括号内数字为 t 值；*、**、***分别代表 10%、5%、1%显著性水平。

（四）多元回归分析

金融关联董事缓解并购战略资源约束的资源效应假设认为，金融关联董事能够缓解公司并购战略中的融资约束（H6.1a）或能力约束（H6.1b）。利用多元回归模型（6.4）和（6.5），本书对以上假设进行了实证检验，多变量 OLS 回归结果如表 6.9 所示。

表 6.9　外部董事金融关联的资源效应检验结果

	RCkz	*RCmc*
FCr	−0.093**	−0.012
	（−1.978）	（−1.045）
FCh	−0.026	−0.016*
	（−1.247）	（−1.675）
FCs	−0.075*	−0.028*
	（−1.841）	（−1.693）
Private	0.171**	0.234*
	（1.985）	（1.723）
Fsize	−0.352***	−0.065**
	（−7.364）	（−1.982）
ROA	−0.517***	−0.133*
	（−11.306）	（−1.751）
Growth	−0.214*	−0.019
	（−1.860）	（−0.348）
Top1	−0.074	−0.027
	（−1.282）	（−0.819）
Outd	−0.083*	−0.079**
	（−1.925）	（−2.544）
Mshare	0.045	0.022
	（0.303）	（0.612）
Dual	0.005	0.007
	（0.219）	（0.703）
Polit	−0.348***	−0.052*
	（−2.990）	（−1.815）
Market	−0.017**	−0.009
	（−2.359）	（−0.168）
Year	√	√

	RCkz	RCmc
Indu	√	√
R²	0.284	0.159
F	22.735***	18.486***
N	342	342

注：括号内数字为标准化回归系数的 t 值；√表示年度和行业虚拟变量已控制；*、**、***
分别代表 10%、5%、1%显著性水平。

进一步的回归分析发现，当因变量为公司并购融资约束程度时，除金融关联
董事的异质性对并购融资约束的影响效应不显著外，金融关联董事丰富性
（β=−0.093，$p<5\%$）、专业性（β=−0.075，$p<10\%$）分别显著负向影响并购融资约
束。实证结果表明，金融关联董事能够为公司战略扩张带来必要的金融资源，能
够缓解公司战略过程中面临的融资约束，具有显著的战略资源供给角色，且其金
融机构任职职位越高或专业性越高，越能够为公司扩张战略带来资源获取途径，
资源供给效应也就越明显。

当因变量为并购管理能力约束程度时，除金融关联董事的丰富性对并购能力
约束的影响效应不显著外，金融关联董事异质性（β=−0.016，$p<10\%$）和专业性
（β=−0.028，$p<10\%$）均显著负向影响并购能力约束程度。这一研究结果表明，金
融关联董事提升高管战略管理能力的前置因素并非取决于公司金融关联董事的多
寡，而是取决于金融关联董事任职经历的异质性和专业性，当金融关联董事个体
之间的异质性程度和专业化水平较高时，能够为公司战略的决策和实施提供更加
多元化和更加专业性的支持与帮助，进而缓解公司战略过程中战略决策者和执行
者的管理能力约束，从而体现出在人力资本、专业资本和关系资本等非财务类资
源方面的资源供给效应。

综合以上检验结果，金融关联董事在缓解公司并购战略过程中的融资约束和
能力约束方面均体现出较显著的作用，从而表现出资源依赖视角下的战略资源供
给角色，假设 H6.1a 和 H6.1b 均得以验证。

第七章 信息视角下外部董事金融关联的战略治理效应

第一节 理论基础：信号传递理论

个体决策依赖两种信息，一种是可以自由获取的公开信息，一种是仅部分公众可以获取的私人信息。当"不同的人知道不同的事情"时，信息不对称就发生了（Stiglitz，2002）。影响个体决策过程的信息不对称会在以下两类人中间出现，一类是拥有信息的人，一类是如果拥有这些信息就可能做出更好决策的人（Connelly 等，2011）。Stiglitz（2000）强调了以下两类信息中不对称的重要性：与品质（quality）有关的信息以及与意图（intent）有关的信息。在第一类情况中，当一方不完全知道另一方的特征时，信息不对称就很重要；在第二类情况中，当一方关注另一方的行为或行为意图时，信息不对称也很重要（Elitzur 和 Gavious，2003）。如前所述，委托-代理理论通过考察行为和意图的信息不对称强调激励机制的运用，即减少个体行为导致的潜在道德风险（Jensen 和 Meckling，1976；Ross，1973）。依据委托-代理理论，有关高管决策的道德风险问题（即上述第二类信息不对称问题）在大多数情况下得到了很好的研究（Devers 等，2007）。与委托-代理理论稍有不同，信号传递理论（Signaling Theory）主要关注交易各方如何解决潜在的和不可观察的品质方面的信息不对称以及由此导致的逆向选择问题（即上述第一类信息不对称问题）。如何减少双方的信息不对称以及信号在其中起到什么作用是信号传递理论的核心内容（Spence，2002）。

　　Spence(1973)首开信号传递理论研究的先河。在其开山之作中，Spence(1973)以劳动力市场为例描述了信息不对称情景：雇主在试图分辨高品质和低品质的求职者时会遇到信息不对称。由于雇主缺乏求职者品质的信息，因此求职者通过获得高等教育向潜在的雇主传递他们的品质信号，以减少信息不对称。在这里，求职者的受教育水平充当了劳动力市场中用以减少信息不对称的信号。其内含的假定是，高品质的求职者通过经受严格的高等教育来证明他们的品质，而低品质的求职者将不能承受严格的高等教育，这一信号允许雇主能够选择到高品质的求职者。在这一事例中，信号具有两种重要标准：既可观察又难以模仿（Ross，1977）。首先，雇主可以证实求职者的受教育水平（如学位和证书）。其次，受教育水平难以模仿，低品质的求职者不具备为获取这一教育水平所需要的技术或能力。不同于人力资本模型，Spence（1973）的信号传递模型并不强调教育对员工生产率的影响，而是强调教育是传达员工不可观测特征的一种手段（Weiss，1995），即使教育不能影响员工生产率，也能将高品质的员工与低品质的员工区分出来。自Spence（1973）的开创性研究之后，学者们逐步扩展了潜在的信号范围以及信号发生的环境，信号传递理论在管理学研究中的运用得到了迅猛发展，为不完全信息条件下的决策选择问题提供了一个独特的、实用的和可证实的视角（Ross，1977；Deephouse，2000；Ryan 等，2000；Certo，2003；Sanders 和 Boivie，2004；Cohen 和 Dean，2005；Kang，2008；Zhang 和 Wiersema，2009）。

　　Kirmani 和 Rao（2000）对基本的信号传递模型进行过一般化说明。两位学者区分两种组织实体：高品质的企业和低品质的企业。尽管企业知道自己的真实品质，但是外部人（如投资者和客户）并不知道，因而存在信息不对称。接下来，每家企业都有向外部人发送或不发送企业真实品质信号的机会。当高品质企业发送信号时，会得到收益 A；不发送信号时，会得到收益 B。相反，低品质企业发送信号时，会得到收益 C；不发送信号时，会得到收益 D。当 A 大于 B 且 D 大于 C 时，高品质企业发送信号是一种可行策略。在这种情况下，高品质企业有激励发送信号，低品质企业则没有，进而导致一种分离均衡。这样，外部人能够准确分辨出高品质和低品质的企业。相反，当两类企业都从发送信号中获得利益时（即 A 大于 B 且 C 大于 D），就会导致混合均衡，外部人将不能分辨出这两类企业。

从以上分析中可以发现，除信息不对称这一客观因素外，信号传递模型主要涉及三个核心要素，即信号发送者、信号和信号接收者。首先，信号发送者是内部人（如高管或经理），他们获得外部人无法得到的有关个体（Spence，1973）、产品（Kirmani 和 Rao，2000）或组织（Ross，1977）的信息。如表 7.1 所示，在涉及公司治理的管理学研究中，创业和战略领域是信号传递理论得到最多应用的两大研究领域。创业研究几乎全部关注了作为信号发送者的创业企业或 IPO 企业的领导者（Bruton 等，2009；Zimmerman，2008），也有创业研究考察了特许经营者（Michael，2009）和创业企业家（Elitzur 和 Gavious，2003）发送的信号。许多战略研究关注了企业发出的信号（Basdeo 等，2006；Zhang 和 Wiersema，2009），而其他战略研究则关注了作为信号发送者的一些特殊群体，如经理（Carter，2006；Goranova 等，2007）和董事（Kang，2008；Miller 和 Triana，2009）。

表 7.1　利用信号传递理论的管理研究

作者	信号发送者	信号	信号接收者	主要观点
Panel A：创业领域				
Certo 等（2001）	IPO 企业	董事会结构	投资者	发送者的可信度影响信号强度；好的信号是可观测的、难以模仿的
Filatotchev 和 Bishop（2002）	IPO 企业	内部人持股；董事会多样性	投资者	信号为接收者传达私有信息；通过增加发送频率的多重信号提高了被准确解读的可能性
Certo（2003）	IPO 企业	董事会声誉	潜在投资者	企业有意识地利用信号掩饰潜在的弱势
Elitzur 和 Gavious（2003）	创业企业家	获取天使投资	潜在投资者	对接收者而言，信号可以减少道德风险
Gulati 和 Higgins（2003）	新创企业	背书关系和联盟伙伴	潜在投资者	信号强度受到接收者对发送者注意力以及信号环境的调节；信号具有不同的强度

作者	信号发送者	信号	信号接收者	主要观点
Panel A：创业领域				
Janney 和 Folta（2003）	新创企业	私募股权配置	潜在投资者	信号频率促进信号发送过程，尤其是在动态环境里；信号可信度会随着时间发生改变；信号可能是无意识的
Sanders 和 Boivie（2004）	新创互联网企业	公司治理特征	潜在投资者	不确定性激励了接收者；将信号传递理论与信号筛选理论整合起来；信号可以将风险从接收者转移给发送者
Busenitz 等（2005）	新创企业	创始人持股	风险资本家	一种信号能够发送多种信息；信号成本越高，信号可靠性就越高
Cohen 和 Dean（2005）	IPO 企业	高管团队合法性	潜在投资者	高成本的信号更加可信或有效；接收者更有可能注意高成本信号
Daily 等（2005）	IPO 企业	不同企业特征	投资银行家	将信号传递理论与资源基础观整合起来；信号可能是无意识的
Higgins 和 Gulati（2006）	IPO 企业	高管团队构成	潜在投资者	随着信息不对称和不确定性的增加，接收者与信号更加合拍；信号具有不同的强度；将信号理论与高阶梯队理论整合起来
Janney 和 Folta（2006）	新创企业	私募股权	潜在投资者	好的信号是可观察的、不可逆的和可信的；信号强度受到信号环境的调节；信号会随着时间发展获得或失去强度
Balboa 和 Marti（2007）	私募股权经营者	合伙成员资格	潜在投资者	不同的信号可以按照一定模式加以运用以提高可信度；信号可能相互冲突
Arthurs 等（2008）	IPO 企业	锁仓期	潜在投资者	将信号传递理论与债券和信托整合起来；不同的信号可以彼此相互替代
Bell 等（2008）	境外 IPO 企业	地理范围；内部人持股	潜在美国投资者	将信号传递理论与制度理论和代理理论整合起来

作者	信号发送者	信号	信号接收者	主要观点
Panel A：创业领域				
Jain 等（2008）	IPO 企业	内部人持股；管理层品质	潜在投资者	将信号传递理论与代理理论整合起来；信号可以是正面的或负面的；企业广泛发送需要被管理的信号
Zimmerman（2008）	IPO 企业	高管团队异质性	潜在投资者	发送者仅仅发送相关的和重要的信息
Bruton 等（2009）	IPO 企业	保留的股权	潜在投资者	将信号传递理论与代理理论整合起来；不同特征要求不同类别的信号
Panel B：战略领域				
Lee（2001）	互联网企业	企业名字	投资者	信号具有强度；市场不会轻易受到弱信号的愚弄；可信的信号必须代价高昂
Park 和 Mezias（2005）	企业	联盟宣告	投资者	一种信号可以拥有多种含义；信号具有不同的强度；信号强度受到信号环境的调节
Goranova 等（2007）	管理者	企业所有权	股东	信号必须是能被观察到的，难以模仿的
Kan（2008）	董事会	董事连锁	股东	将信号传递理论与归因理论整合起来；信号强度取决于组织中的信号发送者
Zhang 和 Wiersema（2009）	企业	CEO 背景和持股	投资者	过去的欺骗降低信号诚实性；信号降低信息不对称

资料来源：根据 Connelly 等（2011）的研究整理

其次，管理学研究识别了用以传递发送者品质的多种信号。发送者的品质决定了信号的可靠度或可信度（Davila 等，2003）。品质是指信号发送者的一种潜在的、不可观测的能力，这种能力可以满足观察信号的外部人的需要或需求。比如，在 Spence（1973）的经典研究中，品质指的是个体的不可观测的能力，它可以利用毕业必需的受教育经历的完成作为信号显示出来；在 Ross（1977）的另一项经典研究中，品质指的是组织未来赚取现金流的不可观测的能力，它可以利用财务结构和/或管理激励作为信号显示出来。如表 7.1 所示，管理研究中常被用作信号借以传递个体或组织品质的特征包括董事会或高管层特征、内部人或创始人持股以及组织间关联等。企业获得合法性的一个方法就是利用声誉较高的董事会（Certo 等，2001）或者高级经理（Lester 等，2006）作为信号来显示其不可观察的品质，因此，多数研究往往将信号传递理论与制度理论、高阶梯队理论结合起来，考察董事会或高管团队（TMT）背景特征作为组织合法性的信号传递角色（Certo，2003；Higgins 和 Gulati，2006；Cohen 和 Dean，2005；Zhang 和 Wiersema，2009）。内部人或创始人要比其他任何外部人拥有更多关于企业质量的信息，他们会通过内部人或创始人持股来发送企业品质的信号，这种信号不仅能体现发送者的品质（Johnson 和 Greening，1999；Connelly 等，2010），也能体现发送者的意图（Filatotchev 和 Bishop，2002），对于发送者来说这是一种高成本的信号（Sanders 和 Boivie，2004；Busenitz 等，2005）。管理研究中涉及的其他被用来传递品质信息的信号还包括组织间连带（Gulati 和 Higgins，2003；Park 和 Mezias，2005）、管理层稳定性（Perkins 和 Hendry，2005）和知识产权（Warner 等，2006）等。

最后，信号接收者是缺乏组织信息却想接收到这些信息的外部人。管理研究中的信号接收者一般是个体或由个体组成的群体。如表 7.1 所示，在创业研究中，信号接收者几乎总是现有的或潜在的投资者，要么是私人投资者（Busenitz 等，2005；Daily 等，2005；Michael，2009），要么是公众投资者（Cohen 和 Dean，2005；Jain 等，2008）。战略研究中考虑到的信号接收者包括现有股东或潜在的投资者，或者兼而有之（Kang，2008；Park 和 Mezias，2005），但有些研究也考虑到了更宽泛的利益相关者，如消费者、竞争对手和员工（Basdeo 等，2006；Carter，2006）。

第二节 公司战略治理中外部董事金融关联的信息传递机制

一、外部董事的信号传递角色

对于组织的外部人来说，许多因素导致大量信息不对称的存在，契约条款总是偏离完全信息情境（Downes 和 Heinkel，1982；Leland 和 Pyle，1977；Ross，1977）。由信息不对称导致的不确定性增加了外部人对公司可观察的和可信的信号的依赖（Cohen 和 Dean，2005；Sanders 和 Boivie，2004），外部人利用这些可观测的和可信赖的信号做出自己的行为决策，比如市场中的投资者做出是否投资于上市公司的决策。多种特殊的可观察的公司特征可被用作信号。在某些情景下，董事会具有独立于其有形的行为的象征性角色。因此，董事会特征（包括结构、构成、声誉、成员背景、外部关联等）的信号作用受到许多基于信号传递理论研究的关注（Certo 等，2001；Filatotchev 和 Bishop，2002；Certo，2003；Kang，2008；冯慧群和马连福，2013；陆贤伟等，2013；刘林，2016）。

　　不同研究者利用信号传递理论解释了公司如何使用异质的董事会向一系列的组织利益相关者传达社会价值受到遵守的信号（Miller 和 Triana，2009）。公司获得合法性的一个方法就是聘用具有较高声誉的董事（Certo 等，2001）或者高级经理（Lester 等，2006）作为信号来显示其不可观察的品质。因此，公司领导者通过邀请来自不同群体的有声望的外部董事加入公司董事会，借以向潜在的投资者发送有关公司合法性的信息（Certo 等，2001；Certo，2003；Filatotchev 和 Bishop，2002）。Certo（2003）利用信号传递理论、制度理论以及有关声望的社会学研究，理论分析认为投资者对董事会声誉的感知能够作为组织合法性的信号，进而降低市场新进入者的劣势，并提高 IPO 公司的市场表现。

　　对于上市公司来说，外部董事的信号作用符合信号传递理论的标准，即可信的信号必须可观察且难以模仿（Certo 等，2001；Goranova 等，2007）。首先，上市公司必须公开全部董事的个人传记信息，所有潜在的投资者都能够观察到这一信号，因而上市公司通过外部董事传递的信号具备了可观测标准。其次，外部董事作为"决策专家"（Fama 和 Jensen，1983）必须要为个人行为和组织后果承担一定责任（Pfeffer 和 Salancik，1978），因而他们会慎重选择董事职位，因为在业绩不良的公司担任董事可能会损害董事自身的精英地位（Finkelstein 和 Hambrick，1996）或个人声誉（Gilson，1990）。因此，外部董事会谨慎选择董事职位，低品质公司将不能像高品质公司那样轻易从董事劳动力供给市场中聘请到高声誉的外部董事，即高声誉外部董事所传递的信号不易被低品质公司所模仿，从而具备了信号的难以模仿标准。

以往研究主要关注高管团队外部关联的信号传递作用（Certo，2003；Cohen 和 Dean，2005；Higgins 和 Gulati，2006）。类似地，有关董事会的研究也强调外部关联董事的信号传递价值，尤其是在大型公司背景下（Westphal 和 Zajac，1998；Zajac 和 Westphal，1995）。管理者可以增加董事会连锁以加强公司与其他高声誉组织的关联（Mizruchi，1996）。董事会与高声誉的客户或供应商建立关联有助于增加投资者对董事会声誉的感知。这样，公司可以从拥有高水平社会资本的董事那里获益，因为这些组织间关联向投资者展示公司内嵌于高声誉的社会网络中（Granovetter，1985；Mizruchi，1996）。

因此，与外部董事和组织关联的信号传递角色一致，作为一类具有金融机构任职背景的特殊外部董事，金融关联董事具备可观察和难以模仿这两大信号标准，也可以作为公司向外界传递其潜在品质的信号。金融关联董事的人力和社会资本为其带来声誉（Certo，2003），而较高声誉的金融关联董事向外部利益相关者（主要是潜在的机构投资者）能够传达多种有关公司品质的信号，如董事会具有较高的合法性（Higgins 和 Gulati，2006；Cohen 和 Dean，2005）、公司不会遭遇财务危机（Kracaw 和 Zenner，1998；Kroszner 和 Strahan，2001；García-Meca 等，2015）等。

二、外部董事金融关联、信号传递与资源约束

如前所述，资源依赖理论认为，作为支持性专业人士的金融关联董事（如商业和投资银行家以及保险公司代表）能够帮助公司获取战略决策所需的财务资源（Hillman 等，2000），从提高融资金额和降低融资成本两个方面来缓解公司战略过程中的融资硬约束（Diamond，1984；Booth 和 Deli，1999；Kroszner 和 Strahan，2001；García-Meca 等，2015；邓建平和曾勇，2011a，2011b；祝继高等，2015a）

和融资软约束（Myers 和 Majluf，1984；Berger 和 Udell，1995；Sisli-Ciamarra，2006；Engelberg 等，2012；García-Meca 等，2015；何韧等，2009），进而表现出战略资源供给效应。尽管国内外经验研究大都发现金融关联在缓解公司融资约束方面的资源效应，但对于金融关联究竟通过何种微观机制起作用，部分研究则语焉不详，仅笼统地把资源效应视为金融关联带来的关系租金。金融关联董事具有信息中介和提供声誉担保的信息效应（祝继高等，2015a；邓建平和曾勇，2011a），即金融关联董事是企业与金融机构之间的非正式信息沟通渠道，通过该渠道金融机构可以深入了解企业内部信息（信息中介作用）；同时又是一种声誉和隐性担保机制，有利于增强企业信用和声誉（声誉担保作用）。金融关联董事的信息中介和声誉担保作用都有助于缓解因企业品质信息不对称而导致的逆向选择和融资约束问题。基于信号传递理论的分析，本书认为金融关联董事的战略信息效应表现为：作为信息中介的金融关联董事具有向外界传递有关公司战略品质信息的功能，这种信号传递能够减少战略过程中公司与投资者之间的信息不对称（Zhang 和 Wiersema，2009），促进双方之间的信息流动和沟通，进而有助于公司从市场中获取资金等至关重要的资源，缓解公司在战略过程中面临的资源约束（尤其是融资约束）。

　　一方面，金融关联董事可以向市场中的投资者传递组织合法性以及公司财务和治理状况的信号。通过吸纳与其他重要组织具有关联的个体进入公司董事会，公司向潜在的投资者传递这样的信号，即公司是值得支持的合法化企业（Mizruchi，1996）。Higgins 和 Gulati（2006）认为高管背景特征可以向市场中的投资者传递三种组织合法性信号，即资源、角色和背书合法性信号。与此类似，金融关联董事也可以传递这些信号。首先，资源合法性信号传递方面。资源合法性信号是指公司借助高管与外部组织的关联关系向外部人传递公司能够获取战略决策所需资源（人力资本和社会资本）的组织合法性信号（Hillman 和 Dalziel，2003）。因为高声誉的外部组织一般被认为拥有特殊领域的独特的和/或优异的知识，当一名高管先前在这类组织有过工作经历时，就能传递专长、知识和经验等资源获取能力的信号。金融关联董事能够显示公司董事会具有获取金融领域相关专有知识的能力，从而帮助矫正投资者在这方面的顾虑（Certo，2003）。其次，角色合法性信号传递方面。角色合法性是指个别关键高管以往经验与当前角色的匹配性。借助一些特殊高管的背景信息，公司向投资者提供这类合法性信号，即公司恰当地拥有关键的领导者。金融关联董事一般拥有曾在金融机构高层管理岗位任职的经历，与当前在公司董事会中的金融专家或战略决策专家（Fama 和 Jensen，1983；Baysinger 和 Zardkoohi，1986）的角色具有较高的匹配性，因而可以传递角色合法性信号。最后，背书合法性信号传递方面。背书合法性是指公司吸引来自投资界的关键支持者（如 IPO 承销商和风险资本家）的能力。借助公司主要承销商或风险资本家的有关信息，公司向投资者提供这类合法性信号，即公司成功获得投资界的背书支持（Stuart 等，1999）。金融关联董事（尤其是新创企业或 IPO 公司的金融关联董事）部分来自投资银行（证券公司）或风险投资机构的高管，这类董事的存在意味着新企业得到了市场的认可，因而往往被潜在的投资者视为企业优良品质的信号（Gulati 和 Higgins，2003；Elitzur 和 Gavious，2003）。此外，金融关联董事的存在还可以传递公司不可能遭遇财务危机（Kracaw 和 Zenner，1998；Kroszner 和 Strahan，2001；García-Meca 等，2015）以及公司控制系统正在有效运转（Fama 和 Jensen，1983；Certo 等，2001；Miletkov 等，2014）等公司财务或治理状况方面的信号。因此，金融关联董事的存在可以增强董事会声誉，进而增强组织合法性，而组织合法性又能影响投资者对公司财务、治理和战略等品质的认知，这样，金融关联董事的信号传递功能就起到了声誉保障和资格认证的作用。

另一方面，公司与市场中的投资者之间广泛存在严重的信息不对称，致使公司在战略过程中面临融资约束。信息不对称可能由多种因素导致。首先，多数公司具有复杂的领导权结构、文化、技术、产品和战略，而市场和行业环境又增加了组织复杂性；其次，投资者接收到的多数信息受到内部人的筛选，他们有激励向潜在的投资者误传公司信息（Downes 和 Heinkel，1982）；再次，尽管法律对内部人提供准确信息有强制要求，但是法律不能要求全部披露所有实质性的信息；最后，不准确的或不完全的信息披露能够获得大量的潜在收益，这会催生内部人潜在的机会主义行为。公司与投资者之间的信息不对称将导致融资约束，这是公司金融领域研究的主流观点之一。Myers 和 Majluf（1984）最早将信息不对称问题引入公司融资决策模型，指出由于信息不对称的存在，外部投资者会降低购买风险证券的价格，公司为了能够获取经营所需资金必须支付风险溢价，从而使得外部融资成本增加，形成融资约束。随后，Fazzari 等（1988）依据信息不对称理论提出了著名的融资约束假说，认为融资约束根源于市场的不完美，信息不对称导致更高的融资成本和融资约束。因此，为降低资金以及其他重要资源的获取成本（即缓解资源约束）而减少组织与资源供给者之间的信息不对称程度就显得至关重要。信号传递理论认为，组织释放部分信息以此向外界表明组织具备或能够获得相关的重要资源和能力，这样可以减少外部利益相关方关于组织生产和生存能力的信息不对称和主观不确定性（Zimmerman 等，2004）。

金融关联董事的信号传递作用能够促进公司与金融机构等投资者之间的信息流动，缩小金融机构相对公司的战略决策信息劣势和信息不对称，从而减少金融机构对公司的投资或贷款限制，有助于公司获取财务资本，缓解战略过程中面临的融资约束问题。Fama（1985）、Kracaw 和 Zenner（1998）认为，借助董事席位而形成的密切的金融关联能够向市场显示公司不可能遭遇财务危机的信号，从而起到声誉保障和资格认证的作用，有助于公司从其他债权和股权投资者那里得到融资。Boot（2000）从信息传递的角度指出，银行关联便于公司与银行间的信息共享，从而增加信贷契约达成的可得性。

金融关联董事是金融机构获取信息优势的真实来源，其信息效应得到了部分经验研究的证实。金融关联董事为金融机构提供的信息优势提升了公司信用评估等级，有助于公司从银行获取贷款，这对于那些投资机会和收益不确定或者在公共金融市场上不透明的公司来说尤为成立（Kroszner 和 Strahan，2001；Kracaw 和 Zenner，1998；Leland 和 Pyle，1997；Fama，1985）。Kroszner 和 Strahan（2001）通过对银行高管进入公司董事会的动机、利益冲突和信贷责任的考察，发现股东-债权人利益冲突是影响银行高管进入公司董事会的动机的主要因素，同时发现当银行在某家公司拥有董事代表时，不仅会向该公司也会向该公司所属行业提供更多的贷款，其原因是银行高管通过参与董事会增进了对行业的了解，缓解了金融机构与该行业的企业之间的信息不对称程度。García-Meca 等（2015）利用西班牙公司的数据实证发现，金融关联董事可以促进金融机构和公司之间的信息流动，使得金融机构获得信息优势，从而有助于企业得到较高的信用额度评估，放松金融机构的贷款限制。

三、外部董事金融关联缓解公司战略过程中资源约束的信息传递机制

综合以上分析，由于信息不对称的存在，组织需要借助可观察的且难以模仿的信号向外界显示组织不可观测的内在品质（如高管战略管理能力或公司战略质量），而外部董事金融关联满足品质信号的标准，且兼具外部董事和组织关联的信号传递功能，不仅可以传递由战略决策和执行主体（高管或董事）背景特征构成的组织合法性信号，还可以传递战略过程中公司财务和治理相关的信号。依据信号传递理论，外部董事金融关联的信号传递作用可以降低公司与潜在资源提供者（如金融机构等资金提供者）之间的信息不对称以及由此导致的资源获取成本，从而有助于公司从市场中获取战略过程所需的财务资本等至关重要的战略资源，缓解公司在战略过程中面临的资金等资源约束。这就是基于信号传递理论视角的外部董事金融关联对公司战略治理有效性的影响机制，本书称之为外部董事金融关联缓解公司战略过程中资源约束的信息传递机制（如图 7.1 所示）。

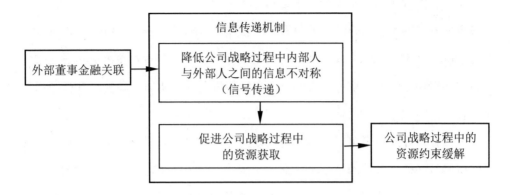

图 7.1 外部董事金融关联缓解公司战略过程中资源约束的信息传递机制

第三节 并购战略中外部董事金融关联的信息效应实证分析

一、研究假设提出

（一）外部董事金融关联与投资者-管理者信息不对称

金融关联董事充当了企业与金融机构之间的非正式信息沟通渠道，通过该渠道金融机构可以深入了解企业内部信息，从而金融关联董事具有信息中介作用；同时，金融关联董事又可以作为声誉和隐性担保机制，有利于增强企业信用和声誉，从而金融关联董事具有声誉担保作用。因此，从信息传递视角分析，金融关联董事具有信息中介和提供声誉担保的信息效应（祝继高等，2015a；邓建平和曾勇，2011a；陈仕华和马超，2013）。

信号传递理论认为，包括董事会结构、构成、声誉、成员背景和外部关联等特征在内的董事会特征具有反映不可观察的公司品质的象征性角色，因而董事会特征的信号作用受到许多研究的关注（Certo 等，2001；Filatotchev 和 Bishop，2002；Certo，2003；Kang，2008；冯慧群和马连福，2013；陆贤伟等，2013；刘林，2016）。信号发送者的品质决定了信号的可靠度或可信度（Davila 等，2003），因此，通过邀请来自不同群体的有声望的外部董事加入公司董事会，公司高管层借以向潜在的投资者发送有关公司合法性的信号（Certo 等，2001；Certo，2003；Filatotchev 和 Bishop，2002）。如 Certo（2003）的理论分析认为投资者对董事会声誉的知觉能够作为组织合法性的信号，进而降低市场新进入者的劣势，并提高 IPO 公司的市场表现。

上市公司外部董事可以向资本市场发出可观察且难以模仿的信号，从而具备了优质信号必须具备的两个基本标准（Certo 等，2001；Goranova 等，2007）。作为一类具有金融机构任职背景的特殊外部董事，金融关联董事具备可观察和难以模仿这两大信号标准，可以作为公司向外界传递其潜在品质的信号。（1）因为公司通过吸纳与其他重要组织具有关联的个体进入公司董事会，借以向潜在的外部投资者传递公司是值得支持的合法化企业这样一种信号（Mizruchi，1996），所以金融关联董事可以向市场中的投资者传递组织合法性方面的信号。其一，金融关联董事能够显示公司董事会具有获取金融领域相关专有知识的能力，帮助矫正投资者在这方面的顾虑（Certo，2003），从而具有传递资源合法性信号（Higgins 和 Gulati，2006）的作用。其二，金融关联董事一般拥有曾在金融机构高层管理岗位任职的经历，与当前在公司董事会中的金融专家或战略决策专家（Fama 和 Jensen，1983；Baysinger 和 Zardkoohi，1986）的角色具有较高的匹配性，从而具有传递角色合法性信号（Higgins 和 Gulati，2006）的作用。其三，（尤其是新创企业或 IPO 公司的）金融关联董事部分来自投资银行（证券公司）或风险投资机构的高管，这类董事的存在意味着新企业得到了市场的认可，往往被潜在的投资者看作是企业优良品质的信号（Gulati 和 Higgins，2003；Elitzur 和 Gavious，2003），从而具有传递背书合法性信号（Higgins 和 Gulati，2006）的作用。（2）金融关联董事还可以传递公司财务或治理状况良好的信号，如公司不可能遭遇财务危机（Kracaw 和 Zenner，1998；Kroszner 和 Strahan，2001；García-Meca 等，2015）以及公司控制系统正在有效运转（Fama 和 Jensen，1983；Certo 等，2001；Miletkov 等，2014）等。

信号传递理论认为，投资者（外部人）与管理者（内部人）之间的信息不对称导致投资者对公司可观察的和可信的信号的依赖（Cohen 和 Dean，2005；Sanders 和 Boivie，2004），投资者利用这些可观测的和可信赖的信号来做出是否投资于上市公司的投资决策。而金融关联董事可以增强公司董事会的声誉，进而增强组织合法性，组织合法性又能增进投资者对公司财务和治理品质的良好知觉和正确判断。因此，金融关联董事在组织合法性以及公司财务或治理状况方面的信号传递作用，通过克服投资者对公司内在品质的逆向选择问题，从而缓解了投资者与管理者之间的信息不对称。

综合以上分析，本书提出假设 H7.1：

H7.1：外部董事金融关联能够降低投资者与管理者之间的信息不对称。

（二）投资者–管理者信息不对称与公司并购融资约束

由于组织自身的复杂性、内部人信息过滤和信息披露制度不健全等原因导致市场会存在不同程度的信息不对称，很难满足经典投资理论中的完美市场假说（Modigliani 和 Miller，1958）。Myers 和 Majluf（1984）最早将信息不对称问题引入公司融资决策模型，指出由于信息不对称的存在，外部投资者会降低购买风险证券的价格，公司为了能够获取经营所需资金必须支付风险溢价，从而使得外部融资成本增加，形成融资约束。随后，Fazzari 等（1988）依据信息不对称理论提出了著名的融资约束假说，认为融资约束根源于市场的不完美，信息不对称导致更高的融资成本和融资约束。后续大量研究发现，不完备市场中存在的信息不对称问题导致公司外部融资成本增加，从而提高公司融资约束程度（Hoshi 等，1991；Oliner 和 Rudebush，1992；Fazzari 和 Petersen，1993；Chirinko 和 Schaller，1995；Hubbard 等，1998；Degryse 和 Jong，2001；Gelos 和 Werner，2002；Cleary 等，2007），进而证实了 Myers 和 Majluf（1984）以及 Fazzari 等（1988）的融资约束假说。

因此，为缓解融资约束，减少资金供需双方之间的信息不对称程度就显得至关重要。首先，从资金供给方的角度分析，在其他条件既定的情况下，投资者要求的投资回报率与预测的风险水平成正比，即未来收益的不确定性越高，投资者要求的回报率就越高，而信息不对称程度的降低，可以降低投资者对未来收益风险水平的估计，从而降低所要求的投资回报率，公司融资成本相应降低，进而缓解公司融资约束。如 Barry 和 Brown（1984）、Handa 和 Linn（1993）的理论研究表明投资者会对信息不对称程度较高的股票赋予更高的风险水平，对这类股票需求更小、出价更低、要求更高的投资回报，导致公司融资成本更高。其次，从资金需求方的角度分析，上市公司与投资者之间信息不对称程度的降低，有助于公司获取潜在投资者的青睐（Verrecchia，1991；Kim 和 Verrecchia，1994），或者降低股票交易成本（Amihud 和 Mendelson，1986；Welker，1995；Healy 等，1999），增强股票流动性（Bloomfield 和 Wilks，2000），从而降低公司融资成本，缓解公司融资约束程度。

信息是连接股票市场资金供给方和需求方的重要纽带，降低资金供需双方之间的信息不对称，无疑有助于资金需求方即上市公司为并购等重大战略投资项目募集资金。如前所述，并购投资往往需要一次性支付巨额资金，信息不对称较高的公司更可能具有较高的投资-现金流敏感性，进而在并购战略过程中面临较高的融资约束。

基于以上分析，本书提出假设 H7.2：

H7.2：投资者与管理者之间的信息不对称能够增加公司并购战略中的融资约束。

（三）外部董事金融关联与公司并购融资约束：信息不对称的中介效应

一方面，融资约束假说认为，在不完美的资本市场中，潜在投资者与公司管理者之间存在严重的信息不对称，致使公司在战略投资过程中面临融资约束（Myers 和 Majluf，1984）。另一方面，信号传递理论认为，组织释放部分信息以此向外界表明组织具备或能够获得相关的重要资源和能力，这样可以减少外部利益相关方关于组织生产和生存能力的信息不对称和主观不确定性（Zimmerman 等，2004）。作为信息中介和声誉担保机制（祝继高等，2015a；邓建平和曾勇，2011a）的金融关联董事具有向外界传递公司战略决策品质信息的功能，这种信号传递能够减少公司战略过程中内部人与外部人之间的信息不对称（Zhang 和 Wiersema，2009）。

因此，作为公司品质信号和信息沟通渠道的金融关联董事有助于降低公司和金融机构之间的信息不对称程度（Kroszner 和 Strahan，2001；Erkens 等，2014）。如果公司的融资约束是因信息不对称而导致（Myers 和 Majluf，1984；Fazzari 等，1988），那么建立金融关联将使得金融机构更好地了解公司，从而帮助公司获得债务或股权融资以便投资具有价值创造潜力的项目（Güner 等，2008）。

正如本章第二节的理论分析，外部董事金融关联的信号传递作用可以降低公司与潜在资金提供者之间的信息不对称以及由此导致的资金获取成本，从而有助于公司从市场中获取并购战略行动所需的财务资源，缓解公司在并购战略过程中面临的融资约束，进而体现出外部董事金融关联的信息效应。因此，综合假设 H6.1 和 H6.2 的逻辑关系，在信号传递理论视角下，本书认为投资者-管理者信息不对称是外部董事金融关联影响公司并购融资约束的中介变量，即外部董事金融关联通过降低投资者与管理者之间的信息不对称缓解了公司并购战略过程中的融资约束，从而形成假设 H7.3：

H7.3：外部董事金融关联通过降低投资者与管理者之间的信息不对称，进而缓解公司并购战略中的融资约束。

二、实证研究设计

（一）样本选取

本章实证研究所用样本沿用第四章的样本，即 2006 年 1 月 1 日 2015 年 12 月 31 日中国上市公司进行多元化战略并购的 1207 个事件样本，具体的数据来源和样本选取过程见第四章第三节的相应内容，此处不再赘述。

（二）变量设计

1. 自变量

外部董事金融关联（FC）为自变量，包括金融关联董事丰富性（FCr）、异质性（*FCh*）、专业性（*FCs*）。变量内涵及测度方法见第六章第三节的相应内容，此处不再赘述。

2. 因变量

公司并购战略资源约束（*RC*）为因变量，即并购融资约束（*RCkz*）。变量内涵及测度方法见第六章第三节的相应内容，此处不再赘述。

3. 中介变量

投资者-管理者信息不对称（*Asym*）为中介变量。如表 7.2 所示，现有文献对信息不对称的度量方法大致有四种：一是基于分笔交易的高频数据，二是基于日交易的低频数据，三是基于财务报告的会计数据，四是基于权威机构的评估报告。

表 7.2 现有文献关于信息不对称的测度方法

数据类型	度量方法	代表性文献
高频数据	知情交易概率模型（PIN）	Easley 等（1996）；屈文洲等（2011）
	买卖差价分解法（LSB 模型）	Lin 等（1995）
	MRR 交易成本分解模型	Madhavan 等（1997）
	有效价差	冯玉梅（2010）
低频数据	报告期前后股票累计回报的绝对值	Affleck-Graves 等（2002）
	流动性比率指标	Amihud 等（1997）
	非流动性比率指标	Amihud（2002）
	收益率反转指标	Pastor 和 Stambaugh（2003）
会计数据	市值账面比（MB）	Barclay 等（2007）
评估数据	深交所对上市公司信息披露的考评等级	谭劲松等（2010）
	证券分析师对上市公司的业绩预测	Duchin 等（2010）

资料来源：本研究整理

在信息不对称的多种测度方法中，基于高频交易数据运算得出的 PIN 指标被认为是实证研究中最好的信息不对称衡量指标（Easley 等，2002；Easley 和 O'Hara，2004；屈文洲等，2011）。但是，由于需要使用到高频交易数据，数据处理过程甚为复杂，数据可得性也较差，从而使得 PIN 指标应用面并不广泛（杜晓颖和阳雪，2013）。考虑到基于每笔交易的高频交易数据的可得性和复杂性问题，本书利用公司个股的日频交易资料来捕捉证券市场上非知情交易者与知情交易者关于公司品质信息的不对称程度，并以此作为资金供给方与公司之间信息不对称程度的代理变量。为此，本书选择三个基于股票日交易（低频）数据的信息不对称代理指标：非流动性比率（*ILL1* 和 *ILL2*）和股票累计异常回报率绝对值的均值（*AvgabsCAR*）。

（1）股票非流动性比率（*ILL*）

非知情交易者与知情交易者关于公司品质信息的不对称程度是股票流动性的重要决定因素，信息不对称程度和逆向选择问题越严重，非知情交易者要求的"柠檬溢价"补偿就越高，股票的流动性也就越差（于蔚等，2012）。因此，股票非流动性可以度量内部人与外部人之间的信息不对称程度。根据 Amihud 等（1997）和 Amihud（2002）的研究，股票非流动性比率（*ILL*）可以有两种计算方法，分别为式（7.1）和式（7.2）：

$$ILL1 = \frac{1}{D}\sum_{t=1}^{D}\sqrt{\frac{|r(t)|}{V(t)}} \tag{7.1}$$

$$ILL2 = -\frac{1}{D}\sum_{t=1}^{D}\sqrt{\frac{V(t)}{|r(t)|}} \tag{7.2}$$

在以上两式中，$r(t)$ 表示公司在并购期间（即从董事会提出并购预案到并购结束这段时间）第 t 个交易日的股票收益率，$V(t)$ 表示公司并购期间的日成交量，D 表示公司并购期间的交易天数。股票非流动性越高，单位成交量对应的价格变化就越大，投资者逆向选择成本就越高，从而表明引起逆向选择成本的信息不对称程度就越高（Amihud 等，1997；Amihud，2002）。

（2）股票累计异常回报率绝对值的均值（*AvgabsCAR*）

在其他条件相同的情况下，如果市场对公司所披露的公告信息反应比较强烈，则表明公司管理者释放了更多外部投资者希望拥有的内部信息，从而反映出公司内外部信息不对称程度较高（Dierkens，1991）。因此，本书利用样本公司多元化并购公告所引起的市场反应程度作为公司并购期间外部人-内部人信息不对称程度的另一个度量指标。具体做法是，首先计算出并购期间每个交易日的股票异常收益率的绝对值，然后取其平均值，如式（7.3）。之所以要取异常收益率的绝对值，是因为股票异常收益率度量了并购事件引起的市场反应，体现了真实收益水平与估计收益水平的偏差，而这种偏差的方向（即正负号）与信息不对称程度的度量无关，其绝对值方是对信息不对称程度的测量（Affleck-Graves 等，2002）。

$$AvgabsCAR = \frac{1}{D} \sum_{t=1}^{D} |AR(t)| \qquad (7.3)$$

其中，AR（t）是公司并购期间第 t 个交易日的异常收益率，D 是公司并购期间的交易天数。

Hasbrouck（2007）和于蔚等（2012）认为由市场微观结构数据得到的信息不对称指标既可能包含与非对称信息相关的成分，也可能包含与非对称信息无关的成分，不能全面刻画信息不对称的全部特征。为此，本书仿照 Bharath 等（2009）和于蔚等（2012）的做法，对以上三个指标提取第一主成分，以捕捉它们的共同变异信息即与非对称信息相关的成分，记为信息不对称指标 *Asym*。主成分分析发现，仅第一主成分的特征根大于 1，且对应的累积方差贡献率超过 80%，表明第一主成分已经包含了三个原始指标的主要信息。*ILL1*、*ILL2*、*AvgabsCAR* 和 *Asym* 的相关系数表（如表 7.3）显示，各指标的相关性较高，进一步表明可以利用由第一主成分构造的 *Asym* 指标来度量公司并购期间内部人与外部人之间的信息不对称程度。

表 7.3　信息不对称指标的相关系数

	ILL1	*ILL2*	*AvgabsCAR*
ILL2	0.836***		
AvgabsCAR	0.519**	0.524**	
Asym	0.817***	0.795***	0.743***

注：**、***分别代表 5%、1%显著性水平。

（三）计量模型

为检验假设 H7.1，构建如下多元回归模型：

$$\text{H7.1} \quad Asym = \beta_0 + \sum \beta_i FC + \sum \beta_j Controls + \varepsilon \qquad (7.4)$$

其中，FC 包括 FCr、FCh、FCs。

为检验假设 H7.2，构建如下多元回归模型：

$$\text{H7.2} \quad RCkz = \beta_0 + \beta_1 Asym + \sum \beta_j Controls + \varepsilon \qquad (7.5)$$

以上模型中，$Controls$ 为变量定义表 6.5 中公司特征层面的控制变量，以及年份和行业虚拟变量。

说明：假设 H7.3 为 $Asym$ 的中介效应假设，本章继续沿用第五章介绍的 Baron 和 Kenny（1986）中介效应检验策略。

三、实证分析结果

（一）外部董事金融关联对投资者-管理者信息不对称的影响效应检验

基于信号传递理论，假设 H7.1 认为外部董事金融关联能够降低投资者与管理者之间的信息不对称。表 7.4 的回归结果显示，金融关联董事丰富性（β=-0.176，$p<5\%$）、异质性（β=-0.065，$p<10\%$）和专业性（β=-0.113，$p<10\%$）分别显著缓解信息不对称程度。实证结果表明金融关联董事确实具有信息传递功能，能够帮助公司有效降低战略过程中信息不对称带来的逆向选择成本。当资金供给方观察到公司拥有金融关联董事后，会修正其先验信念，认为该公司可能具有较好的战略决策质量、较高的经营效率以及良好的经营前景。因此，假设 H7.1 得以验证，公司通过聘任具有金融机构任职背景的金融关联董事在一定程度上向外部市场释放了有关公司内在品质的信息，从而缓解了公司战略过程中内外部信息不对称程度。

表 7.4　外部董事金融关联对投资者-管理者信息不对称的影响效应检验结果

	$Asym$
FCr	-0.176**
	（-2.347）

续表

	Asym
FCh	−0.065*
	（−1.762）
FCs	−0.113*
	（−1.928）
Private	0.017
	（0.719）
Fsize	−0.414***
	（−5.003）
ROA	−0.436***
	（−5.758）
Growth	−0.167**
	（−2.410）
Top1	0.058
	（1.431）
Outd	−0.059*
	（−1.867）
Mshare	−0.036
	（−0.663）
Dual	0.007
	（0.094）
Polit	−0.054*
	（−1.680）
Market	−0.212**
	（−2.544）
Year	√
Indu	√
R^2	0.304
F	33.287***
N	342

注：括号内数字为标准化回归系数的 t 值；√表示年度和行业虚拟变量已控制；*、**、*** 分别代表 10%、5%、1%显著性水平。

一些控制变量的估计结果也符合经济直觉。公司规模越大，越容易受到市场的青睐和关注，资金供给方越容易了解公司相关的战略信息，公司战略过程中的信息不对称程度就越低。公司绩效越好、增长越快，公司经营状况越好，公司战略过程中的信息不对称程度就越低。此外，外部董事比例、政治关联的存在、金融发展的市场化程度都能显著降低公司战略过程中的信息不对称程度。

（二）投资者–管理者信息不对称对公司并购融资约束的影响效应检验

根据 Myers 和 Majluf（1984）以及 Fazzari 等（1988）的融资约束假说，假设 H7.2 认为，投资者与管理者之间的信息不对称会加剧公司并购战略过程中的融资约束程度。如表 7.5 所示的经验研究结果发现，公司并购战略过程中信息不对称程度越高，公司并购融资约束程度越高，且在 1%显著性水平下信息不对称显著加剧了融资约束程度（β=0.360，p<1%）。本研究利用并购战略情境重新验证了信息不对称视角下的经典融资约束理论，重新证实公司与资金供给方之间的信息不对称会导致公司融资成本上升、融资约束加剧的观点。

多数控制变量的回归结果也与以往理论预期一致。公司的民营企业产权性质会带来更高的融资约束水平，而大公司、业绩好的公司以及成长快的公司容易缓解战略过程中面临的融资约束。此外，外部董事、政治关联和市场发育也能显著缓解公司战略过程中的融资约束。

表 7.5　投资者–管理者信息不对称对公司并购融资约束的影响效应检验结果

	$RCkz$
Asym	0.360***
	（6.201）
Private	0.171**
	（1.984）
Fsize	-0.352***
	（-7.364）
ROA	-0.517***
	（-11.307）
Growth	-0.214*
	（-1.860）

续表

	RCkz
Top1	−0.075
	（−1.285）
Outd	−0.053*
	（−1.925）
Mshare	0.045
	（0.303）
Dual	0.005
	（0.219）
Polit	−0.348***
	（−2.991）
Market	−0.087**
	（−2.359）
Year	√
Indu	√
R^2	0.357
F	47.065***
N	1207

注：括号内数字为标准化回归系数的 t 值；√表示年度和行业虚拟变量已控制；*、**、***分别代表 10%、5%、1%显著性水平。

（三）投资者-管理者信息不对称的中介效应检验

假设 H7.3 认为投资者与管理者之间信息不对称的缓解充当了外部董事金融关联缓解公司并购战略过程中融资约束的中介变量，从而体现出外部董事金融关联缓解公司战略资源约束的信息效应。这里沿袭第五章介绍的 Baron 和 Kenny（1986）中介效应检验规则，用以考察金融关联缓解公司并购融资约束的信息传递机制。在 Baron 和 Kenny（1986）提出的四步法中介效应检验程序中，前三步的检验工作其实已经完成，分别对应表 6.9 的第一列（第一步：自变量对因变量的回归）、表 7.4（第二步：自变量对中介变量的回归）、表 7.5（第三步：中介变量对因变量的回归），因而这里只需执行第四步的检验工作，即将待考察的中介变量引入自变量对因变量的回归分析，并研判自变量回归系数及其显著性的变化情况，进而得出中介效应是否成立的结论。第四步的检验结果如表 7.6 所示。

表 7.6 引入中介变量 *Asym* 后自变量对因变量的回归结果

	RCkz
FCr	−0.091*
	（−1.947）
FCh	−0.025
	（−1.345）
FCs	−0.074*
	（−1.841）
Asym	0.357***
	（6.196）
Controls	√
R²	0.292
F	33.018***
N	342

注：括号内数字为标准化回归系数的 t 值；√表示控制变量已控制，且与表 6.9 的控制变量相同；*、**、***分别代表 10%、5%、1%显著性水平。

综合比较表 6.9、表 7.4、表 7.5 和表 7.6 各自变量和中介变量的回归系数及其显著性，发现金融关联董事的丰富性和异质性特征与并购融资约束程度之间的关系满足 Baron 和 Kenny（1986）中介效应检验过程的要求。在此前提下，本书再结合 Sobel 中介效应检验统计量确切判别投资者-管理者信息不对称在外部董事金融关联缓解并购融资约束的机制中是否具有中介效应。检验结果见表 7.7。

表 7.7 信息不对称 *Asym* 的中介效应检验程序及结果

	第一步：金融关联对融资约束的影响必须显著	第二步：金融关联对信息不对称的影响必须显著
	RCkz	*Asym*
FCr	√	√
FCh	×	√
FCs	√	√
	第三步：信息不对称对融资约束的影响必须显著	
	RCkz	
Asym	√	

	第四步：引入信息不对称 *Asym* 后金融关联对融资约束 回归系数的显著性变化情况
	RCkz
FCr	部分中介（回归系数显著性水平降低；Z=−2.195**，*p*=0.028）
FCh	第一步不满足，无中介
FCs	部分中介（回归系数显著性水平未变化；Z=−1.830*，*p*=0.067）

注：√表示影响效应显著，×表示影响效应不显著；Z 为 *Sobel* 中介效应检验统计量：

$$Z = ab \Big/ \sqrt{a^2 S_b^2 + b^2 S_a^2 + S_a^2 S_b^2}$$，其中，a 为自变量对中介变量的回归系数，S_a 为 a 的标准误差，b 为将中介变量引入自变量对因变量的回归方程后，中介变量的回归系数，S_b 为 b 的标准误差；*、**分别代表 10%、5%显著性水平。

（1）在引入中介变量 *Asym* 后，*FCr* 对 *RCkz* 回归系数的显著性水平从引入前的 5%提高至 10%。Sobel 中介效应检验结果为：Z=−2.195，*p*=0.028。因而，在 5%显著性水平上 *Asym* 在 *FCr* 与 *RCkz* 的关系中具有显著的部分中介作用。

（2）在引入中介变量 *Asym* 后，*FCs* 对 *RCkz* 回归系数的显著性水平没有发生明显变化。但是 Sobel 中介效应检验结果为：Z=−1.830，*p*=0.067。因此，结合 Sobel 统计量检验结果，可以认为在 10%显著性水平上 *Asym* 在 *FCs* 与 *RCkz* 的关系中具有部分中介作用。

总之，根据中介效应检验程序和 Sobel 统计量的综合检验结果，本书发现在金融关联董事的丰富性和专业性特征与公司并购融资约束程度的关系中，公司并购战略过程中的信息不对称具有部分中介作用，即金融关联董事对公司战略过程中融资约束的缓解效应，部分是通过降低公司与市场之间的信息不对称程度来实现的。公司建立金融关联后，借助金融关联董事及其个人背景特征的信号传递作用，降低公司与外部投资者或资金供给方之间的信息不对称程度，进而促进公司战略过程中融资约束的缓解，从而支持了外部董事金融关联缓解并购融资约束的信息效应假设。

第八章 结论、启示与展望

第一节 研究结论

一、机构股东关系投资的战略治理效应研究结论

本书分别基于委托-代理理论和社会交换理论对机构股东关系投资缓解公司战略过程中代理冲突的监督约束机制和互惠合作机制进行了理论研究,并利用中国上市公司多元化战略并购事件为样本,分别对这两类作用机制进行了实证研究。

（一）理论研究结论

1. 监督约束机制

关系投资是机构股东的一种长期、稳定、集中投资行为,这种投资行为一方面提高了机构股东监督的激励和能力,另一方面为机构股东监督提供了信息获取和处理的优势。在公司战略治理中,通过监督约束公司战略过程中高管机会主义行为,机构股东关系投资可以缓解公司战略过程中的代理冲突,降低公司战略过程中的代理成本。

2. 互惠合作机制

关系投资的核心内涵是外部投资者与公司管理者之间建立的互惠关系,这种互惠关系能够激发和维持管理者的合作行为。在公司战略治理中,公司高管合作行为不仅能够减少外部股东介入公司战略过程的障碍和成本,而且能够减少公司高管在战略过程中的机会主义行为,机构股东关系投资通过这种互惠合作机制缓解公司战略过程中的代理冲突。

（二）实证研究结论

1. 监督效应

机构股东持股集中性、持久性、稳定性均对公司并购战略中高管自利行为具有显著的负向影响；机构股东持股持久性对公司并购战略中高管自负行为具有显著的负向影响。尤其是，长期持股的机构股东既能约束高管并购自利行为，也能约束高管并购自负行为，持股期限对于机构股东能否显著发挥其战略监督效应具有重要意义。

2. 互惠效应

投资者与管理者之间的互惠合作在机构股东持股集中性（持股比例）以及持股持久性（持股时间）与高管并购自利的关系中具有部分中介作用。研究结果表明，长期持股的机构大股东对公司战略过程中高管自利行为的约束效应，在一定程度上是通过股东-高管之间的互惠关系来实现的，从而支持了互惠效应假设。

二、外部董事金融关联的战略治理效应研究结论

本书分别基于资源依赖理论和信号传递理论，对外部董事金融关联缓解公司战略过程中资源约束的资源供给机制和信息传递机制进行了理论研究，并利用中国上市公司多元化战略并购事件为样本，分别对这两类作用机制进行了实证研究。

（一）理论研究结论

1. 资源供给机制

外部董事金融关联能够直接为公司带来特殊技能专长、资本市场资源、信息交流渠道以及组织合法性等重要资源。在公司战略治理中，金融关联董事为公司带来战略过程所需的财务资本（资金）、人力资本（专长）和社会资本（关系网络和合法性）等财务和非财务类稀缺资源，公司高管层借助这些资源支持能够缓解公司战略过程中的资源约束。

2. 信息传递机制

外部董事金融关联具有信号传递功能，不仅可以向外传递组织合法性信号，还可以传递公司财务和治理相关的信号。在公司战略治理中，外部董事金融关联的信号传递作用可以降低公司与潜在资源提供者之间的信息不对称以及由此导致的资源获取成本，从而有助于管理者从外部获取公司战略过程中所需的重要资源，缓解公司战略过程中的资源约束。

（二）实证研究结论

1. 资源效应

高比例（丰富性）和高声誉（专业性）的金融关联董事能够缓解公司并购融资约束，而异质性和专业性水平较高的金融关联董事能够缓解公司并购能力约束。外部董事金融关联对公司战略过程中融资约束和能力约束的缓解作用验证了资源效应假设。

2. 信息效应

在金融关联董事的丰富性和专业性特征与公司并购融资约束的关系中，投资者与管理者之间的信息不对称具有部分中介作用。研究结果表明，外部董事金融关联对公司战略过程中融资约束的缓解效应，部分是通过降低公司与市场之间的信息不对称程度来实现的，从而支持了信息效应假设。

第二节 研究启示

一、机构股东关系投资的战略治理效应研究启示

一直以来，关于机构投资者对公司治理的影响，学界还没有形成统一的定论。争论焦点主要是机构投资者的投资目的究竟是短期投资还是长期投资，投资行为究竟是短视性的还是关系性的，从而是否有意愿或有能力参与公司治理。总体来看，学界关于机构投资者的公司治理角色及其经济效应的争议主要存在三种不同

的观点：有效监督观（Shleifer 和 Vishny，1986；Strickland 等，1996；Carleton 等，1998；Bertrand 和 Mullainathan，2001；李维安和李滨，2008）、负面监督观（Coffee，1991；Barnard，1992；Romano，2001；Webb 等，2003）和无效监督观（Pound，1988；Wahal，1996；Karpoff 等，1996；Smith，1996）。有效监督观认为机构投资者从消极到积极的战略转变可以强化企业内部监督机制，公司绩效与机构投资者持股比例之间存在正相关关系。负面监督观认为机构投资者的参与会干扰管理者的正常工作从而对公司产生不利影响，包括利益冲突假说和战略同盟假说。利益冲突假说认为，机构投资者和公司间除投资关系外还存在着其他有盈利性的商业关系，机构投资者受商业利益的驱使可能被迫投票支持公司高管；战略同盟假说则认为，机构投资者和公司高管可能结成有利于对方的合作关系，这种合作降低了机构投资者监督公司高管所产生的对公司价值的正效应。无效监督观认为机构投资者的参与对公司没有显著影响。

　　本书关于机构股东关系投资的战略治理效应的实证研究结果，则是对以上争议的回应。本研究发现关系投资机构持股的集中性、持久性和稳定性有助于约束公司战略过程中高管自利性代理行为，这一研究结果实际上支持了有效监督观。同时，本书实证研究也发现机构关系投资能够促进关系投资者与公司管理者之间形成互惠性的社会和经济交换关系。一方面，通过这种互惠关系的中介机制，关系投资机构能够约束公司战略过程中高管自利性代理行为；另一方面，这种互惠关系能够诱导高管自负性代理行为，进而抵消关系投资机构对公司战略过程中高管自负性代理行为的约束作用。这一研究结果进而又辩证地回应了有效监督观和负面监督观。投资者与管理者之间的互惠合作关系对于代理冲突的缓解或者公司价值的提升，究竟是有益还是有害，首先取决于代理冲突的类型，其次取决于机构投资者的类别，我们需要辩证地看待这一争议。当委托代理冲突源于代理人自利动机时，投资者与管理者之间的互惠合作关系能够缓解代理冲突，从而有助于提升公司价值；而当委托代理冲突源于代理人自负心理时，二者之间的互惠合作关系则加剧代理冲突，从而不利于公司价值的提升。

本部分的实证结论是对机构投资者治理角色及其经济效应争议的进一步澄清，为机构投资者介入公司治理相关领域的研究做出了增量贡献和边界拓展。其一，在对公司战略过程中代理冲突的界定中，本书不仅考虑由代理人自利动机导致的代理行为，而且也考虑由代理人自负心理导致的代理行为，同时考虑由代理人主、客观因素导致的代理行为，丰富和深化了研究内容。其二，不再拘泥于既有研究采用的单一委托代理理论视角，本书将理论分析视角从经济学领域拓展至社会学领域，以委托代理理论和社会交换理论作为理论基础，从监督效应和互惠效应整合的视角实证分析关系投资缓解公司代理冲突的机制及其有效性，从而大大推进和拓展了机构投资者介入公司治理相关领域的实证研究。

二、外部董事金融关联的战略治理效应研究启示

由外部董事人力和社会资本赋予的资源供给治理职能往往属于非正式治理机制的一部分，如政治、行业或金融关联类外部董事往往被视为企业通过非正式治理机制从政府公共部门、行业内其他组织或金融机构获取外部资源的一种组织间安排。因此，许多研究认为在董事二元化治理角色（即监督和资源供给）中外部董事更多地表现出了资源供给角色（Adams 和 Ferreira，2007；刘浩等，2012；沈艺峰等，2016）。本书实证研究发现金融关联董事的丰富性和专业性能够缓解公司战略过程中的融资约束，其异质性和专业性还能够缓解公司战略过程中的管理能力约束，进而为外部董事的资源供给角色提供了额外的经验证据支持。

相比资源供给角色，包括金融关联在内的组织间关联的信息传递角色则较少受到研究者的关注。本书实证研究发现金融关联董事的信息中介和信号传递功能能够降低公司与资金供给方之间的信息不对称程度，通过降低资金供需双方之间的信息不对称，金融关联董事能够缓解公司战略过程中融资约束程度。这一发现充分证实了金融关联董事缓解公司战略过程中资源约束的信息传递角色，同时也证实了除传统观念下的监督和资源供给二元化治理角色之外，董事还具有第三个治理角色：信息传递。

本部分的实证研究结论为包括金融关联董事在内的外部董事治理角色相关领域的研究做出了增量贡献和边界拓展。其一，在对公司战略过程中资源约束的界定中，本研究不仅考虑到了由财务资本匮乏导致的融资约束，而且也考虑到了由专业资本或人力资本匮乏导致的管理能力约束，从而丰富和深化了研究内容。其二，不再局限于以往研究采用的单一资源依赖理论视角，本研究将理论分析视角从战略管理领域拓展至信息经济学领域，以资源依赖理论和信号传递理论作为实证模型构建理论基础，从资源效应和信息效应整合的视角实证分析外部董事金融关联缓解公司战略过程中资源约束的机制及其有效性，从而大大推进和拓展了董事治理相关领域的实证研究。

此外，从广义上讲，本部分的实证结论印证了 Allen 等（2005）关于经济转型国家非正式制度对正式制度存在替代作用的论断。Allen 等（2005）强调在正式机制缺乏或不完善的国家，应当重点关注非正式的、替代性的机制是如何运行的。本书实证研究发现公司通过聘请金融关联董事可以缓解战略过程中的资源约束，则从金融关联这一角度为非正式机制对正式机制的替代作用提供了新证据。因而，本部分的实证结论深化了对于包括中国在内的转型经济国家中非正式制度的作用及其运行机制的理解，丰富了关于转型经济国家中非正式制度安排的系列文献。

第三节　研究展望

如前文对公司战略治理概念的论述，公司战略治理有效性的实现机制包含两个维度，即代理冲突缓解导向的战略治理机制和资源约束缓解导向的战略治理机制。受篇幅所限，本书仅从代理冲突缓解导向和资源约束缓解导向分别研究机构股东关系投资和外部董事金融关联的战略治理效应，在研究内容设计上存在一定的不足，未来可以尝试从以下三个方面继续扩展。

一、关系投资的资源效应

关系投资作为一种与被投资公司结成紧密关系的长期投资策略，对被投资公司具有典型的资源供给效应。首先，关系投资机构对成熟的上市公司具有一定的资源供给作用。作为股票所有者而非股票交易者的关系投资者有助于稳定上市公司股价，而稳定的股价不仅能够为公司带来帮助公司扩张和融资的有形资源，而且能够为公司带来鼓舞员工士气的无形资源，因而 Hendry 等（2006）认为关系投资者是公司重要的资源提供者。张纯和吕伟（2007）从机构投资者缓解证券市场信息不对称和代理问题视角出发，研究发现机构投资者的参与能显著降低民营上市公司的信息不对称程度，降低民营上市公司所面临的融资约束和对内部资金的依赖，进而提高其负债融资能力，从而表明机构投资者在一定程度上为我国民营企业提供了金融资源支持。其次，作为关系投资典范（Dorothea 和 Dirk，2006；Ayres 和 Cramton，1994）的风险投资或创业投资对创业型企业具有特殊的资源供给作用。风险投资机构是一种特殊的金融中介，不仅为新创企业提供充足的资金支持，还提供许多投资后的管理和咨询等增值服务（Vanacker 等，2013；Davila 和 Foster，2005；Keuschnigg，2004；Bruton 和 Ahlstrom，2003；Hellmann 和 Puri，2002；Barney 等，1996；王会娟和张然，2012；李严等，2012），进而受到了创业治理领域研究的重点关注。

以长期稳定投资为主要投资策略的关系投资者不仅可以缓解企业融资困境，而且还能为企业的战略和运营活动提供各种重要资源，关系投资者的这种资源效应可以运用基于互惠规范的社会交换理论进行解释。如前所述，社会交换理论认为，在关系投资中，关系投资者与管理者之间会存在建立于双方互惠基础上的社会交换关系。互惠在双方交换关系中起到"润滑剂"的作用，有助于经济资源的顺利交换。对于管理者而言，互惠关系会促进管理者更加高效地利用关系投资者交付的长期权益资本，勤勉完成代理人的职责与义务，为关系投资者提供理想的股利收入和投资回报，这也是双方交换关系的应有之义。对于关系投资者而言，一方面，关系投资者以权益资本形式介入公司，向公司提供资金支持，满足公司

IPO 上市、战略投资等项目融资需求。另一方面，关系投资者也可能会向公司派出外部功能型董事，如投资专家、律师、会计人员和管理咨询顾问等（Barry 等，1990；Filatotchev 和 Bishop，2002；Kaplan 和 Stromberg，2004；周建等，2014），为公司提供专业化的管理服务，并以此改造目标公司的董事会，强化关系投资者的资源供给角色，同时满足管理层因自身资源禀赋不足而产生的外部资源需求。互惠关系对关系投资者积极介入目标公司具有促进作用，促进关系投资者向目标公司提供更多的资金和服务，有助于交换关系中关系投资者作为外部资源提供者角色的实现。互惠的资源供给效应也体现在关系借贷中，Harhoff 和 Körting（1998）、Lehmann 和 Neuberger（2001）实证研究表明，关系借贷为银行信贷员和公司经理带来相互理解和信任的社会互动，这种社会互动为德国中小企业提供了更加有利的借贷条款。

关系投资者与管理者之间的互惠关系不仅对管理者具有合作激励，而且对关系投资者也具有资源供给激励，可以提高关系投资者作为长期大股东的忠诚度和积极性，激励关系投资者为管理者提供公司战略过程所需的外部优质资源，如战略项目所需的财务资金和专业技能服务等。因此，关系投资机构缓解公司资源约束的资源效应将是一个可行的未来研究方向。

二、金融关联的监督效应

董事会战略监督与控制机制的有效性关键在于董事会的独立性，只有当董事会具备监督高管层的能力以及独立地对高管层绩效进行客观评价时，才能保证公司战略决策符合股东价值最大化的原则（Guthrie 等，2012）。相对于内部董事，外部董事以其独立于公司高管层（尤其是 CEO）的客观性，促进董事会更加有效地发挥监督和控制职能，保障公司战略符合股东利益（Withers 等，2012）。外部董事被视为股东与高管层之间的仲裁者（Fama 和 Jensen，1983），其独立性使其能够客观评价高管层的战略管理过程和绩效，从而更加有效地代表股东利益，这对于缓和战略管理中的代理冲突问题至关重要（Rechner 和 Dalton，1991）。外部董事一般为组织内部控制专家，具备监督高管层所需的专业技能和经验（Duchin 等，2010；Fahlenbrach 等，2010），相对于内部董事，外部董事凭借其独立性和专业技能能够更加有效地监督高管层（Dewally 和 Peck，2010；Withers 等，2012）。

由于外部董事具有监督作用，股东将外部董事作为监督和控制公司管理者战略行为的一种手段（David 等，2001）。股东依赖外部董事对经理人员战略决策的监督来确保决策符合股东利益，因而希望能够插手外部董事安排和激励措施，使得董事会按照股东的利益行事。例如，Hoskisson 等（2002）发现养老金经理鼓励外部独立董事持股和股票期权激励，而专业投资基金经理鼓励增加外部董事人数及其持股数量。Kosnik（1990）发现养老金经理会支持增加外部董事人数和持股比例，这是因为当董事会中存在独立外部董事时，公司治理被视为更加有效。Baysinger 和 Hoskisson（1990）认为专业投资基金经理对短期财务业绩的关注与外部董事对财务控制的关注相吻合，因而专业投资基金经理会支持外部董事。Hoskisson 等（2002）则认为专业投资基金经理支持外部董事的主要原因，在于外部董事在传统上被认为可以有效监督管理层。此外，Aggarwal 等（2011）的实证研究发现外国（而非国内）机构投资者持股更可能使董事会拥有绝大多数的外部独立董事以及适度的董事会规模。

对于金融关联董事而言，相比其他非财务背景的外部董事，作为当前或曾经具有银行、证券、基金、保险或信托等金融机构任职背景的一类特殊外部董事，由于其拥有财务方面的专业能力以及一定程度的独立性，从而能够更好地履行对管理层的监督职能（Park 和 Shin，2004；Bushman 和 Smith，2001；万红波和陈婷，2012；向锐，2008；陆宇建和肖睿，2009）。国外研究发现金融背景董事体现了多种公司治理或监督效应，包括减少管理层盈余管理行为（Osma 和 Noguer，2007；Xie 等，2003；Bedard 和 Johnstone，2004）、提高会计信息质量和财务报告可信度（Agrawal 和 Chadha，2005；Park 和 Shin，2004；Bushman 和 Smith，2001）以及增加公司价值（Kumar 和 Singh，2012）等。国内研究同样也发现金融背景董事具有积极的监督角色。如金融背景董事在董事会中的比例越高，上市公司的盈余质量就越好（胡奕鸣和唐松莲，2008）；金融背景董事更可能对董事会议案表达异议态度（叶康涛等，2011）；银行关联的存在会削弱融资需求对真实盈余管理的诱导作用，有助于降低企业的真实盈余管理程度（翟胜宝等，2015），以及缓解民营公司投资不足，有助于提高公司的投资效率（曲进和高升好，2015；翟胜宝等，2014a）等。

综上分析，金融关联董事除具有资源供给角色之外，也可能具有监督角色，未来可以尝试研究金融关联董事缓解公司代理冲突的监督效应。

三、关系投资与金融关联的交互效应

一方面，金融关联董事的监督和信息角色对关系投资机构的战略监督效应是一种正强化。首先，作为一类特殊的外部董事，金融关联董事的监督角色能够增加关系投资者的持股偏好和治理介入。Falkenstein（1996）认为外部董事的监督能力对于专业投资基金经理而言具有重要价值。由于外部董事具有监督作用，机构投资者偏好投资于董事会中外部董事比例较高的公司（Coombes 和 Watson，2000；Johnson 等，1993）。Hoskisson 等（2002）发现公共养老金和专业投资基金的经理都偏好由持有公司股权的外部董事组成的董事会。Schantterly 和 Johnson（2013）则发现共同基金因受到制度压力的驱动，从而对外部董事具有明显的偏好。其次，作为公司与金融机构之间的非正式信息沟通渠道，金融关联董事的信息角色有助于金融机构深入了解公司内部信息，从而也能够增加关系投资者的持股偏好和介入兴趣。借助金融关联董事的监督和信息角色，关系投资机构可以更加容易地监督和控制管理层的行为，进而缓解公司战略过程中的代埋冲突问题。因此，金融关联董事能够强化关系投资机构的战略监督效应。

另一方面，关系投资机构的资源供给角色对金融关联董事的战略资源供给效应也是一种正强化。其一，关系投资机构作为长期投资的大股东，可能会向公司委派自己的高管担任上市公司的外部董事（即机构股东董事），以此在公司和金融机构之间建立紧密的关系（Booth 和 Deli，1999）。其二，关系投资机构支持的公

司更倾向于招募那些拥有金融背景的人士来做外部董事（即金融背景董事），以增强与公司原有创业团队的知识互补性（Clarysse 等，2007）。两类金融关联董事不仅能够缓解董事会独立性的缺失（García-Meca 等，2015），而且能够为公司提供获取债务资金的渠道以及提供财务资源、服务和业务联系，具有显著的资源供给效应（García-Meca 等，2015；Slomka-Golebiowska，2014；Dittmann 等，2010；Kroszner 和 Strahan 2001；Booth 和 Deli，1999）。关系投资机构会促进金融关联的形成，增加公司董事会中金融关联董事的出现概率和人数，进而强化金融关联董事的资源供给角色，有助于金融关联董事对公司战略过程中资源约束的缓解作用。因此，关系投资机构能够强化金融关联董事的战略资源供给效应。

由此可见，关系投资型股东与金融关联型董事彼此之间并非独立存在，彼此相互影响对方的战略治理效应（即对公司战略过程中代理冲突或资源约束的缓解作用），二者之间的这种战略治理效应的交互作用在未来研究中亦值得进一步深入探索。

参考文献

[1] 薄仙慧, 吴联生. 国有控股与机构投资者的治理效应: 盈余管理视角[J]. 经济研究, 2009, 2 (8): 81-91.

[2] 陈栋, 陈运森. 银行股权关联、货币政策变更与上市公司现金管理[J]. 金融研究, 2012, (12): 122-136.

[3] 陈其安, 方彩霞. 高管人员过度自信对股利分配决策的影响: 来自中国上市公司的经验证据[J]. 中国管理科学, 2013, 1: 26-37.

[4] 陈仕华, 姜广省, 卢昌崇. 董事联结、目标公司选择与并购绩效——基于并购双方之间信息不对称的研究视角[J]. 管理世界, 2013, (12): 117-132.

[5] 陈仕华, 卢昌崇, 姜广省, 等. 国企高管政治晋升对企业并购行为的影响——基于企业成长压力理论的实证研究[J]. 管理世界, 2015, (9): 125-136.

[6] 陈仕华, 卢昌崇. 企业间高管联结与并购溢价决策——基于组织间模仿理论的实证研究[J]. 管理世界, 2013, (5): 144-156.

[7] 陈夙, 吴俊杰. 管理者过度自信、董事会结构与企业投融资风险——基于上市公司的经验证据[J]. 中国软科学, 2014, (6): 109-116.

[8] 陈小林, 孔东民. 机构投资者信息搜寻、公开信息透明度与私有信息套利[J]. 南开管理评论, 2012, (1): 113-122.

[9] 成力为, 严丹, 戴小勇. 金融结构对企业融资约束影响的实证研究——基于20个国家制造业上市公司面板数据[J]. 金融经济学研究, 2013, 28 (1): 108-119.

[10] 程新生, 谭有超, 刘建梅. 非财务信息、外部融资与投资效率——基于外

部制度约束的研究[J]. 管理世界，2012，（7）：137-150.

[11] 邓德强，温素彬，潘琳娜，等. 内部控制质量、机构投资者异质性与持股决策：基于自选择模型的实证研究[J]. 管理评论，2014，（10）：76-89.

[12] 邓建平，曾勇. 金融关联能否缓解民营企业的融资约束[J]. 金融研究，2011a，（8）：78-92.

[13] 邓建平，曾勇. 金融生态环境、银行关联与债务融资[J]. 会计研究，2011b，（12）：33-40.

[14] 邓建平，陈爱华. 金融关联能否影响民营企业的薪酬契约?[J]. 会计研究，2015，（9）：52-58.

[15] 邓路，徐睿阳，谷宇，等. 管理者过度自信、海外收购及其经济后果——基于兖州煤业的案例研究[J]. 管理评论，2016，28（11）：252-263.

[16] 范海峰，胡玉明. R&D 支出、机构投资者与公司盈余管理[J]. 科研管理，2013，34（7）：24-30.

[17] 冯根福. 双重委托代理理论：上市公司治理的另一种分析框架[J]. 经济研究，2004，12：16-25.

[18] 傅颀，汪祥耀，路军. 管理层权力、高管薪酬变动与公司并购行为分析[J]. 会计研究，2014，（11）：30-37.

[19] 傅强，朱浩. 基于公共偏好理论的激励机制研究——兼顾横向公平偏好和纵向公平偏好[J]. 管理工程学报，2014，（3）：190-195.

[20] 傅勇，谭松涛. 股权分置改革中的机构合谋与内幕交易？[J]. 金融研究，2008，（3）：88-102.

[21] 高敬忠，周晓苏，王英允. 机构投资者持股对信息披露的治理作用研究——以管理层盈余预告为例[J]. 南开管理评论，2011，（5）：129-140.

[22] 高楠. 境外背景独立董事的有效性研究——基于独立董事投票行为的视角[D]. 南开大学博士学位论文，2012.

[23] 韩姣杰，周国华，李延来，等. 基于互惠偏好的多主体参与项目团队合作

行为[J]. 系统管理学报，2012，21（1）：111-119.

[24] 韩姣杰，周国华，李延来. 基于互惠和利他偏好的项目团队多主体合作行为[J]. 系统管理学报，2014，23（4）：545-553.

[25] 韩立岩，陈庆勇. 并购的频繁程度意味着什么——来自我国上市公司并购绩效的证据[J]. 经济学（季刊），2007，6（4）：1185-1200.

[26] 郝颖，刘星，林朝南. 我国上市公司高管人员过度自信与投资决策的实证研究[J]. 中国管理科学，2005，5（13）：142-148.

[27] 何韧，刘兵勇，王婧婧. 银企关系、制度环境与中小微企业信贷可得性[J]. 金融研究，2012，11：103-115.

[28] 何贤杰，孙淑伟，朱红军，等. 证券背景独立董事，信息优势与券商持股[J]. 管理世界，2014a，（3）：148-188.

[29] 何贤杰，孙淑伟，曾庆生. 券商背景独立董事与上市公司内幕交易[J]. 财经研究，2014b，40（8）：67-80.

[30] 胡元木. 技术独立董事可以提高 R&D 产出效率吗?——来自中国证券市场的研究[J]. 南开管理评论，2012，（2）：136-142.

[31] 黄福广，李西文. 风险资本对我国中小上市公司财务业绩的影响研究[J]. 投资研究，2009，10：0-14.

[32] 姜付秀，马云飙，王运通. 退出威胁能抑制控股股东私利行为吗?[J]. 管理世界，2015（5）：147-159.

[33] 姜付秀，张敏，陆正飞，等. 管理者过度自信、企业扩张与财务困境[J]. 经济研究，2009，1：131-143.

[34] 金宇超，靳庆鲁，宣扬. 不作为或急于表现：企业投资中的政治动机[J]. 经济研究，2016，51（10）：126-139.

[35] 孔东民，刘莎莎，陈小林，等. 个体沟通、交易行为与信息优势：基于共同基金访问的证据[J]. 经济研究，2015，50（11）：106-119.

[36] 雷倩华，柳建华，季华. 机构投资者、内幕交易与投资者保护[J]. 金融评

论，2011，（3）：29-39.

[37] 李常青，赖建清. 董事会特征影响公司绩效吗?[J]. 金融研究，2004，（5）：64-77.

[38] 李常青，魏志华，吴世农. 半强制分红政策的市场反应研究[J]. 经济研究，2010，45（3）：144-155.

[39] 李君平，徐龙炳. 资本市场错误定价、融资约束与公司融资方式选择[J]. 金融研究，2015，（12）：113-129.

[40] 李蕾，韩立岩. 价值投资还是价值创造？——基于境内外机构投资者比较的经验研究[J]. 经济学（季刊），2013,13（1）：351-372.

[41] 李璐，孙俊奇. 独立董事背景特征对企业信贷融资的影响研究——基于我国上市民营企业的经验证据[J]. 投资研究，2013，32（8）：138-152.

[42] 李培功，肖珉. CEO 任期与企业资本投资[J]. 金融研究，2012，（2）：127-141.

[43] 李善民，毛雅娟，赵晶晶. 高管持股、高管的私有收益与公司的并购行为[J]. 管理科学，2009，（6）：2-12.

[44] 李善民，王媛媛，王彩萍. 机构投资者持股对上市公司盈余管理影响的实证研究[J]. 管理评论，2011，23（7）：17-24.

[45] 李维安，李滨. 机构投资者介入公司治理效果的实证研究[J]. 南开管理评论，2008，11（1）：4-14.

[46] 李维安. 公司治理学[M]. 北京：高等教育出版社，2005.

[47] 李有彬. 公司治理与投资理论视角下的关系投资述评[J]. 外国经济与管理，2006，28（2）：30-37.

[48] 李云鹤. 公司过度投资源于管理者代理还是过度自信[J]. 世界经济，2014，（12）：95-117.

[49] 李增福，林盛天，连玉君. 国有控股、机构投资者与真实活动的盈余管理[J]. 管理工程学报，2013，（3）：35-44.

[50] 李争光，赵西卜，曹丰，等. 机构投资者异质性与会计稳健性——来自中国上市公司的经验证据[J]. 南开管理评论，2015，18（3）：111-121.

[51] 连玉君，苏治. 融资约束、不确定性与上市公司投资效率[J]. 管理评论，2009，21（1）：19-26.

[52] 梁平汉，孟涓涓. 人际关系、间接互惠与信任：一个实验研究[J]. 世界经济，2013，（12）：90-110.

[53] 梁上坤. 管理者过度自信、债务约束与成本粘性[J]. 南开管理评论，2015，18（3）：122-131.

[54] 刘诚，杨继东，周斯洁. 社会关系、独立董事任命与董事会独立性[J]. 世界经济，2012，（12）：83-101.

[55] 刘浩，唐松，楼俊. 独立董事：监督还是咨询?——银行背景独立董事对企业信贷融资影响研究[J]. 管理世界，2012，（1）：141-156.

[56] 刘慧龙，王成方，吴联生. 决策权配置、盈余管理与投资效率[J]. 经济研究，2014，49（8）：93-106.

[57] 刘林. 基于信号理论视角下的企业家政治联系与企业市场绩效的关系研究[J]. 管理评论，2016，28（3）：93-105.

[58] 刘胜强，林志军，孙芳城，等. 融资约束、代理成本对企业 R&D 投资的影响——基于我国上市公司的经验证据[J]. 会计研究，2015，（11）：62-68.

[59] 刘星，吴先聪. 机构投资者异质性、企业产权与公司绩效[J]. 中国管理科学，2011，19（5）：182-192.

[60] 陆贤伟，王建琼，董大勇. 董事网络、信息传递与债务融资成本[J]. 管理科学，2013，26（3）：55-64.

[61] 罗党论，甄丽明. 民营控制、政治关系与企业融资约束——基于中国民营上市公司的经验证据[J]. 金融研究，2008，（12）：164-178.

[62] 罗付岩. 银行股权关联与公司多元化：理论与实证分析[J]. 金融评论，2016，8（2）：100-113.

［63］ 玛格丽特.M.布莱尔. 所有权和控制：面向 21 世纪的公司治理探索［M］.张荣刚译，北京：中国社会科学出版社，1999.

［64］ 梅洁，张明泽. 基金主导了机构投资者对上市公司盈余管理的治理作用？——基于内生性视角的考察［J］. 会计研究，2016，（4）：55-60.

［65］ 牛建波，吴超，李胜楠. 机构投资者类型、股权特征和自愿性信息披露［J］. 管理评论，2013，25（3）：48-59.

［66］ 潘红波，夏新平，余明桂. 政府干预、政治关联与地方国有企业并购［J］. 经济研究，2008，4（4）：41-53.

［67］ 潘红波，余明桂. 支持之手、掠夺之手与异地并购［J］. 经济研究，2011，（9）：108-120.

［68］ 蒲勇健. 建立在行为经济学理论基础上的委托-代理模型：物质效用与动机公平的替代［J］. 经济学（季刊），2007，7（1）：297-318.

［69］ 屈文洲，谢雅璐，叶玉妹. 信息不对称、融资约束与投资-现金流敏感性——基于市场微观结构理论的实证研究［J］. 经济研究，2011，（6）：105-117.

［70］ 曲进，高升好. 银行与企业关联提升抑或降低了企业投资效率？［J］. 数量经济技术经济研究，2015，32（1）：36-51.

［71］ 饶育蕾，王建新.CEO 过度自信、董事会结构与公司业绩的实证研究［J］. 管理科学，2010，（5）：2-13.

［72］ 石美娟，童卫华. 机构投资者提升公司价值吗？——来自后股改时期的经验证据［J］. 金融研究，2009，（10）：150-161.

［73］ 宋乐，张然. 上市公司高管证券背景影响分析师预测吗?［J］. 金融研究，2010，（6）：112-123.

［74］ 苏志文. 基于并购视角的企业动态能力研究综述［J］. 外国经济与管理，2012，34（10）：48-56.

［75］ 孙光国，赵健宇. 产权性质差异、管理层过度自信与会计稳健性［J］. 会计研究，2014，（5）：52-58.

[76] 唐建新，陈冬. 地区投资者保护、企业性质与异地并购的协同效应[J]. 管理世界，2010，（8）：102-116.

[77] 唐建新，卢剑龙，余明桂. 银行关系、政治联系与民营企业贷款——来自中国民营上市公司的经验证据[J]. 经济评论，2011，（3）：51-58.

[78] 唐雪松，杜军，申慧. 独立董事监督中的动机——基于独立意见的经验证据[J]. 管理世界，2010，（9）：138-149.

[79] 唐跃军，宋渊洋. 价值选择 VS. 价值创造——来自中国市场机构投资者的证据[J]. 经济学（季刊），2010，9（2）：609-632.

[80] 田高良，韩洁，李留闯. 连锁董事与并购绩效——来自中国 A 股上市公司的经验证据[J]. 南开管理评论，2013，16（6）：112-122.

[81] 万伟，曾勇. 基于策略信息传递的外部董事占优型董事会投资决策机制研究[J]. 管理科学，2013，（2）：72-80.

[82] 王化成，孙健，邓路，等. 控制权转移中投资者过度乐观了吗?[J]. 管理世界，2010，（2）：38-45.

[83] 王山慧，王宗军，田原. 管理者过度自信、自由现金流与上市公司多元化[J]. 管理工程学报，2015，（2）：103-111.

[84] 王霞，张敏，于富生. 管理者过度自信与企业投资行为异化——来自我国证券市场的经验证据[J]. 南开管理评论，2008，（2）：77-83.

[85] 王颖，饶育蕾. 融入公平偏好的天使投资委托代理模型[J]. 系统工程，2009，27（5）：72-76.

[86] 王跃堂，赵子夜，魏晓雁. 董事会的独立性是否影响公司绩效？[J]. 经济研究，2006，5：62-73.

[87] 魏刚，肖泽忠，Travlos N，等. 独立董事背景与公司经营绩效[J]. 经济研究，2007，3（92）：105.

[88] 魏志华，曾爱民，李博. 金融生态环境与企业融资约束——基于中国上市公司的实证研究[J]. 会计研究，2014，（5）：73-80.

［89］温军，冯根福. 异质机构、企业性质与自主创新［J］. 经济研究，2012，3：
53-64.

［90］吴超鹏，吴世农，郑方镳. 管理者行为与连续并购绩效的理论与实证研究
［J］. 管理世界，2008，7：126-133.

［91］吴超鹏，郑方镳，林周勇，等. 对价支付影响因素的理论和实证研究［J］. 经
济研究，2006，（8）：14-23.

［92］吴先聪. 政府干预、机构持股与公司业绩［J］. 管理评论，2012，24（10）：
38-48.

［93］吴育辉，吴翠凤，吴世农. 风险资本介入会提高企业的经营绩效吗？基于
中国创业板上市公司的证据［J］. 管理科学学报，2016，19（7）：85-101.

［94］肖峰雷，李延喜，栾庆伟. 管理者过度自信与公司财务决策实证研究［J］. 科
研管理，2011，32（8）：151-160.

［95］谢玲红，刘善存，邱菀华. 管理者过度自信对并购绩效的影响——基于群
体决策视角的分析和实证［J］. 数理统计与管理，2012，31（1）：122-133.

［96］谢玲红，刘善存，邱菀华. 学习型管理者的过度自信行为对连续并购绩效
的影响［J］. 管理评论，2011，23（7）：149-154.

［97］谢志明，易玄. 产权性质、行政背景独立董事及其履职效应研究［J］. 会计
研究，2014，9：60-67.

［98］辛宇，徐莉萍. 投资者保护视角下治理环境与股改对价之间的关系研究［J］.
经济研究，2007，（9）：121-133.

［99］徐寿福，李志军. 机构投资者异质性与公司治理：现金股利政策视角［J］. 投
资研究，2013，32（9）：98-111.

［100］徐业坤，钱先航，李维安. 政治不确定性、政治关联与民营企业投资——
来自市委书记更替的证据［J］. 管理世界，2013，（5）：116-130.

［101］杨青，薛宇宁，Yurtoglu BB. 我国董事会职能探寻：战略咨询还是薪酬监
控?［J］. 金融研究，2011，（3）：165-183.

[102] 杨有红，黄志雄. 独立董事履职状况和客观环境研究[J]. 会计研究，2015，
　　　　（4）：20-26.

[103] 叶瑛，姜彦福. 创业投资家与创业企业家的信任对双方绩效的作用研究
　　　　[J]. 科学学与科学技术管理，2006，27（1）：107-111.

[104] 于蔚，汪淼军，金祥荣. 政治关联和融资约束：信息效应与资源效应[J]. 经
　　　　济研究，2012，9：125-139.

[105] 余明桂，潘红波. 政治关系、制度环境与民营企业银行贷款[J]. 管理世界，
　　　　2008，（8）：9-21.

[106] 余明桂，夏新平，邹振松. 管理者过度自信与企业激进负债行为[J]. 管理
　　　　世界，2006，（8）：104-112.

[107] 袁茂，雷勇，蒲勇健. 基于公平偏好理论的激励机制与代理成本分析[J].
　　　　管理工程学报，2011，25（2）：82-86.

[108] 袁知柱，王泽燊，郝文瀚. 机构投资者持股与企业应计盈余管理和真实盈
　　　　余管理行为选择[J]. 管理科学，2014，（5）：104-119.

[109] 韵江. 战略过程的研究进路与论争：一个回溯与检视[J]. 管理世界，2011，
　　　　（11）：142-163.

[110] 翟进步，王玉涛，李丹. 上市公司并购融资方式选择与并购绩效：功能锁
　　　　定视角[J]. 中国工业经济，2011，（12）：100-110.

[111] 翟胜宝，易旱琴，郑洁，等. 银企关系与企业投资效率——基于我国民营
　　　　上市公司的经验证据[J]. 会计研究，2014a，（4）：74-96.

[112] 翟胜宝，张胜，谢露，等. 银行关联与企业风险——基于我国上市公司的
　　　　经验证据[J]. 管理世界，2014b，（4）：53-59.

[113] 张纯，吕伟. 机构投资者、终极产权与融资约束[J]. 管理世界，2007，（11）：
　　　　119-126.

[114] 张高擎，廉鹏. 可转债融资与机构投资者侵占行为——基于华菱管线可转
　　　　债案例研究[J]. 管理世界（增刊），2009：110-134.

[115] 张雯，张胜，李百兴. 政治关联、企业并购特征与并购绩效[J]. 南开管理
评论，2013，16（2）：64-74.

[116] 赵洪江，夏晖. 机构投资者持股与上市公司创新行为关系实证研究[J]. 中
国软科学，2009，（5）：33-39.

[117] 赵息，张西栓. 内部控制、高管权力与并购绩效——来自中国证券市场的
经验证据[J]. 南开管理评论，2013，16（2）：75-81.

[118] 郑志刚，吕秀华. 董事会独立性的交互效应和中国资本市场独立董事制度
政策效果的评估[J]. 管理世界，2009，（7）：133-144.

[119] 周建，尹翠芳，陈素蓉. 公司战略治理研究述评与展望[J]. 外国经济与管
理，2013，35（10）：31-42.

[120] 周建，金媛媛，刘小元. 董事会资本研究综述[J]. 外国经济与管理，2010，
（12）：27-35.

[121] 周建，李小青. 董事会认知异质性对企业创新战略影响的实证研究[J]. 管
理科学，2013，25（6）：1-12.

[122] 周建，任尚华，金媛媛，等. 董事会资本对企业 R&D 支出的影响研究——
基于中国沪深两市高科技上市公司的经验证据[J]. 研究与发展管理，
2012，2：67-77.

[123] 周建，杨帅，郭卫锋. 创业板民营企业战略决策机制对公司绩效影响研究
[J]. 管理科学，2014，27（2）：1-14.

[124] 周建，余耀东，罗肖依. 基于社会情境/建构代理视角的公司高管社会行
为研究述评[J]. 外国经济与管理，2016a，38（4）：3-18.

[125] 周建，余耀东，杨帅. 终极股东超额控制下公司治理环境与股权结构的价
值效应研究[J]. 数理统计与管理，2016b，35（1）：162-178.

[126] 周建，袁德利. 公司治理机制与公司绩效：代理成本的中介效应[J]. 预测，
2013，（2）：18-25.

[127] 祝继高，韩非池，陆正飞. 产业政策、银行关联与企业债务融资——基于

A 股上市公司的实证研究[J]. 金融研究，2015a，（3）：176-191.

[128] 祝继高，陆峣，岳衡. 银行关联董事能有效发挥监督职能吗？——基于产业政策的分析视角[J]. 管理世界，2015b，（7）：143-188.

[129] Adams R B, Ferreira D. A theory of friendly boards[J]. The Journal of Finance, 2007, 62(1): 217-250.

[130] Adner R, Helfat C E. Corporate effects and dynamic managerial capabilities[J]. Strategic Management Journal, 2003, 24(10): 1011-1025.

[131] Affleck-Graves J, Callahan C M, Chipalkatti N. Earnings predictability, information asymmetry, and market liquidity[J]. Journal of Accounting Research, 2002, 40(3): 561-583.

[132] Aggarwal R, Erel I, Ferreira M, et al. Does governance travel around the world? Evidence from institutional investors[J]. Journal of Financial Economics, 2011, 100(1): 154-181.

[133] Agrawal A K. Corporate governance objectives of labor union shareholders: Evidence from proxy voting[J]. Review of Financial Studies, 2012, 25(1): 187-226.

[134] Agrawal A, Mandelker G N. Managerial incentives and corporate investment and financing decisions[J]. Journal of Finance, 1987, 42(4): 823-837.

[135] Agrawal A, Mandelker G. Large shareholders and the monitoring of managers: The case of anti-takeover charter amendments[J]. Journal of Financial and Quantitative Analysis, 1990, 25: 143-161.

[136] Allen F, Qian J, Qian M. Law, finance, and economic growth in China[J]. Journal of Financial Economics, 2005, 77(1): 57-116.

[137] Almazan A, Hartzell J, Starks L. Active institutional shareholders and cost of monitoring: Evidence from executive compensation[J]. Financial Management, 2005, 34(4): 5-34.

［138］Almeida H, Campello M, Weisbach M S. The cash flow sensitivity of cash[J]. The Journal of Finance, 2004, 59(4): 1777-1804.

［139］Amihud Y, Mendelson H, Lauterbach B. Market microstructure and securities values: Evidence from the Tel Aviv Stock Exchange[J]. Journal of Financial Economics, 1997, 45(3): 365-390.

［140］Amihud Y. Illiquidity and stock returns: cross-section and time-series effects[J]. Journal of Financial Markets, 2002, 5(1): 31-56.

［141］Andriosopoulos D, Yang S. The impact of institutional investors on mergers and acquisitions in the United Kingdom[J]. Journal of Banking & Finance, 2015, 50: 547-561.

［142］Ang J S, Cole R A, Lin J W. Agency costs and ownership structure[J]. The Journal of Finance, 2000, 55(1): 81-106.

［143］Attig N, Cleary S, El Ghoul S, et al. Institutional investment horizon and investment–cash flow sensitivity[J]. Journal of Banking & Finance, 2012, 36(4): 1164-1180.

［144］Attig N, El Ghoul S, Guedhami O. Do multiple large shareholders play a corporate governance role? Evidence from East Asia[J]. Journal of Financial Research, 2009, 32(4): 395-422.

［145］Attig N, Guedhami O, Mishra D. Multiple large shareholders, control contests, and implied cost of equity[J]. Journal of Corporate Finance, 2008, 14(5): 721-737.

［146］Ayres I, Cramton P, Relational investing and agency theory[J]. Faculty Scholarship Series, http://digitalcommons.law.yale.edu/fss_papers/1528, 1994.

［147］Bae K H, Kang J K, Lim C W. The value of durable bank relationships: Evidence from Korean banking shocks[J]. Journal of Financial Economics, 2002, 64(2): 181-214.

［148］Baker M, Stein J C, Wurgler J. When does the market matter? Stock prices and the investment of equity-dependent firms[J]. The Quarterly Journal of Economics, 2003, 118(3): 969-1005.

［149］Baron R M, Kenny D A. The moderator–mediator variable distinction in social psychological research: Conceptual, strategic, and statistical considerations[J]. Journal of Personality and Social Psychology, 1986, 51(6): 1173.

［150］Baysinger B D, Zardkoohi A. Technology, residual claimants, and corporate control[J]. Journal of Law, Economics & Organization, 1986, 2(2): 339-349.

［151］Baysinger B, Hoskisson R E. The composition of boards of directors and strategic control: Effects on corporate strategy[J]. Academy of Management Review, 1990, 15(1): 72-87.

［152］Bethel J E, Hu G, Wang Q. The market for shareholder voting rights around mergers and acquisitions: Evidence from institutional daily trading and voting[J]. Journal of Corporate Finance, 2009, 15(1): 129-145.

［153］Bettis R A. Modern financial theory, corporate strategy and public policy: Three conundrums[J]. Academy of Management Review, 1983, 8(3): 406-415.

［154］Bhagat S, Black B, Blair M. Relational investing and firm performance[J]. Journal of Financial Research, 2004, 27(1): 1-30.

［155］Bharath S T, Pasquariello P, Wu G. Does asymmetric information drive capital structure decisions?[J]. Review of Financial Studies, 2009, 22(8): 3211-3243.

［156］Blau P M. Exchange and Power in Social Life[M]. Transaction Publishers, 1964.

［157］Boone A L, White J T. The effect of institutional ownership on firm transparency and information production[J]. Journal of Financial Economics, 2015, 117(3): 508-533.

[158] Booth J R, Deli D N. On executives of financial institutions as outside directors[J]. Journal of Corporate Finance, 1999, 5(3): 227-250.

[159] Borokhovich K A, Brunarski K, Harman Y S, et al. Variation in the monitoring incentives of outside stockholders[J]. Journal of Law and Economics, 2006, 49: 651-680.

[160] Bottom W P, Holloway J, Miller G J, et al. Building a pathway to cooperation: Negotiation and social exchange between principal and agent[J]. Administrative Science Quarterly, 2006, 51(1): 29-58.

[161] Brickley J, Lease R, Smith Jr. C. Ownership structure and voting on antitakeover amendments[J]. Journal of Financial Economics, 1988, 20: 267-291.

[162] Briscoe F, Chin M K, Hambrick D C. CEO ideology as an element of the corporate opportunity structure for social activists[J]. Academy of Management Journal, 2014, 57(6): 1786-1809.

[163] Bruner R F. An analysis of value destruction and recovery in the alliance and proposed merger of Volvo and Renault[J]. Journal of Financial Economics, 1999, 51: 125-166.

[164] Bruner R F. The use of excess cash and debt capacity as a motive for merger[J]. Journal of Financial and Quantitative Analysis, 1988, 23(02): 199-217.

[165] Buchan N R, Johnson E J, Croson R T A. Let's get personal: An international examination of the influence of communication, culture and social distance on other regarding preferences[J]. Journal of Economic Behavior & Organization, 2006, 60(3): 373-398.

[166] Buchan N, Croson R. The boundaries of trust: Own and others' actions in the US and China[J]. Journal of Economic Behavior & Organization, 2004, 55(4):

485-504.

［167］Bushee B J, Carter M E, Gerakos J. Institutional investor preferences for corporate governance mechanisms[J]. Journal of Management Accounting Research, 2014, 26(2): 123-149.

［168］Bushee B J. Do institutional investors prefer near term earnings over long-run value?[J] Contemporary Accounting Research, 2001, 18(2): 207-246.

［169］Bushee B J. The influence of institutional investors on myopic R&D investment behavior[J]. The Accounting Review. 1998,73(3):305-333.

［170］Byrd D T, Mizruchi M S. Bankers on the board and the debt ratio of firms[J]. Journal of Corporate Finance, 2005, 11(1): 129-173.

［171］Byun H Y, Hwang L S, Lee W J. How does ownership concentration exacerbate information asymmetry among equity investors?[J]. Pacific-Basin Finance Journal, 2011, 19(5): 511-534.

［172］Cameron A C, Trivedi P K. Microeconometrics: Methods and Applications[M]. Cambridge University Press, 2005.

［173］Campello M, Graham J R, Harvey C R. The real effects of financial constraints: Evidence from a financial crisis[J]. Journal of Financial Economics, 2010, 97(3): 470-487.

［174］Capron L, Shen J C. Acquisitions of private vs. public firms: Private information, target selection, and acquirer returns[J]. Strategic Management Journal, 2007, 28(9): 891-911.

［175］Carrasco E R, Thomas R. Encouraging relational investment and controlling portfolio investment in developing countries in the aftermath of the Mexican financial crisis[J]. Columbia Journal of Transnational Law, 1996, 34(3): 539-620.

［176］Casciaro T, Piskorski M J. Power imbalance, mutual dependence, and constraint absorption: A closer look at resource dependence theory[J]. Administrative Science Quarterly, 2005, 50(2): 167-199.

[177] Certo S T, Daily C M, Dalton D R. Signaling firm value through board structure: An investigation of initial public offerings[J]. Entrepreneurship Theory and Practice, 2001, 26(2): 33-50.

[178] Certo S T. Influencing initial public offering investors with prestige: Signaling with board structures[J]. Academy of Management Review, 2003, 28(3): 432-446.

[179] Chakravarty S, Yilmazer T. A multistage model of loans and the role of relationships[J]. Financial Management, 2009, 38(4): 781-816.

[180] Chen X, Harford J, Li K. Monitoring: Which institutions matter?[J]. Journal of Financial Economics, 2007, 86 (2): 279-305.

[181] Chidambaran N K, Kose J. Relationship investing: Large shareholder monitoring with managerial cooperation[J]. NYU Working Paper , No. FIN-98-044, 1998.

[182] Christoffersen S E K, Geczy C C, Musto D K, et al. Vote trading and information aggregation[J]. The Journal of Finance, 2007, 62(6): 2897-2929.

[183] Claessens S, Djankov S, Lang L H P. The separation of ownership and control in East Asian corporations[J]. Journal of Financial Economics, 2000, 58(1): 81-112.

[184] Clifford C P. Value creation or destruction? Hedge funds as shareholder activists[J]. Journal of Corporate Finance, 2008, 14(4): 323-336.

[185] Cohen B D, Dean T J. Information asymmetry and investor valuation of IPOs: Top management team legitimacy as a capital market signal[J]. Strategic Management Journal, 2005, 26(7): 683-690.

[186] Connelly B L, Certo S T, Ireland R D, et al. Signaling theory: A review and assessment[J]. Journal of Management, 2011, 37(1): 39-67.

［187］Connelly B L, Hoskisson R E, Tihanyi L, et al. Ownership as a form of corporate governance[J]. Journal of Management Studies, 2010, 47(8): 1561-1589.

［188］Connelly B L, Tihanyi L, Certo S T, et al. Marching to the beat of different drummers: The influence of institutional owners on competitive actions[J]. Academy of Management Journal, 2010, 53(4): 723-742.

［189］Cornett M M, Marcus A J, Saunders A, et al. The impact of institutional ownership on corporate operating performance[J]. Journal of Banking & Finance, 2007, 31(6): 1771-1794.

［190］Craninckx K, Huyghebaert N. Large shareholders and value creation through corporate acquisitions in Europe. The identity of the controlling shareholder matters[J]. European Management Journal, 2015, 33(2): 116-131.

［191］Cremers K J, Nair V B. Governance mechanisms and equity prices[J]. The Journal of Finance, 2005, 60(6): 2859-2894.

［192］Cropanzano R, Mitchell M S. Social exchange theory: An interdisciplinary review[J]. Journal of Management, 2005, 31(6): 874-900.

［193］Custódio C, Ferreira M A, Matos P. Generalists versus specialists: Lifetime work experience and chief executive officer pay[J]. Journal of Financial Economics, 2013, 108(2): 471-492.

［194］Daily C M, Dalton D R. Bankruptcy and corporate governance: The impact of board composition and structure[J]. Academy of Management Journal, 1994, 37(6): 1603-1617.

［195］Dalton D R, Daily C M, Certo S T, et al. Meta-analyses of financial performance and equity: fusion or confusion?[J]. Academy of Management Journal, 2003, 46(1): 13-26.

［196］Dalziel T, Gentry R J, Bowerman M. An integrated agency–resource dependence view of the influence of directors' human and relational capital on firms' R&D spending[J]. Journal of Management Studies, 2011, 48(6): 1217-1242.

[197] David P, Kochhar R, Levitas E. The effect of institutional investors on the level and mix of CEO compensation[J]. Academy of Management Journal, 1998, 41(2): 200-208.

[198] Davis G F, Thompson T A. A social movement perspective on corporate control[J]. Administrative Science Quarterly, 1994, 39(1): 141-173.

[199] Del Guercio D, Seery L, Woidtke T. Do boards pay attention when institutional investor activists just vote no?[J]. Journal of Financial Economics, 2008, 90(1): 84-103.

[200] Devers C E, Cannella Jr A A, Reilly G P, et al. Executive compensation: A multidisciplinary review of recent developments[J]. Journal of Management, 2007, 33(6): 1016-1072.

[201] Dierkens N. Information asymmetry and equity issues[J]. Journal of Financial and Quantitative Analysis, 1991, 26(2): 181-199.

[202] Dittmann I, Maug E, Schneider C. Bankers on the boards of german firms: What they do, what they are worth, and why they are (still) there?[J]. Review of Finance, 2010, 14: 35-71.

[203] Doukas J A, Petmezas D. Acquisitions, overconfident managers and self-attribution bias[J]. European Financial Management, 2007, 13(3): 531-577.

[204] Drees J M, Heugens P P. Synthesizing and extending resource dependence theory: A meta-analysis[J]. Journal of Management, 2013, 39(6): 1666-1698.

[205] Duhaime I M, Schwenk C R. Conjectures on cognitive simplification in acquisition and divestment decision making[J]. The Academy of Management

Review, 1985, 10: 287-295.

［206］Elyasiani E, Jia J J. Institutional ownership stability and BHC performance[J]. Journal of Banking & Finance, 2008, 32(9): 1767-1781.

［207］Elyasiani E, Jia J. Distribution of institutional ownership and corporate firm performance[J]. Journal of Banking & Finance, 2010, 34(3): 606-620.

［208］Emerson R M. Power-dependence relations[J]. American Sociological Review, 1962: 31-41.

［209］Engelberg J, Gao P, Parsons C A. Friends with money[J]. Journal of Financial Economics, 2012, 103(1): 169-188.

［210］Fama E F, Jensen M C. Agency problems and residual claims[J]. The Journal of Law and Economics, 1983, 26(2): 327-349.

［211］Fazzari S M, Hubbard R G, Petersen B C, et al. Financing constraints and corporate investment[J]. Brookings Papers on Economic Activity, 1988, 1988(1): 141-206.

［212］Ferreira M A, Massa M, Matos P. Shareholders at the gate? Institutional investors and cross-border mergers and acquisitions[J]. Review of Financial Studies, 2010, 23 (2): 601-644.

［213］Ferreira M A, Matos P. The colors of investors' money: The role of institutional investors around the world[J]. Journal of Financial Economics, 2008, 88(3): 499-533.

［214］Ferris S P, Jayaraman N, Sabherwal S. CEO overconfidence and international merger and acquisition activity[J]. Journal of Financial and Quantitative Analysis, 2013, 48(01): 137-164.

［215］Firth M, Lin C, Zou H. Friend or foe? The role of state and mutual fund ownership in the split share structure reform in China[J]. Journal of Financial and Quantitative Analysis, 2010,45(3): 685-706.

［216］Fisch J E. Relationship investing: Will it happen Will it work?[J]. Ohio State Law Journal, 1994，55(5): 1009-1048.

［217］Flyasiani E, Jia J. Distribution of institutional ownership and corporate firm performance[J]. Journal of Banking and Finance, 2010, 34: 606-620.

［218］Fohlin C. Relationship banking, liquidity, and investment in the German industrialization[J]. The Journal of Finance, 1998, 53(5): 1737-1758.

［219］García-Meca E, Lo′pez-Iturriaga F, Tejerina-Gaite F. Institutional investors on boards: Does their behavior influence corporate finance?[J]. Journal of Business Ethics, DOI: 10.1007/s10551-015-2882-z, 2015.

［220］Gaspar J M, Massa M, Matos P. Shareholder investment horizons and the market for corporate control[J]. Journal of Financial Economics, 2005, 76(1): 135-165.

［221］Gillan S L, Starks T. The evolution of shareholder activism in the United States[J]. Journal of Applied Corporate Finance, 2007, 57(1): 55-73.

［222］Gillan S, Starks L. Corporate governance proposals and shareholder activism: The role of institutional investors[J]. Journal of Financial Economics, 2000, 57(2): 275-305.

［223］Goranova M, Ryan L V. Shareholder activism: A multidisciplinary review[J]. Journal of Management, 2014, 40(5): 1230-1268.

［224］Gordon J N. Institutions as relational investors: A new look at cumulative voting[J]. Columbia Law Review, 1994, 94(1): 124-192.

［225］Gordon L A, Pound J. Information, ownership structure and shareholder voting: Evidence from shareholder-sponsored corporate governance proposals[J]. Journal of Finance, 1993, 68: 697-718.

［226］Greenwood R, Schor M. Investor activism and takeovers[J]. Journal of Financial Economics, 2009, 92(3): 362-375.

［227］Grossman S, Hart O. Takeover bids, the free-rider problem, and the theory of the corporation[J]. Bell Journal of Economics, 1980, 11: 42-64.

［228］Güner A B, Malmendier U, Tate G. Financial expertise of directors[J]. Journal of Financial Economics, 2008, 88(2): 323-354.

［229］Hambrick D C, Finkelstein S. The effects of ownership structure on conditions at the top: The case of CEO pay raises[J]. Strategic Management Journal, 1995, 16(3): 175-193.

［230］Hambrick D C, Mason P A. Upper echelons: The organization as a reflection of its top managers[J]. Academy of Management Review, 1984, 9(2): 193-206.

［231］Hartzell C, Starks T. Institutional investors and executive compensation[J]. Journal of Finance, 2003, 58(6): 2351-2374.

［232］Haynes K T, Hillman A. The effect of board capital and CEO power on strategic change[J]. Strategic Management Journal, 2010, 31(11): 1145-1163.

［233］Hayward M L A, Hambrick D C. Explaining the premiums paid for large acquisitions: Evidence of CEO hubris[J]. Administrative Science Quarterly, 1997, 42(1): 103-127.

［234］Hendry J, Sanderson P, Barker R, et al. Owners or traders? Conceptualizations of institutional investors and their relationship with corporate managers[J]. Human Relations, 2006, 59(8): 1101-1132.

［235］Hendry K, Kiel G C. The role of the board in firm strategy: Integrating agency and organisational control perspectives[J]. Corporate Governance: An International Review, 2004, 12(4): 500-520.

［236］Higgins M C, Gulati R. Stacking the deck: The effects of top management backgrounds on investor decisions[J]. Strategic Management Journal, 2006, 27(1): 1-25.

［237］Hillman A J, Dalziel T. Boards of directors and firm performance: Integrating agency and resource dependence perspectives[J]. Academy of Management Review, 2003, 28(3): 383-396.

［238］Hillman A J, Jr. Cannella A A, Paetzold R L. The resoure dependrnce role of corporate directors: Strategic adaption of board composition in response to environment change[J]. Journel of Management Studies, 2000, 37(2): 235-255.

［239］Hillman A J, Withers M C, Collins B J. Resource dependence theory: A review[J]. Journal of Management, 2009, 35(6) :1404-1427.

［240］Hirschman A. Exit, Voice and Loyalty: Responses to Decline in Firms, Organizations, and States[M]. Cambridge, M A: Harvard University Press, 1971.

［241］Hoshi T, Kashyap A, Scharfstein D. The role of banks in reducing the costs of financial distress in Japan[J]. Journal of Financial Economics, 1990, 27(1): 67-88.

［242］Hoskisson R E, Hitt M A, Johnson R A, et al. Conflicting voices: The effects of institutional ownership heterogeneity and internal governance on corporate innovation strategies[J]. Academy of Management Journal, 2002, 45(4): 697-716.

［243］Jöreskog K G. On the estimation of polychoric correlations and their asymptotic covariancc matrix[J]. Psychomctrika, 1994, 59(3): 381-389.

［244］James R. Booth, Daniel N. Deli. On executives of financial institutions as outside directors[J]. Journal of Corporate Finance, 1999, 5: 227-250.

［245］Jarrell G A, Brickley J A, Netter J M. The market for corporate control: the empirical evidence since 1980[J]. Journal of Economic Perspectives, 1988, 2: 49-68.

［246］Jeffrey N. Gordon. Institutions as relational investors: A new look at cumulative voting[J]. Columbia Law Review, 1994, 94(1): 124-192.

［247］Jennings R H, Mazzeo M A. Stock price movements around acquisition announcements and management's response[J]. Journal of Business, 1991, 64(2): 139-163.

［248］Jensen M C, Meckling W H. Theory of the firm: Managerial behavior, agency costs and ownership structure[J]. Journal of Financial Economics, 1976, 3(4): 305-360.

［249］Jensen M C, Murphy K J. Performance pay and top-management incentives[J]. Journal of Political Economy, 1990, 98(2): 225-264.

［250］Jensen M C, Ruback R S. The market for corporate control: The scientific evidence[J]. Journal of Finance, 1983, 11: 5–50.

［251］Jensen M C. Agency costs of free cash flow, corporate finance, and takeovers[J]. American Economic Review 1986, 76, 323-329.

［252］Jiang F, Kim K A. Corporate governance in China: A modern perspective[J]. Journal of Corporate Finance , 2015,32: 190-216.

［253］Johnson J L, Daily C M, Ellstrand A E. Boards of directors: A review and research agenda[J]. Journal of Management, 1996, 22(3): 409-438.

［254］Johnson R A, Schnatterly K, Johnson S G, et al. Institutional investors and institutional environment: A comparative analysis and review[J]. Journal of Management Studies, 2010, 47(8): 1590-1613.

［255］Johnson S G, Schnatterly K, Hill A D. Board composition beyond independence: Social capital, human capital, and demographics[J]. Journal of Management, 2013, 39(1): 232-262.

［256］Kang E. Director interlocks and spillover effects of reputational penalties from financial reporting fraud[J]. Academy of Management Journal, 2008, 51(3):

537-555.

[257] Kang E. Investors' perceptions of managerial opportunism in corporate acquisitions: The moderating role of environmental conditions[J]. Corporate Governance: An International Review, 2006, 14(5): 377-387.

[258] Kaplan S N, Minton B A. Appointments of outsiders to Japanese boards: Determinants and implications for managers[J]. Journal of Financial Economics, 1994, 36(2): 225-258.

[259] Kaplan S N, Zingales L. Do investment-cash flow sensitivities provide useful measures of financing constraints?[J]. The Quarterly Journal of Economics, 1997, 112(1): 169-215.

[260] Karpoff J M, Malatesta P H, Walkling R A. Corporate governance and shareholder initiatives: Empirical evidence[J]. Journal of Financial Economics, 1996, 42(3): 365-395.

[261] Kathleen M. Eisenhardt. Agency theory: An assessment and review[J]. Academy of Management Review, 1989, 14(1): 57-74.

[262] Kim W, Kim W, Kwon K. Value of outside block-holders activism: Evidence from the switchers[J]. Journal of Corporate Finance, 2009, 15: 505-522.

[263] King D R, Dalton D R, Daily C M, et al. Meta-analyses of post-acquisition performance: Indications of unidentified moderators[J]. Strategic Management Journal , 2004, 25(2): 187–200.

[264] Kirmani A, Rao A R. No pain, no gain: A critical review of the literature on signaling unobservable product quality[J]. Journal of Marketing, 2000, 64(2): 66-79.

[265] Koppes R H, Reilly M L. An ounce of prevention: Meeting the fiduciary duty to monitor an index fund through relationship[J]. Journal of Corporate Law, 1995, 20(3):413-449.

［266］Kor Y Y, Sundaramurthy C. Experience-based human capital and social capital of outside directors[J]. Journal of Management, 2009, 35(4): 981-1006.

［267］Kretschmer T, Puranam P. Integration through incentives within differentiated organizations[J]. Organization Science, 2008, 19(6): 860-875.

［268］Kroszner R S, Strahan P E. Bankers on boards: Monitoring, conflicts of interest, and lender liability[J]. Journal of Financial Economics, 2001, 62(3): 415-452.

［269］La Porta R, Lopez-De-Silanes F, Shleifer A. Corporate ownership around the world[J]. The Journal of Finance, 1999, 54(2): 471-517.

［270］Laeven L, Levine R. Complex ownership structures and corporate valuations[J]. Review of Financial Studies, 2008, 21(2): 579-604.

［271］Loughran T, Vijh A M. Do long-term shareholders benefit from corporate acquisitions?[J]. The Journal of Finance, 1997, 52(5): 1765-1790.

［272］Malmendier U, Tate G. CEO overconfidence and corporate investment[J]. The Journal of Finance, 2005a, 60(6): 2661-2700.

［273］Malmendier U, Tate G. Does overconfidence affect corporate investment? CEO overconfidence measures revisited[J]. European Financial Management, 2005b, 11(5): 649-659.

［274］Malmendier U, Tate G. Who makes acquisitions? CEO overconfidence and the market's reaction[J]. Journal of Financial Economics, 2008,89: 20-43.

⌊275⌋Maury B, Pajuste A. Multiple large shareholders and firm value[J]. Journal of Banking & Finance, 2005, 29(7): 1813-1834.

［276］Miletkov M K, Poulsen A B, Wintoki M B. The role of corporate board structure in attracting foreign investors[J]. Journal of Corporate Finance, 2014, 29: 143-157.

［277］Miller M, Rock K. Dividend policy under asymmetric information[J]. Journal of Finance, 1985, 40(4): 1031-1051.

［278］Miller T, del Carmen Triana M. Demographic diversity in the boardroom: Mediators of the board diversity–firm performance relationship[J]. Journal of Management Studies, 2009, 46(5): 755-786.

［279］Moeller S B, Schlingemann F P, Stulz R M. Firm size and the gains from acquisitions[J]. Journal of Financial Economics, 2004, 73: 201-228.

［280］Moeller S B, Schlingemann F P, Stulz R M. Wealth destruction on a massive scale? A study of acquiring-firm returns in the recent merger wave[J]. Journal of Finance, 2005, 60: 757-782.

［281］Moeller T. Let's make a deal! How shareholder control impacts merger payoffs[J]. Journal of Financial Economics, 2005, 76: 167-190.

［282］Morck R, Shleifer A, Vishny R W. Do managerial objectives drive bad acquisitions?[J]. Journal of Finance, 1990, 45: 31-48.

［283］Morck R, Shleifer A, Vishny R. Management ownership and market valuation: An empirical analysis[J]. Journal of Financial Economics, 1988, 20, 293-315.

［284］Mueller D C. The Corporation: Growth, Diversification and Mergers[M]. Harwood Academic: New York, 1987.

［285］Myers S C, Majluf N S. Corporate financing and investment decisions when firms have information that investors do not have[J]. Journal of Financial Economics, 1984, 13(2): 187-221.

［286］Njah M, Jarboui A. Institutional investors, corporate governance, and earnings management around merger: Evidence from French absorbing firms[J]. Journal of Economic Finance and Administrative Science, 2013, 18(35): 89-96.

［287］Oliver C. Determinants of interorganizational relationships: Integration and future directions[J]. The Academy of Management Review, 1990, 15:

241-265.

[288] Parrino R, Sias R, Starks L. Voting with their feet: Institutional ownership changes around forced CEO turnover[J]. Journal of Financial Economics, 2003, 68: 3-46.

[289] Peng M W. Outside directors and firm performance during institutional transitions[J]. Strategic Management Journal, 2004, 25(5): 453-471.

[290] Pfeffer J, Salancik G R. The external control of organizations: A resource dependence approach[M]. NY: Harper and Row Publishers, 1978.

[291] Pfeffer J, Salancik G R. The External Control of Organizations: A Resource Dependence Perspective[M]. Stanford University Press, 2003.

[292] Pfeffer J. A resource dependence perspective on intercorporate relations[J]. Intercorporate Relations: The Structural Analysis of Business, 1987: 25-55.

[293] Pfeffer J. Interorganizational influence and managerial attitudes[J]. Academy of Management Journal, 1972a, 15(3): 317-330.

[294] Pfeffer J. Merger as a response to organizational interdependence[J]. Administrative Science Quarterly, 1972b: 382-394.

[295] Pfeffer J. Size and composition of corporate boards of directors: The organization and its environment[J]. Administrative Science Quarterly, 1972c: 218-228.

[296] Podolny J M. A status-based model of market competition[J]. American Journal of Sociology, 1993, 98(4): 829-872.

[297] Pool V K, Stoffman N, Yonker S E. The people in your neighborhood: Social interactions and mutual fund portfolios[J]. The Journal of Finance, 2015, 70(6): 2679-2732.

[298] Pound J. Beyond takeovers: Politics comes to corporate control[J]. Harvard Business Review, 1992, 70(2):83-93.

［299］Pound J. Proxy contests and the efficiency of shareholder oversight[J]. Journal of Financial Economics, 1988, 20: 237-265.

［300］Pucheta-Martínez MC, García-Meca E. Institutional investors on boards and audit committees and their effects on financial reporting quality[J]. Corporate Governance: An International Review, 2014, 22(4): 347-363.

［301］Rabin M. Incorporating fairness into game theory and economics[J]. The American Economic Review, 1993: 1281-1302.

［302］Ramalingegowda S, Yu Y. Institutional ownership and conservatism[J]. Journal of Accounting and Economics, 2012, 53: 98-114.

［303］Richardson S. Over-investment of free cash flow[J]. Review of Accounting Studies, 2006,11(2-3): 159-189.

［304］Rock EB. Controlling the dark side of relational investing[J]. http://scholarship.law.upenn.edu/faculty_scholarship/1198, 1994.

［305］Roll R. The hubris hypothesis of corporate takeovers[J]. Journal of Business, 1986, 59, 197-216.

［306］Ross S. The determination of financial structure: The incentive signaling approach[J]. The Bell Journal of Economics, 1977, (8): 23-40.

［307］Ruiz-Mallorquí M V, Santana-Martín D J. Dominant institutional owners and firm value[J]. Journal of Banking & Finance, 2011, 35(1): 118-129.

［308］Ryan L V, Schneider M. The antecedents of institutional investor activism[J]. Academy of Management Review, 2002, 27(4): 554-573.

［309］Sanders W G. Behavioral responses of CEOs to stock ownership and stock option pay[J]. Academy of Management Journal, 2001, 44(3): 477-492.

［310］Sanders W M, Boivie S. Sorting things out: Valuation of new firms in uncertain markets[J]. Strategic Management Journal, 2004, 25(2): 167-186.

［311］Schnatterly K, Johnson S G. Independent boards and the institutional investors that prefer them: Drivers of institutional investor heterogeneity in governance preferences[J]. Strategic Management Journal, 2014, 35(10): 1552-1563.

［312］Schnatterly K, Shaw K W, Jennings W W. Information advantages of large institutional owners[J]. Strategic Management Journal, 2008, 29(2): 219-227.

［313］Shimizu K. Prospect theory, behavioral theory, and the threat-rigidity thesis: Combinative effects on organizational decisions to divest formerly acquired units[J]. Academy of Management Journal , 2007, 50(6): 1495-1514.

［314］Shleife A, Vishny R W. Value maximization and the acquisition process[J]. Journal of Economic Perspectives, 1988, 27, 7–20.

［315］Shleifer A, Vishny R W. A survey of corporate governance[J]. The Journal of Finance, 1997, 52(2): 737-783.

［316］Shleifer A, Vishny R W. Large shareholders and corporate control[J]. Journal of Political Economy, 1986, 94(3, Part 1): 461-488.

［317］Shleifer A, Vishny R W. Management entrenchment: The case of manager-specific investments[J]. Journal of Financial Economics, 1989, 25: 123-139.

［318］Sikavica K, Hillman A. Towards a behavioral theory of corporate ownership and shareholder activism[C]//Academy of Management Proceedings, Academy of Management, 2008, 2008(1): 1-6.

［319］Singh M, Davidson III W N. Agency costs, ownership structure and corporate governance mechanisms[J]. Journal of Banking & Finance, 2003, 27(5): 793-816.

［320］Sisli-Ciamarra E. Monitoring by affiliated bankers on board of directors: Evidence from corporate financing outcomes[J]. Financial Management, 2012, 41(3): 665-702.

［321］Slomka-Golebiowska A. Bankers on boards as corporate governance mechanism: Evidence from Poland[J]. Journal of Management & Governance,

2014, 18(4): 1019-1040.

［322］Spence M. Signaling in retrospect and the informational structure of markets[J]. The American Economic Review, 2002, 92(3): 434-459.

［323］Stearns L B, Mizruchi M S. Board composition and corporate financing: The impact of financial institution representation on borrowing[J]. Academy of Management Journal, 1993, 36(3): 603-618.

［324］Strickland D, Wiles K W, Zenner M. A requiem for the USA: Is small shareholder monitoring effective?[J]. Journal of Financial Economics, 1996, 40(2): 319-338.

［325］Stulz R M, Walkling R A, Song M H. The distribution of target ownership and the division of gains in successful tender offers[J]. Journal of Finance, 1990, 45 (3): 817-833.

［326］Tihanyi L, Johnson R A, Hoskisson R E, et al. Institutional ownership differences and international diversification: The effects of boards of directors and technological opportunity[J]. Academy of Management Journal, 2003, 46(2): 195-211.

［327］Todeva E, Knoke D. Strategic alliances and models of collaboration[J]. Management Decision, 2005, 43: 123-148.

［328］Uehara E. Dual exchange theory, social networks, and informal social support[J]. American Journal of Sociology, 1990, 96(3): 521-557.

［329］Useem M. Investor Capitalism: How Moncy Managers Are Changing the Face of Corporate America[M]. Basic Books, 1996.

［330］Vance H. Fried, Garry D. Bruton, Robert D. Hisrich. Strategy and the board of directors in venture capital-backed firms[J]. Journal of Business Venturing, 1998, 13: 493-503.

［331］Wahal S. Public pension fund activism and firm performance[J]. Journal of

Financial and Quantitative Analysis, 1996, 31: 1-23.

[332] Westphal J D, Zajac E J. Who shall govern? CEO/board power, demographic similarity and new director selection[J]. Administrative Science Quarterly, 1995: 60-83.

[333] Zahra S A, Pearce J A. Boards of directors and corporate financial performance: A review and integrative model[J]. Journal of Management, 1989, 15(2): 291-334.

[334] Zhang Y, Wiersema M F. Stock market reaction to CEO certification: The signaling role of CEO background[J]. Strategic Management Journal, 2009: 693-710.

[335] Zimmerman MA. The influence of top management team heterogeneity on the capital raised through an initial public offering[J]. Entrepreneurship Theory and Practice, 2008, 32: 391-411.

后 记

本书的顺利完成得益于本人在攻读博士学位期间和教学科研工作中的学术积累。学业有涯，学术无涯。作为本人的第一部学术著作，本书的付梓将开启本人学术生涯中的另一扇大门——积累学术成果，出版学术著作。

本书的顺利完成还得益于有关单位和人士的帮助与支持。首先，感谢天津市哲学社会科学规划项目"天津市新型政企、法企、金企关系'亲清指数'的构建、评价与应用研究"（TJYJ21-015）的出版资助。该项目是本人主持的第一个省部级科研项目。本书选题涉及"金企关系"，与该项目选题具有较大相关性。作为阶段性研究成果，本书推动了该项目后期的研究进展。其次，感谢南开大学出版社和李骏编辑为本书的出版发行付出的辛勤工作。作为南开大学校友，本人切实感受到了母校出版社对校友作者的支持和厚爱。再次，感谢天津财经大学珠江学院管理学院各位领导和同事给予本人教学和科研工作的鼓励和帮助。若没有张英华教授、韩传模教授、王天佑教授、安轶龙教授和全香花副教授等各位领导和同事的指导和鞭策，本书可能无法顺利完成。最后，感谢爱人、岳母、岳父对我女儿的辛劳照顾和无私付出，正是有了你们的默默奉献，女儿才能健康、快乐地成长，我才能心无旁骛地完成书稿写作。

本书的顺利完成更得益于对国内外众多学者研究成果的参考、借鉴和引用。本书参考文献以国内外高级别期刊论文为主，感谢这些闪耀着学术光辉和知识光芒的研究成果为本人的学术研究提供了一个个"巨人的肩膀"。如果本书能够取得些许学术建树，那是因为它"站在巨人的肩膀上"。

谨以此书献给他们！

余耀东

2023 年 5 月于天津财经大学珠江学院